Le Golfe de Gascogne
AQUITAINE
33 GIRONDE
Bordeaux
Mérignac
Pessac
Bègles
Talence
Libourne
Arcachon
Bergerac
Périgueux
47 LOT-ET-GARONNE
Villeneuve-sur-Lot
Agen
40 LANDES
Mont-de-Marsan
Dax
Bayonne
Biarritz
64 PYRÉNÉES-ATLANTIQUES
Pau
Lourdes
MIDI-PYRÉNÉES
65 HAUTES-PYRÉNÉES
Tarbes
32 GERS
Auch
31 HAUTE-GARONNE
Toulouse
Blagnac
St-Gaudens
09 ARIÈGE
Foix
82 TARN-ET-GARONNE
Montauban
46 LOT
Cahors
12 AVEYRON
Rodez
81 TARN
Albi
Castres
Millau
Brive-la-Gaillarde
Tulle
15 CANTAL
Aurillac
43 HAUTE-LOIRE
Le Puy-en-Velay
48 LOZÈRE
Mende
07 ARDÈCHE
Privas
St-Chamond
RHÔNE-ALPES
38 ISÈRE
Grenoble
Romans-sur-Isère
Valence
26 DRÔME
Montélimar
73 SAVOIE
Briançon
L'ITALIE
Turin
LANGUEDOC-ROUSSILLON
30 GARD
Alès
Nîmes
34 HÉRAULT
Montpellier
Sète
Béziers
Narbonne
11 AUDE
Carcassonne
66 PYRÉNÉES-ORIENTALES
Perpignan
PROVENCE-ALPES-CÔTE D'AZUR
84 VAUCLUSE
Orange
Avignon
05 HAUTES-ALPES
Gap
04 ALPES-DE-HAUTE-PROVENCE
Digne
06 ALPES-MARITIMES
Nice
Menton
MONACO
Grasse
Cannes
Antibes
13 BOUCHES-DU-RHÔNE
Arles
Martigues
Aix-en-Provence
Marseille
La Ciotat
83 VAR
Draguignan
Fréjus
Toulon
La Seyne-sur-Mer
Hyères
Îles d'Hyères
Côte d'Azur
LA CORSE
Cap Corse
Bastia
2B HAUTE-CORSE
Corte
Calvi
Ajaccio
2A CORSE-DU-SUD
Sartène
Bonifacio
Le Golfe du Lion
LA MER MÉDITERRANÉE
L'ESPAGNE
ANDORRE
Gérone
Bilbao
Saint-Sébastien
Régions & territoires d'Outre-Mer
St-Pierre-et-Miquelon
St-Martin & St-Barthélémy
Guadeloupe
Martinique
Guyane française
Clipperton
Îles Marquises
Tahiti
(Polynésie-Française)
Mayotte
Tromelin
Bassas da India
Europa
Réunion
Amsterdam
St-Paul
Archipel Crozet
Îles Kerguelen
Dumont d'Urville (Terre Adélie)
Wallis-et-Futuna
Nouvelle-Calédonie
971 – LA GUADELOUPE
L'OCÉAN ATLANTIQUE
Grande-Terre
La Désirade
Pointe-à-Pitre
Basse-Terre
Îles de la Petite-Terre
Marie-Galante
LA MER DES ANTILLES
Îles des Saintes
Terre-de-Bas
Terre-de-Haut
0 km 20 km
972 – LA MARTINIQUE
L'OCÉAN ATLANTIQUE
La Trinité
Presqu'île de la Caravelle
Îlet Ramville
Fort-de-France
Le Marin
Rocher du Diamant
LA MER DES ANTILLES
0 km 16 km
973 – LA GUYANE Française
St-Laurent-du-Maroni
L'OCÉAN ATLANTIQUE
Cayenne
Réservoir EDF
SURINAM
BRÉSIL
0 km 120 km
974 – LA RÉUNION
St-Denis
L'OCÉAN INDIEN
St-Benoit
0 km 16 km

Découvertes
Band 4

von
Gérard Alamargot, Reutlingen; Birgit Bruckmayer, München; Isabelle Darras, Pont-de-Vaux; Léo Koesten, Versailles; Dieter Kunert, Toulouse; Inge Mühlmann, Recklinghausen; Andreas Nieweler, Detmold; Sabine Prudent, Berlin

Weitere Mitarbeit
Gerd Bär, Ohlsbach; Kristin Bernstein, Halle/Saale; Ute Bobach, Barleben; Detlev Brenneisen, Norderstedt; Regine Eiser-Müller, Limburg; Mag. Ulrike Hemedinger, Linz (A); Vera Hux, Stans (CH); Hanns-Christoph Lenz, Leipzig; Lydia Lenz, München; Françoise Malz, Braunschweig; Annegret Mielke, Berlin; Jeanne Nissen, Rostock; Mag. Elisabeth Partmann, Wien (A); Inge Rein-Sparenberg, Marburg; Dr. Angelika Schenk, Wittenberg; Prof. Dr. Ludger Schiffler, Berlin; Kai-Uwe Schmidt, Bad Schwalbach; Daniela Alexandra Singer, Stuttgart; Wolfgang Spengler, Solingen; Thomas Werum, Landau

Zusatzmaterialien für Schüler und Schülerinnen zu diesem Band
Cahier d'activités, *Klett-Nr. 523863*
Grammatisches Beiheft, *Klett-Nr. 523862*
Lernsoftware, CD-ROM, *Klett-Nr. 523714*
Vokabellernheft, *Klett-Nr. 523705*
1 CD für Schüler und Lehrer mit Lektionstexten, Ausspracheübungen, Gedichten, Liedern, *Klett-Nr. 523866*
Trainingsbuch zu Band 4, *Klett-Nr. 929893*

Bildquellen
Agence ANA(J. du Sordet), Paris: Vorsatz hinten.2; AP (Laura Rauch), Frankfurt am Main: 16.2; Avenue Images GmbH, Hamburg: 45.1, 67.2, 80.1, 84.2; B en U International Picture Service Diemen: 9.2; Bibliothèque nationale de France, Paris: 59.3; Bourret, Philip, Chateauneuf les Martigues: 36.2; Bridgeman Art Library, London: 42.1; Cinetext Bild- und Text-Archiv GmbH (Constantin), Frankfurt: 65.1–5, 66.1–2, 68.1–2, 69.1, 70.1–2, 71.1–4, Comstock, Luxemburg: 37.1–5; Corbis, Düsseldorf: 34.6, 43.1, 55.2, 55.4–5, 74.1–2, Vorsatz hinten.3–4 + 8-9; Corbis (PhotoCuisine), Düsseldorf: 34.3, 62.1; Corel Corporation Unterschleissheim: 9.11, Vorsatz hinten.6; creativ collection, Freiburg: 18.1; Fotofinder, Berlin: 30.1, 56.1, 57.3, 59.2; Fotolia LLC, New York: 8.16, 9.7, 57.2, 86.1; Fotosearch: 8.14; Graphi-Ogre, Geoatlas France: Vorsatz vorne.1–2; iStockphoto, Calgary, Alberta: 8.1, 30.2, 34.2, 57.1, 79.1, 79.3–4, Vorsatz hinten.1; Klett-Archiv (Stanislas André): 27.1, Klett-Archiv (Willy Rollé): 63.1; Klett-Archiv (Joachim Krüger): 193; Lagrée, Pierre-Yves, Paris: 76.1; laif, Köln: 52.1, 57.4, 60.1, 75.1, Vorsatz hinten.5; Marco Polo Agence Photographique (Naudin), Paris: Einband vorne.1–2, 6.1, 7.1, 10.1–4, 11.1, 12.1, 12.3, 13.1–4, 14.1–2, 15.2, 16.1, 16.3, 17.1, 18.2, 21.1, 22.1, 23.1–2, 31.1–8, 32.1, 33.1–2, 34.1, 35.1, 38.1–2, 46.1–4, 47.1–2, 48.1, 55.1, 56.2, 73.1–8, 81.1, 82.2, 83.1–2, 84.1, Einband hinten.1; Mary Evans Picture Library, London: 59.4; MEV Verlag GmbH: 16.4; Picture-Alliance, Frankfurt: 18.3, 34.5, 36.3, 61.1, 79.2; PixelQuelle.de (RF), München: 34.4; Sipa Press, Paris: 64.1, 76.2; TOBIS Film, Berlin: 40.1; ullstein bild (Roger Viollet), Berlin: 58.1; Vignaud, Marie-Francoise, Kirchzarten: 59.1; Wikimedia Foundation Inc. (GNU-Lizenz/Aubert), St. Petersburg FL: 55.3
Bedauerlicherweise konnten wir trotz aller Bemühungen nicht alle Nutzungsberechtigten ausfindig machen.

1. Auflage 1 5 4 3 2 1 | 11 10 09 08 07

Redaktion: Dr. Gilles Floret, Friederike Maria Keck, Harun Rathore

Gestaltung: Sven Thamphald
Layoutkonzeption: Christian Dekelver, Weinstadt
Umschlaggestaltung: Christian Dekelver, Weinstadt
Illustrationen: François Davot, Troyes; Christian Dekelver, Weinstadt; Helga Merkle, Albershausen
Satz: media office GmbH, Kornwestheim
Reproduktion: Meyle + Müller, Medienmanagement, Pforzheim
Druck: Firmengruppe APPL, aprinta druck, Wemding
Printed in Germany
ISBN 978-3-12-523861-9

9 783125 238619

Découvertes

für den schulischen
Französischunterricht

4

von
Gérard Alamargot
Birgit Bruckmayer
Isabelle Darras
Léo Koesten
Dieter Kunert
Inge Mühlmann
Andreas Nieweler
Sabine Prudent

Ernst Klett Verlag
Stuttgart • Leipzig

INHALTSVERZEICHNIS

Themen	Kommunikation	Grammatik	Methoden	
⟨**Plateau Rentrée**⟩	**Le tour d'Europe des lycéens Wdh. Bd. 3**		Länderspiel	**8**
LEÇON 1				
Histoires de mode Jugendkult(ur) trotz Modezwang und Markenterror				**10**
L'uniforme à l'école? Die Klasse eines *Lycée* diskutiert.	Forderungen stellen und Notwendigkeiten ausdrücken	*Subjonctif présent:* Form und Gebrauch		**11**
Le trafic d'étiquettes Maxime will Lucas mit gefälschten Etiketten helfen, dem Girly Marine zu gefallen. Dies löst Wirbel an der Schule aus.	Gefühle und persönliche Wertungen ausdrücken Befürchtungen äußern Bitten und Wünsche äußern Textgattungen beschreiben	*Subjonctif présent* nach: – *j'exige que* – *il faut que* – *il est temps que* – *je suis content(e) que* – *j'ai peur que* – *je voudrais que* *avoir besoin de qn / qc / de (faire) qc*	*DELF* Leseverstehen: Detailverstehen (ex. 1) *DELF* Detailliertes Hörverstehen (ex. 7) **Stratégie** Textsorten erkennen	**12** **18**
<Comment les marques te draguent …> Artikel über die Macht der Werbung			*Savoir faire:* Textsorten erkennen und mit ihnen umgehen *DELF* Rollenspiel: Dialoge entwerfen und spielen	**19**
LEÇON 2				
Petites annonces Praktikum als Orientierung außerhalb der Schule				**20**
Ça t'intéresserait? Eine interessante Annonce: ein Kurs für Archäologie.	Hypothesen, Fragen Wünsche, Erwartungen, Pläne, Vorstellungen	*Conditionnel présent*		**21**
La grande découverte Stéphanie, Caroline und Christian nehmen schließlich am internationalen *Archéostage* in Belgien teil.	Schlussfolgerungen Vorschläge machen Auf Vorschläge reagieren	*Conditionnel présent* Bedingungssätze mit *si* *si + présent / si + imparfait* *si ↔ quand* *quelques-un(e)s, chacun(e), certain(e)s, d'autres, …* Das Verb *s'apercevoir*	*DELF* Rollenspiel nach Vorgaben (ex. 7) *DELF* Hörverstehen: Detailverstehen (ex. 8) *DELF* Einen Lebenslauf schreiben: Praktikum (ex. 9) **Stratégie** Einen offiziellen Brief schreiben (ex. 13)	**22** **29**
<Sketch: L'entretien d'embauche> Philibert bewirbt sich.			*Savoir faire:* Einen Bewerbungsbrief schreiben	**30**

Themen	Kommunikation	Grammatik	Methoden	
LEÇON 3				
Vive l'Europe ... Jugendliche aus ganz Europa kommen sich näher.				31
Vive l'Europe et ses langues! Stella und Jens im *Parlement européen de Strasbourg*.	Gemeinsamkeiten und Unterschiede zwischen verschiedenen Sprachen und Ländern ermitteln Sprachmittlung und sinngemäß dolmetschen Vermitteln in zweisprachigen Situationen	Ländernamen, Nationalitäten, Sprachen Präpositionen bei Ländernamen		32
Le drapeau à 12 étoiles Arte macht eine Reportage über *Euroscola*: 500 Jugendliche aus 14 europäischen Ländern diskutieren über die Zukunft Europas.		Ländernamen, Nationalitäten, Sprachen Präpositionen bei Ländernamen Die Pronomen *en* und *y* Infinitive nach Verben: *aller faire qc / commencer à ... / avoir besoin de faire qc*	DELF Detailliertes + produktives Leseverstehen (ex. 1) DELF Globales und detailliertes Hörverstehen (ex. 4) DELF Rollenspiel: Dolmetschen (ex. 6) DELF Einen offiziellen Brief schreiben (ex. 7) Stratégie Umgang mit dem zweisprachigen Wörterbuch	33 39
<L'Europe devient une famille ...> *L'Auberge espagnole*: Xavier bewirbt sich in einer WG.			*Savoir faire:* Umgang mit dem zweisprachigen Wörterbuch	40
⟨Plateau 1⟩	Lecture: **Regards dans le futur: Paris au XXe siècle** Lecture: **On travaille pour l'Encyclopédie**		Wiederholungsübungen	41
LEÇON 4				
Une bagarre Jugendliche, ihre Perspektiven, Probleme & Konflikte				44
Il y a peintre et peintre! Samuel ist wegen Graffitis von der Schule geflogen.	Jdn. auffordern			45
La crise Eine gestresste Ärztin als Mutter, der Vater weit weg, andere Pläne als die Schule und eine lauernde Bande im Rücken: *la crise.*	Auf Aufforderungen reagieren Diskutieren, Debattieren, Argumentieren	Bedingungssätze mit *si*: *Conditionnel présent* *Il me dit de faire qc / Il m'a demandé de faire qc* Mengen/ Zahlen benennen Adj./Subst. + Ergänzungen Wdh.: Verben + Ergänzungen	DELF Einen Text resümieren (ex. 1) DELF Globales und detailliertes Hörverstehen (ex. 8) Stratégie Fehlervermeidung in eigenen Texten	46 52
<Une heure, une vie> Ein Auszug aus dem Roman von Jeanne Benameur			*Savoir faire:* Einen Brief an die Eltern schreiben, ihn korrigieren und vortragen	53

Themen	Kommunikation	Grammatik	Methoden	
LEÇON 5			**Stationenlernen**	
Ateliers: Voyage dans les îles Die französischen Antillen, ihre Kultur und Geschichte	Französisch als Unterrichtssprache		**Stratégie** Selbständiges Lernen: – Leseverstehen – Textstrukturierung – Hörverstehen – Grammatikerarbeitung – Wortschatzarbeit – (Kreatives) Schreiben – Recherchieren mit verschiedenen Medien	**54**
1. Sable noir et sable blanc Geographie und Klima von Martinique & Guadeloupe				**56**
2. Le bleu de la mer Sportliche Möglichkeiten auf den beiden Inseln		*Personne ne / Rien ne / Aucun(e) ne …* *ne … personne, ne … rien, ne … aucun(e)*		**57**
3. Les temps noirs des Antilles Die Geschichte der Antillen		Verben: *s'en aller, fuir, naître, interrompre, suffire*		**59**
4. La langue et les traditions Sprachen, Feste, Traditionen			*DELF* Hörverstehen: Detailverstehen (4. / ex. 3)	**60**
5. Manger, rire et danser Typische Gerichte und aktuelle Zeitzeugnisse				**62**
6. <Belle-Ile-en-Mer> Chanson von Laurent Voulzy & Alain Souchon				**64**
<Module 1> *				
Le cinéma fait école. Die Hauptpersonen aus dem Film *„Les Choristes"* werden vorgestellt.	Personen und Handlungen beschreiben			**65**
Les Choristes Clément Mathieu, der neue Betreuer im Internat für schwer erziehbare Jungen, möchte einen Schulchor gründen. Aller Anfang ist schwer mit unterschiedlichen Stimmen und Erziehungsauffassungen, Widerständen seitens des Direktors und anderes.	Über Filme sprechen Idiomatische Redewendungen anwenden Mit Sprache, Gestik und Mimik kommunizieren		*DELF* Textverstehen: Global- und Detailverstehen (scènes 1–3, ex. 1) *DELF* Hörverstehen: Detailverstehen (scène 2, ex. 2b)	**66**
			Stratégie Hörsehverstehen: über Gestik und Mimik verstehen	**73**

* Die Module können in beliebiger Reihenfolge durchgenommen werden.

Themen	Kommunikation	Grammatik	Methoden	
[Module 2]				
L'amour du risque? Thomas und Farid sind auf der Suche nach dem sportlichen „Kick".	(Un-)mögliche, unerfüllte und unwahrscheinliche Bedingungen formulieren Über Vergangenes sprechen Erlebnisse, Ereignisse, Geschichten auf verschiedenen Zeitebenen erzählen	*Conditionnel passé*		74
SUD OUEST Laut Zeitungsberichten hielten sich 4 jugendliche Surfer in Saint-Pardon, nordöstlich von Bordeaux, 20 Minuten lang auf der längsten Welle Europas, der sog. *Mascaret*. Dabei kam es auch zu einem Unfall …		Bedingungssätze mit *si*: *Si* + *Plus-que-parfait* und *Conditionnel passé* Die Zeitenfolge in der indirekten Rede und Frage (mit Zeitverschiebung) Das Fragepronomen *lequel*	DELF Textverstehen: Detailverstehen (ex. 1) DELF Textproduktion: einen Text strukturieren (ex. 7) DELF Hörverstehen: Detailverstehen (ex. 8)	75
			Stratégie Einen Text mündlich präsentieren	80
[Module 3]				
Kilomètre zéro von Vincent Cuvellier: Wie wäre es, einen Monat lang zu zweit durch Frankreich zu wandern?	Sich vorstellen und über sich selbst sprechen (Herkunft, Aussehen, Charakter, Hobbys, Träume u. a.)	*Accord du participe passé* beim *Passé composé* mit *avoir*		81
Kilomètre 80 … Benjamin, sein Vater und „Natur pur" samt Zelt und Lagerfeuer bedeuten eine ganz besondere Erfahrung.		*Accord du participe passé*: *Passé composé* mit *avoir* Wdh.: *Passé simple* (rez.) Wdh.: Relativpron. *dont* Regeln zur Wortbildung: Präfixe, Suffixe, Pluralformen	DELF Hörverstehen *en détail*: Überschriften zuordnen (ex. 6)	82
			Stratégie Regeln zur Wortbildung für die selbstständige Worterschließung nutzen	88
⟨Plateau 2⟩*	Lecture: **«L'Etat, c'est moi!»** Lecture: **«Impossible n'est pas français!»**		Wiederholungsübungen	89
Vocabulaire				92
Textes supplémentaires	Chansons, Théâtre et Poèmes			186
[Supplément M3]**	*Gérondif:* Bildung und Gebrauch / Demonstrativpronomen			192

BY/BE/BB/HB/HE/MV/RP/SL/ST/TH/Österreich

* Plateau 2 ist in Bayern verpflichtend. ** Es gilt nicht für Bayern.

Wegweiser

Hier findest du Lektionstexte sowie Hörverstehenstexte.

Hier findest du spezielle Hörverstehensaufgaben zur Vertiefung.

Diese Übungen solltest du zur Festigung der Grammatik oder des Wortschatzes in dein Heft schreiben.

Hier arbeitest du in der Regel mit deinem Sitznachbarn zusammen.

Bei diesen Aufgaben arbeitest du im Team mit drei bis maximal fünf Klassenkameraden zusammen.

⟨ ⟩ Dieses Symbol bedeutet, dass die betreffende Einheit oder Übung behandelt werden kann, aber nicht muss.

[ ] Dieses Symbol steht vor einer Übung, einer Lektion oder einem Modul, die nur in bestimmten Bundesländern/Ländern verlangt werden.

Der Delfin weist auf Aufgaben hin, die du wiederfindest, wenn du dich auf die DELF-Prüfung vorbereitest.

Hier ist eine kreative Projektarbeit gefragt.

In Aufgaben mit diesem Symbol entstehen Produkte, die du in deinem Französisch-Dossier abheften kannst.

Bei Übungen mit diesem Symbol ist ganz besonders dein „Forschergeist“ gefragt.

Bei diesem Symbol handelt es sich um spielerische Übungen.

Hier triffst du meistens auf Suchaufgaben im Internet.

Diese Aufgaben sind zur Wiederholung von bereits gelerntem Stoff gedacht: eine gute Möglichkeit, deine Kenntnisse zu testen.

Bei diesen Übungen kannst du ganz für dich alleine deinen Kenntnisstand überprüfen.

* Dieses Zeichen weist Wörter aus, die im Pratique-Teil neu eingeführt werden und gelernt werden müssen.

§ Verweis auf das entsprechende Grammatikkapitel im Grammatischen Beiheft.

Unter der Klett-Internet-Adresse www.klett.de unter „Schüler“ und dann „Französisch“ **www.klett.de/extra** findest du Zusatzmaterialien wie z. B. eine Zusammenstellung aller Lernstrategien ab Band 1 sowie zusätzliche Übungen und Texte u. a.

Alle Kompetenzen (Leseverstehen, Hörverstehen, Sprechen, Schreiben, Interagieren) und alle Strategien in Découvertes 4 erfüllen die Anforderungen des **Referenzrahmens** Niveau A2–B1.

VORWORT

Chers élèves,

Nous vous souhaitons une bonne rentrée! Peut-être que vous avez passé vos vacances en France. Ou bien, avez-vous communiqué en français, peut-être avec vos correspondants? Vous avez peut-être parlé, écrit des e-mails, téléphoné, envoyé des SMS en français. Vous avez peut-être lu des informations, des livres et des BD en français. Vous avez peut-être aussi regardé la télé française ou bien écouté de la musique française. Vous avez sûrement compris beaucoup de choses. En vacances, vous avez peut-être aidé vos parents quand vous avez fait l'interprète dans des situations comme à l'accueil d'un hôtel ou d'un camping. Vous n'avez sûrement pas eu beaucoup de problèmes. Bravo! C'est grâce aux découvertes que vous venez de faire depuis trois ans avec votre livre *Découvertes*. Vous avez maintenant une très bonne base pour vous débrouiller en français.

Cette année, vous entrez dans votre quatrième année de français. Vous verrez, vous allez avancer rapidement. Nous sommes là pour vous aider à lire, écrire, écouter, comprendre, parler, chanter, danser, regarder des films et jouer en français. A la fin de *Découvertes 4*, vous allez pouvoir communiquer en français sans problème. Le français, c'est comme un sport. Il ne faut pas avoir peur. Vous allez apprendre des techniques différentes. Il faut garder courage. Ayez confiance en vous et en nous!

Cordialement

Votre équipe
de *Découvertes 4*

Le tour d'Europe des lycéens

1 *Donne trois spécialités de Bourgogne.*

Juste? Alors prends le bateau.

1 *Nenne drei Ausdrücke, mit denen man ein Verbot aussprechen kann.*

1 *Mets au futur simple:*

je vois
nous finissons
ils sont

6 *Nenne drei Ausdrücke, mit denen man sagt, dass man etwas toll findet.*

Va dans le pays au bord de la mer!

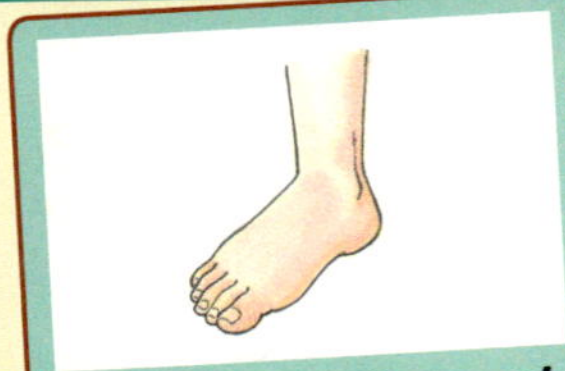

Arrête-toi trois tours!

Va dans le pays le plus près de toi!

6 *Conjugue le verbe* **se plaindre** *au présent.*

Va tout de suite en avion dans un pays de ton choix!

C'est dur d'attendre les autres! Un tour!

Si ton cheval est fatigué, attends deux tours!

6 *Donne trois noms de pays en Europe où on parle français.*

Faux?
Alors, à pied!

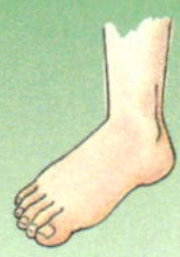

1. ***Complète:*** **Le nord, …**

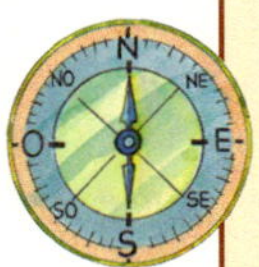

2. ***Compare:*** **La Bourgogne/ la Normandie (= intéressant)**
3. **Nom français de «Mainz».**

1. ***Alle Märchen fangen auf Frz. so an:*** **Il …**
2. ***Conjugue le verbe «voir» à la 1ère pers. du plur. à l'imparfait et au futur simple.***
3. **Une île en Bretagne.**

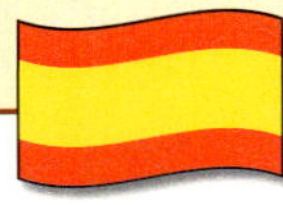

1. ***Donne le contraire de:*** **court(e) ⟷ …**
2. ***Mets au superlatif:*** **Max est le garçon (+ + cool) de la classe.**
3. **Les élèves français n'ont pas cours le … après-midi.**

5 *Trouve des synonymes pour:*

- bosser
- tout le monde
- avoir le trac

5 *Forme les adverbes:*

faux →
heureux →
officiel →

Juste? Vite, le TGV va partir!

5 *Donne trois noms de villes en Bourgogne.*

→ Règles du jeu, p. 182

2

Donne le nom de trois régions françaises.

Faux? Vas-y à cheval!

2

Compare les filles.
Léa (1,60) – **Julia** (1,65) – **Zoé** (1,65) – **Sophie** (1,67)

1. Léa – Julia
2. Zoé – Julia
3. Sophie – Zoé

2

Traduis ces mots et expressions en français standard.

1. J'en ai marre!
2. un mec
3. T'as un blème!

Arrivée en France

1a. *«une fille» dans la langue des jeunes?*
1b. *«les fringues» en français standard?*

2a. *Le contraire:* **se réveiller** ⟷ *?*
2b. *Mets la phrase au superlatif:* **Anne est (- - bon) élève de la classe mais elle est la copine (+ + sympa).**

3a. *Les Français aiment en manger à Noël.*
3b. *Une ville en Normandie, près de la mer.*

1. *Comment chante un coq français?*
2. *Complète la phrase:* **Luc est Belge. Il parle (+ bien) le français que l'allemand.**
3. *Où se trouve la Côte d'Or?*

1. *Ebbe und Flut auf Französisch …*
2. *Mets les bonnes formes:* **Vous comprenez (futur/plus-que-parfait)**
3. *Comment s'appelle l'examen à la fin du lycée?*

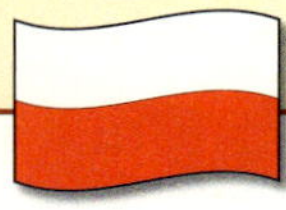

1. *Was sagt man, wenn man wütend ist?*
2. *Traduis en allemand:* **Wir setzen uns.**
3. *Une chaîne de radio pour les jeunes.*

3

Qui était Nicéphore Niepce? (Trois réponses) 1)… 2)… 3)…

Juste? En avion, ça va plus vite!

3

Wie kann man Unsicherheit und Zweifel ausdrücken?

3

Imparfait ou p. c.?

Un jour, je (faire) du vélo comme tous les jours. Il (faire) beau. Tout à coup, il (pleuvoir) et comme je (ne pas avoir) de parapluie, je (rentrer) et je (boire) un chocolat chaud.

4

- *Le contraire de:* «possible»
- *Un verbe de la même famille:* «une explication»
- *Traduis en français:* «der Apfelkuchen»

4

Mets à l'imparfait et à la forme négative:

Aujourd'hui, les filles **sont** contentes. Elles **rient**. Nous **avons** du soleil. Mais hier …

4

Nomme trois choses qui sont dans un lycée français et pas dans un lycée allemand.

Faux? Prends le bus!

LEÇON 1

01 Histoires de mode

A

«Moi, c'est **Maxime**. Les potes m'appellent Max. J'aime porter des vêtements de marque quand le logo n'est pas trop gros. Je ne suis pas une affiche de pub!»

B

«Moi, c'est **Marine**. Tout mon argent de poche va dans les vêtements! Je travaille l'été pour m'acheter des robes. Je n'aime pas toutes les marques. Mais j'adore changer!»

C

«Moi, je suis **Lucas** et le look, je m'en fous! Mes vêtements sont sans marque. Ils sont souvent bleus et sans logo. Je préfère regarder les prix des vêtements.»

D

«Coucou, je m'appelle Coco, enfin … **Coralie**. Avec la mode, c'est beau, la vie! Je porte souvent des jupes à fleurs avec des couleurs comme le violet ou l'orange!»

1. *Qui est qui? Regardez ces quatre garçons et filles et faites leur portrait.*
2. *Lequel de ces jeunes vous plaît? Donnez des arguments.*
3. *Lequel n'aimeriez-vous pas du tout avoir comme ami(e)? Pourquoi?*

02

L'uniforme à l'école?

Le forum des jeunes *Mode Ados* a demandé: «Faut-il porter l'uniforme en classe?».

In dem Dialog finden sich mehrere Verben, die im ***Subjonctif*** stehen. Sie erscheinen in Nebensätzen. Im Hauptsatz werden sie durch einen **Auslöser + que** eingeleitet.

1. *Was wird durch die* ***Auslöser*** *für den Subjonctif inhaltlich ausgedrückt?*
2. *Übertragt die Tabelle in euer Heft und ergänzt die übrigen Verbformen entsprechend den Pronomen. Sucht die Endungen heraus.*
3. *Von welcher Form wird der Subjonctif abgeleitet?*

		Subjonctif	Endungen: Subj.	Infinitiv
il faut que/qu'	je	dise	-e	dire
	tu	?	?	?
	il/elle/on	?	?	?
	nous	?	?	?
	vous	?	?	?
	ils/elles	?	?	?

4. *An welche Zeitform erinnern euch die Subjonctif-Endungen der 1. und 2. Person Plural?*

A vous. *Formez six phrases avec le subjonctif sur le thème «discuter ensemble».*

1. je voudrais … 2. il faut que … 3. je propose … 4. il est important … 5. je crains … 6. je trouve *(+ adjectif)* …	que qu'	tu … ma copine … nous … on … vous … mes parents …	penser comme moi – (ne pas) se disputer – (ne pas) se moquer des autres – trouver une solution – écouter l'autre – réfléchir ensemble – (ne pas) oublier les autres arguments – se mettre d'accord – organiser des discussions …

03–09

Le trafic d'étiquettes

1. Maxime Perot regardait ses camarades dans la cour du lycée. Il y avait trois groupes: les skateurs, les babas et les girlies. Chaque groupe avait son uniforme. Mais dans cette foule, il voyait surtout Marine, une girly maquillée en violet. Tous les garçons du lycée flashaient sur elle.

2. Maxime attendait devant le bureau du proviseur qui l'avait convoqué. Le proviseur tenait une feuille à la main …

– Entrez, Perot, je veux que vous m'expliquiez une chose: Qu'est-ce que tout ça veut dire?

Maxime avait décidé de ne rien raconter.

– Un trafic d'étiquettes! Mais, c'est grave, ça, vous savez? Et en plus, une lettre anonyme! Mais vous ne pensez qu'aux vêtements, aux chaussures de marque et à la mode!

– Mais personne ne change les étiquettes des vêtements ou des baskets, monsieur! De toute façon, on reconnaît tout de suite les vraies et les fausses marques!
– Attention, Maxime, j'interdis que vous me racontiez des histoires! J'ai déjà du racket! Je n'ai pas envie qu'on fasse des trafics dans mon lycée! Je ne vous laisserai pas faire! Allez, deux heures de colle!

3. Maxime n'avait pas vraiment besoin d'argent. Il faisait ça surtout pour aider son copain, Lucas Lopez. Tout le monde n'avait pas les moyens d'acheter des vêtements de marque.

Et puis, il y avait Marine … qui se moquait toujours de Lucas …
– Je ne comprends pas pourquoi il s'habille avec des fringues de grand-père et porte des sandales! J'aime bien les mecs avec des fringues branchées.

Lucas Lopez, c'était un intrus. Au lycée, les autres ne l'acceptaient pas car il était ringard. Il détestait l'Internet, écrivait des poèmes et il venait seulement d'acheter un portable.

4. Le lendemain, quelqu'un avait écrit sur le mur du lycée «Pas d'amour pour les ringards!». Le proviseur avait fait venir Maxime dans son bureau. Il souhaitait que Maxime lui raconte tout! Mais, le garçon n'a rien avoué. Finalement, M. Marais l'a renvoyé du lycée une semaine. Un soir, le portable de Maxime a sonné. C'était Coralie …

5. – Allô, Max! Tu ne devineras jamais! Marine a organisé une manif pour toi au lycée! Tout le monde voulait que tu reviennes! Et, tu sais quoi? Marine a appris pourquoi Lucas avait acheté des étiquettes. Elle a dit que c'était de sa faute. Alors, ils sont allés tous les deux voir Marais.

– Quoi? Marine a parlé au proviseur?

– Oui, c'est fou, hein? Et grâce à elle, Marais a accepté que tu reviennes au lycée demain. Le seul truc un peu ouf, c'est que Marais a exigé qu'on fasse une exposition sur le thème: «la dictature des marques».

– Chapeau! Il faut que j'appelle Lucas pour avoir des détails.

A vous. *Pourquoi est-ce que Marine réagit tout à coup comme ça?*

6. – Lucas n'est pas là, mais vous pouvez l'appeler sur le portable de Marine, sa copine. Vous avez son numéro?

Quoi? La fille la plus belle, la plus chic et la plus branchée du lycée était avec le type le plus ringard? Alors, c'est elle qui avait écrit sur le mur du lycée? Et la lettre anonyme! Maxime comprenait tout maintenant: Lucas lui avait acheté des étiquettes pour plaire à Marine. Mais pourquoi est-ce qu'il n'avait rien dit? Quand Marine a vu que ça tournait mal pour Maxime, elle a pris peur et elle a tout avoué au proviseur.

7. – Pardon, Max. C'est de ma faute. Je me fous de la mode. Mais, voilà, un jour, je suis tombé amoureux de Marine. Je craignais qu'elle se moque de moi parce que je m'habille mal. Au début, j'ai tout fait pour lui plaire. J'ai collé des étiquettes sur mes vieux pulls et mon blouson. Je ne serai jamais un skateur. Je suis peut-être ringard mais je m'en fous!

– Oui, mais, maintenant, tous les mecs voudront être comme toi et tu vas devenir le chef des ringards! Tu te débrouilleras mieux dans la vie. Et puis, n'oublie pas, tu es le copain de Marine …

– Tu veux dire: J'étais le copain de Marine. Maintenant, c'est fini pour moi!

1 A propos du texte

a *Trouvez les phrases correctes. Deux réponses sont possibles.*

1. Au lycée de Maxime, • tous les élèves portent un uniforme. • chacun a son groupe pour la mode. • tous les élèves suivent la mode.	5. Le proviseur du lycée • a écrit «Pas d'amour pour les ringards!». • a renvoyé Maxime du lycée. • a organisé une exposition.
2. Maxime • ne s'intéresse pas à l'argent. • fait du racket. • ne veut pas être une affiche de pub.	6. Coralie • a organisé une manif pour Maxime. • a tout raconté à Maxime. • va organiser l'exposition.
3. Avec les étiquettes, Maxime veut • gagner de l'argent. • plaire à Marine. • aider Lucas.	7. Marine • se moque de Lucas car il est ringard. • a téléphoné à Maxime. • reste à la fin la copine de Lucas.
4. Lucas • offre des étiquettes à Marine. • achète des étiquettes pour lui plaire. • s'intéresse à l'Internet et aux portables.	8. Lucas • continue à faire du trafic d'étiquettes. • va rester ringard. • va devenir le chef des skateurs.

b *Regardez les images du texte et résumez l'histoire en quelques phrases.*

c **A vous.** *Que pensez-vous des vêtements de marque? Ecrivez un texte de 6–8 phrases.*

2 Les rêves de Lucas amoureux (§§ 1, 2)

Mettez les verbes au subjonctif.

1. Je suis triste que tout le monde (se moquer) de moi.
2. Je voudrais que les autres (être) moins méchants et qu'ils m'(accepter) comme je suis.
3. Je souhaite que Marine (être) ma copine et que nous (pouvoir) nous voir très souvent.
4. J'aimerais bien qu'elle (avoir) plus de temps pour moi et qu'on (aller) au cinéma.
5. Marine, j'ai peur que tu (choisir) un autre copain plus à la mode.
6. Il faut que je (faire) quelque chose.
7. Il est nécessaire* que je (mettre) des étiquettes pour plaire à Marine.
8. Je suis content que Maxime me (vendre) des étiquettes.

3 Le conseil de classe (§§ 1, 2)

Florian a des problèmes au lycée.
Que dit le conseil de classe?

a *Ecrivez les phrases dans votre cahier. Employez* ***le subjonctif*** *ou* ***l'indicatif****.*

Exemple:

Il faut que nous → parler un peu avec toi.
→ **Il faut que** nous parl**ions** un peu avec toi.

1. Nous croyons que tu → (avoir) besoin d'aide* à l'école.
2. Est-il nécessaire que vous → (se disputer) toujours dans la cour?
3. Il faut que nous → en (discuter) pour trouver une solution.
4. Nous préférons que tu → (choisir) des amis plus sérieux.
5. Nous espérons que tu → (s'en sortir) et (réussir) un jour ton bac.
6. Nous interdisons que tes copains et toi → (faire) des bêtises au lycée.
7. Nous savons que tu → (ne pas être) content de ta situation.
8. Nous trouvons bizarre que vous → (s'habiller) comme des clowns.
9. Nous n'aimons pas que tu → (garder*) tes problèmes pour toi.
10. Mais nous craignons que tu → (ne pas comprendre) nos arguments.

b *Marquez les déclencheurs (Auslöser) et les terminaisons (Endungen) du subjonctif.*

c *Choisissez au minimum (mindestens) quatre phrases et imaginez les réponses de Florian*.*

4 En ont-ils besoin? (§ 3)

a *Remplacez ~ par la bonne forme de* ***«avoir besoin de»****. Si nécessaire, ajoutez l'article ou «en».*

1. – Tu ~ nouveau jean, mon fils!
   – Oui, mais j' ~ argent, papa!
2. – Allez dans la salle de bains.
   Vous ~ douche*!
   – Oui, mais on ~ enlever* nos vêtements, maman!
3. – Tu (ne pas) ~ lunettes de soleil pour sortir!
   – Si j' ~ . Je veux plaire à mes copains.
4. – A mon avis, tu ~ parapluie.
   C'est mieux que des lunettes de soleil!
   – Je (ne pas) ~ tes conseils! Salut, maman.

b *Répondez avec des phrases complètes et continuez à demander à votre partenaire:*

De quoi est-ce qu'on a besoin **?**

1. … si on veut acheter des nouveaux vêtements?
2. … si on veut comprendre un texte français avec des mots nouveaux?
3. … si on prépare une fête / un voyage / les devoirs?

5 Je veux et j'exige! (§ 2)

on dit …

Forderung und Notwendigkeit:
Il faut que
Je veux / J'exige / J'interdis que
Il est important / nécessaire que
Il est temps que
} + Subj.

Wunsch, Bitte und Vorschlag:
J'aimerais que / Je voudrais que
Je préfère que
Je désire / Je souhaite que
J'ai envie que
Je propose que
} + Subj.

Gefühle und persönliche Wertung:
Je trouve bien / mal / bête / triste … que
Je suis content(e) / heureux(-euse) que
} + Subj.

Befürchtung:
Je crains que
J'ai peur que
} + Subj.

a **A vous.** *Ta mère veut t'acheter un nouveau jean parce que ton jean a des trous. Toi, tu ne veux pas de nouveau jean. Invente le dialogue entre ta mère et toi.*

b *Répétez cinq fois le titre de l'exercice. Faites la liaison* [ʒəvœzeʒɛgziʒ].

6 Jeu de mots: Les vêtements

a *Regardez les photos et lisez les textes. Qui est qui? Remplacez les ? par les pronoms sujets.*

1. Gigi & Coco

2. Johnny & Vanessa

3. Anne

4. Jamel

1. ? est très sportive. ? porte un jogging* bleu et des baskets blanches. Sur la tête, ? porte aussi un casque car ? fait du vélo.
2. ? est très sportif. ? est à la plage. ? porte seulement son slip* de bain* et ? ne porte même pas de sandales de plage.
3. ? sont très élégants*. ? vont à une fête. ? porte une chemise blanche et un costume* noir. ? a mis sa belle robe blanche et des chaussures à hauts talons*.
4. ? sont très ringards. ? porte un pantalon marron, une chemise jaune, des sandales marron avec des chaussettes* jaunes. ? porte un jean avec un chemisier* violet.

b *Faites un filet à mots avec les couleurs et les noms de vêtements que vous connaissez: vêtements pour le sport, l'école, les fêtes. Cherchez aussi dans le dictionnaire.*

c **A vous.** *Décrivez un(e) camarade de classe. Les autres devinent qui c'est.*

01

7 Ecouter: Ma taille* et ma pointure*

Coralie et sa grand-mère font du shopping*.
Mais elles ne sont pas toujours d'accord.

a *Ecoutez le texte et donnez la bonne réponse.*

1. Coralie aime porter
   • des jupes. • des jeans. • des pantalons.
2. La mamie préfère
   • les jupes. • les jeans. • les pantalons.
3. Coralie veut mettre la jupe avec • un slip jaune. • des baskets. • des sandales.
4. Mamie lui propose en plus • un chemisier. • un short bleu. • un slip rose.
5. La taille de Coralie, c'est • le 36. • le 38. • le 40.
6. Pour Coralie, le 36 • c'est bien. • trop court. • trop long.

b *Aimeriez-vous avoir la grand-mère de Coralie comme grand-mère? Pourquoi?*

8 On a besoin de vacances! (§§ 1–3)

La famille Martin veut partir en vacances à la mer.
Ils discutent du voyage.

Ecrivez le texte dans votre cahier.
Mettez les verbes au subjonctif ou à l'indicatif.
Remplacez • par «avoir besoin de».

1. *Lisa:* Je suis contente que nous (aller) à la mer.
   J' • (soleil)! Je trouve que je (être) trop blanche!
2. *M. Martin:* Je crains que nous (avoir) de la pluie.
   Ils ont annoncé que demain, il (pleuvoir).
   Nous • (un parapluie)!
3. *Mme Martin:* Je pense que mamie (partir) avec nous.
   Nous • (une deuxième chambre).
4. *Lisa:* Quoi? Pas question! J'exige que vous me (donner) une chambre à moi. J' • (silence)!
5. *Mme Martin:* Tu rigoles ou quoi? Alors, tu veux rester ici? Sans problème! ... Bon, je propose que mamie (dormir) seule dans une chambre.
   Mais on • (un hôtel) qui accepte les chiens!
6. *Lisa:* Quoi? Mamie vient avec son chien? Et ben, j'ai bien peur que vous (partir) en vacances sans moi. Je (ne pas) • (animaux) pendant les vacances.
7. *M. Martin:* Arrête, il faut qu'on (partir) avec le chien.
   Mamie est trop malheureuse sans lui. Et puis, Lisa, j'interdis que tu (dire) des bêtises sur lui.
   Il • aussi (vacances)!

9 Textsorten erkennen

Stratégie

Texte haben unterschiedliche Funktionen und Stilmerkmale. Titel, Überschrift und die ersten Sätze verraten meist schon ihre Textsorte. Schaut euch drei verschiedene Beispiele an:

Fiktionaler Text	Zeitungsartikel	Werbetext
– erzählt eine **erfundene** Geschichte in Einzelheiten – Beschreibung der Personen – Darstellung ihrer Gedanken und Gefühle – Mischung von Erzählung und wörtlicher Rede – **Ziel:** Unterhaltung, Spannung, Erleben neuer Welten, …	– informiert über Ereignisse oder Dinge, die sich auf die **Wirklichkeit** beziehen – der Ton ist meist sachlich – wörtliche Rede kommt nur in Zitaten vor – das **Layout** ist wichtig (Titel, Typografie, Spalten, Fotos, Bilder) – **Ziel:** Information, Aufklärung	– will vom Wert eines Gegenstands überzeugen und Kunden **zum Kauf anregen** – Ton: knapp, z. B. häufig Ausrufe, Befehlsformen, Wortspiele, Reime, direkte Anrede an den Leser, **Slogans** – Das **Layout** ist wichtig – Fotos und Bilder unterstützen – **Ziel:** Verführung, Interesse

A vous. **a** *Copiez ce tableau. Classez les textes d'après les rubriques et justifiez votre décision.*

Texte n°	Roman	Article de journal	Publicité
①			Il y a des photos et un slogan*.

①
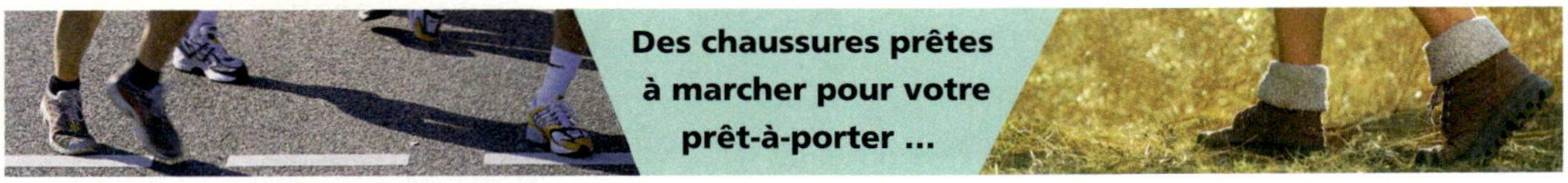

② … Charles a un prénom de vieux, une tête de vieux, des vêtements de vieux. Mais c'est pas un vieux. C'est un type de ma classe …

③ Des marques pour ne pas être rejeté[1]: Pour nombre d'adolescents, le choix de «bonnes» marques de vêtements est devenu un enjeu[2] important …

④ Chaque année, fin août, ça me reprend: Je déteste la rentrée …

⑤ AFP[3]: (Jakarta)
Le chic selon la belle Catherine Deneuve: «Le chic appartient[4] heureusement à tout le monde.» a déclaré Catherine Deneuve lors d' une conférence de presse, mardi, 23 novembre, à Jakarta, Indonésie …

b *Choisissez un des textes. Imaginez une autre publicité, la suite de l'histoire ou de l'article.*

1 être rejeté(e) zurückgewiesen werden – **2 un enjeu** eine Herausforderung – **3 AFP** *Agence France Presse* – **4 appartenir à qn** zu jdm. gehören

Comment les marques te draguent ...

Voici Supermarketor[1]! La dictature des marques, c'est lui. Il dépense[2] 150 millions d'euros pour te draguer. Il veut faire de toi un parfait consommateur[3]. Peux-tu lui dire non?

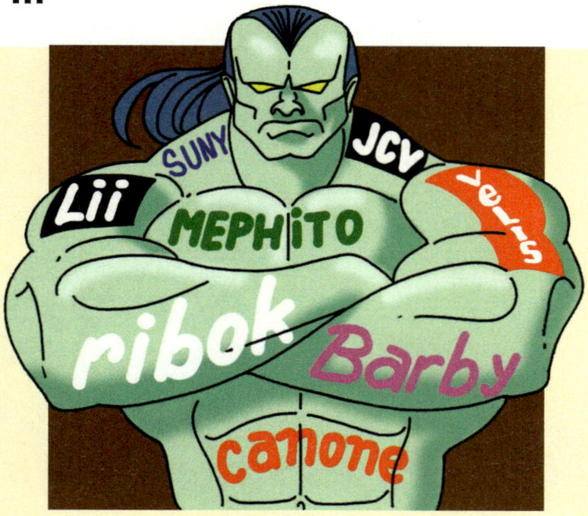

Supermarketor est partout!
Quand ta télé crie: «On se retrouve juste après ça!», tu sais que «ça» sera dix minutes de pub. Supermarketor arrive aussi sur ton portable: il t'invite à envoyer un SMS pour jouer à un jeu. Toi, tu gagnes peut-être, mais lui, il garde ton nom sur son fichier[4].
L'effet magique[5]: Quand tu joues, tu regardes l'écran. Pendant ce temps, les marques vont directement dans ton cerveau[6].
L'antidote[7]: Fais attention aux pubs dans les jeux. Tu sais qu'elles sont là et c'est ce qui te protège[8] car elles vont t'énerver.

Supermarketor a tous tes codes!
Supermarketor connaît très bien tes goûts[9]. Il va même voir tes films préférés: une marque de jus de fruits joue à «Men in Black» et Lara Croft te dit le nom de la nouvelle voiture de ton papa.
L'effet magique: Tu adores ces films, tu es content que les marques aient la même culture qu'eux. Tu trouves les marques sympas!
L'antidote: A partir de maintenant, quand une publicité parle «jeune», tu sors ton décodeur!

D'après le texte de Jean-Yves Dana © OKAPI, Bayard Jeunesse, 2004

■ **Savoir faire**

→ Stratégie, page 18.

a *Expliquez en allemand pourquoi ce texte est un article.*

b *Et toi, peux-tu dire «non» à Supermarketor? Pourquoi (pas)?*

A vous. *Choisissez une situation et imaginez un dialogue.*

1. Votre meilleur(e) ami(e) est victime de racket au lycée. Il/Elle ne veut en parler à personne.	2. Vous avez acheté un vêtement à la mode, mais vos parents ne veulent pas que vous le mettiez.	3. Vous arrivez à une fête où tout le monde a des vêtements blancs sauf vous qui êtes en noir.

1 Supermarketor *le symbole pour les marques* – **2 dépenser** ausgeben – **3 un consommateur** ein Verbraucher – **4 un fichier** eine Datei – **5 un effet magique** eine magische Wirkung – **6 le cerveau** das Gehirn – **7 un antidote** ein Gegengift – **8 protéger** schützen – **9 le goût** der Geschmack

LEÇON 2

15 Petites annonces

JOBS •••• STAGES •••• COURS

1

AVIS

Cherche animateurs / animatrices entre 16 et 18 ans qui ont envie de travailler dans une colonie de vacances à orientation sportive en Bretagne (natation, escalade, kayak, VTT, etc.) du 11 au 24 août avec des jeunes de 13 à 15 ans.
Salaire net/j: 26 euros.
Contactez-moi pour en savoir plus:
Monsieur Gilles Gardet,
22 bv Carnot
F-59000 Lille

2

BB à garder

Cherche jeune fille sérieuse (à partir de 14 ans) à temps partiel pour s'occuper d'un bébé (14 mois) à domicile (Lille, place Jeanne d'Arc) pour juillet et août. Expérience vivement souhaitée.
Merci de me contacter.
Sylvie.Durand@net.fr

3

Cours d'anglais

Recherche JF/JH anglais / américain compétent pour rattrapage de niveau en anglais d'une élève (niveau 5e– 6e) à Lille (Vieux Lille). 4 h/s. Mois de juillet.
Curriculum vitæ + photo souhaités. Ecrire à:
Mme Chantal Dumoulin
54 rue Voltaire
F-59000 Lille

URGENT!

4

Recherche

Vous aimez vous lever très tôt? JF/JH dynamique, souriant(e), très motivé(e) pour vendre des fruits et des légumes dans les Halles 3j/semaine. Expérience souhaitée.
Prière de me contacter au: 03.59.57.94.49. Demandez Frédérique.

5

Stage d'été

Vous vous intéressez à l'archéologie? Vous aimez travailler en équipe dans la nature et faire du camping? Nous vous proposons un stage archéologique en août pour jeunes de 14 à 16 ans de toute l'Europe. Repas, visites, animations inclus pour 250 euros/9 jours/pp.
Merci de nous contacter à:
archeostage@skynet.be.
Envoyer votre lettre de motivation à:
Archéostage
7 Chemin du Try Chalons
B-5660 Couvin

6

Accueil-Camping

Recherche JF/JH pour répondre au téléphone et recevoir les touristes en juillet – août 5 h/jour.
Politesse, voix agréable et ponctualité demandées. Connaissances d'anglais et d'allemand souhaitées.
C.V. + photo.
Ecrire à: Philippe Martinez
7 rue J.-J. Rousseau F-59000 Lille

1. *Lisez les petites annonces et essayez (versucht) de les comprendre. Expliquez-les en allemand.*
2. *Quelle est l'annonce qui vous intéresse le plus? Pourquoi?*
3. *Cherchez sur Internet plus d'informations sur les stages d'été.*

16

Ça t'intéresserait?

Stéphanie, Caroline et Christian regardent les petites annonces au lycée.

Stéphanie: J'aimerais bien faire un stage pendant les grandes vacances.
Caroline: Moi aussi. Regarde, il y a une annonce pour un site archéologique en Belgique qui serait peut-être intéressante. C'est un stage international avec des jeunes de toute l'Europe. Ça t'intéresserait?
Stéphanie: Ah, oui! L'archéologie, c'est cool!
Caroline: Nous pourrions peut-être écrire une petite lettre de candidature.
Stéphanie: Tu crois qu'ils nous prendraient?
Christian: Vous pourriez aussi me demander si ça m'intéresse!
Caroline: A ta place, je partirais avec nous, c'est tout! Tu ne voudrais pas tous les jours manger des frites? Tu adores ça, non?

1. *Faites un tableau d'après le modèle. Cherchez dans le texte les verbes avec des nouvelles formes du **conditionnel présent**. Complétez les listes du tableau.*
2. *Regardez les terminaisons (Endungen) du conditionnel présent. D'où les connaissez-vous? Expliquez en allemand comment on forme le conditionnel présent.*

conditionnel	infinitif	futur simple
1. j'aimerais …	aimer	J'aimerai
2. …	…	…
3. …	…	…

3. *Pourquoi est-ce que les trois utilisent le conditionnel présent quand ils parlent du stage?*

A vous. *Quels conseils donneriez-vous à Stéphanie et à ses amis? Utilisez le conditionnel.*

1. A ta place, j' (écrire) une lettre de candidature et j' (accepter) ce stage.
   A ta place, je (chercher) un stage qui (être) plus intéressant et moins dur.
2. Tes parents (pouvoir) t'inviter en vacances.
   Vous (pouvoir) partir ensemble, Caroline, Christian et toi.
3. Vous (pouvoir) peut-être gagner un peu d'argent pendant les vacances.
   A votre place, je ne (travailler) pas du tout pendant les grandes vacances.
4. Stéphanie, demande seulement à Caroline de t'accompagner. Vous (s'amuser) bien plus.
   A ta place, je (partir) seule, je (prendre) l'avion et je (voyager) très loin.

La grande découverte

17–23

1. Stéphanie Parot
52 rue d'Arras
59000 LILLE
FRANCE

A.S.B.L. Archéostage
M. Jean Bourlet
7 Chemin du Try Chalons
5660 COUVIN
BELGIQUE

Lille, le 15 mai 2008

Objet: Candidature au stage

Monsieur,

Suite à votre annonce que j'ai trouvée au tableau d'affichage du Lycée Montebello de Lille, je me permets de poser ma candidature au stage d'archéologie que vous proposez en août à Couvin en Belgique.

J'ai 15 ans et je suis en classe de seconde. Après le baccalauréat, je voudrais commencer des études d' archéologie. Il est donc très important pour moi d'avoir des expériences dans ce domaine. Plus tard, j'aimerais travailler dans un musée. Grâce à ce stage, je pourrais aussi rencontrer des jeunes de toute l'Europe et améliorer mon anglais et mon allemand.

Je vous prie aussi de m'envoyer d'autres informations.

Dans l'espoir d'une réponse positive, je vous prie de croire, Monsieur, à l'expression de mes salutations distinguées.

Stéphanie Parot

Ci-joint: un curriculum vitæ

2. Une semaine plus tard …
– Allô, Caro? Ça y est! Ça marche! L'animateur du stage, M. Bourlet, a répondu! Ecoute: «Mademoiselle, nous vous remercions de votre lettre et nous sommes heureux de vous annoncer que nous vous attendons à Couvin du 1er au 14 août. Il n'y a aucun problème. Pourriez-vous SVP nous contacter?». Tu as aussi des nouvelles? … Et Christian? … Super! Si seulement on pouvait découvrir des pièces d'or, ce serait génial!

3. Jean Bourlet a découvert une maison romaine près de Couvin. Pour l'archéostage, il a donc formé une équipe de vingt jeunes européens. Il est 9 heures du matin mais il fait déjà chaud sur le chantier. Tous les matins, M. Bourlet organise le travail: chacun a son rôle. Par exemple, Karol et Marek, qui viennent de Pologne, nettoient les objets que tout le monde a trouvés. Quand ils ont fini, les autres les dessinent. Si les pièces sont bonnes, ils les envoient au musée.
Mais tous participent à la vie du stage.

4. – Je pense qu'on devrait trouver des vases. Si vous en trouvez un, alors vous m'appellerez. Les autres, quand vous ne travaillerez plus, vous rangerez vos outils!

– Oh, regarde, Marek, un os! Tu crois que c'est l'os d'un Romain?
– Mais non, Caroline, c'est un os de dinosaure!
– N'importe quoi! Tu te moques de moi. Si tu continues, je t'appellerai «Ötzi»! Le dernier homme préhistorique du 21e siècle.
– Oh, tu sais, quand j'étais petit, ma grand-mère avait une vache qui s'appelait «Caroline» …

Jean Bourlet arrive pour regarder l'os. Il sourit:
– Je ne peux rien dire encore, mais … vous devriez continuer à creuser. Il y en a sûrement d'autres!

5. Caroline réfléchit pendant qu'elle creuse. Et si elle trouvait tout un squelette, un squelette romain, on l'appellerait «Caroline» parce que c'est elle qui l'a trouvé. Elle imagine déjà comment cette femme (si c'est vraiment une femme) a vécu dans cette maison, il y a deux mille ans. Elle ne s'aperçoit pas du temps qui passe. Il fait très chaud. Elle rêve …

6. Deux heures après …

– Alors, Caroline, c'est un homme ou une femme, ton squelette?
– Je ne sais pas, j'ai trouvé plusieurs os. Attends, je vais demander à M. Bourlet …

– Désolé, les jeunes, c'est le squelette d'un chien.
– Un chien romain, monsieur?
– Non, un chien belge qui est enterré ici depuis 40 ou 50 ans …
– Zut alors! Je croyais que …
– Si tu savais, Caroline, c'est ça, le boulot d'archéologue. On creuse pendant des jours, on cherche des objets, des vieux os, on les nettoie, on colle des étiquettes et puis on trouve une chaussure des années soixante-dix ou un os de chien!

7. Stéphanie et Christian ont eu plus de succès. Ils ont découvert quelques pièces romaines, quelques-unes en or, d'autres en argent! Caroline, elle, est quand même très déçue. Certains objets sont intéressants, d'autres pas du tout. Elle s'est aperçue que l'archéologie, ce n'était pas vraiment ce qu'elle pensait. Mais Stéphanie, elle, est très contente et veut revenir l'année prochaine. La seule chose positive pour Caroline, ce sont ses nouveaux amis polonais. En souvenir, elle a décidé d'appeler le chien qu'elle a trouvé «Marek».

A vous. *Vous aimeriez participer à ce stage? Pourquoi (pas)?*

1 A propos du texte

a *Stéphanie Parot pose sa candidature au stage. Quels sont ses arguments?*
b *Que font les «archéologues» sur le site de Couvin? Décrivez leurs activités.*
c *Est-ce que l'archéologie vous intéresse? Pourquoi (pas)?*

2 Pas facile de choisir un métier! (§§ 4, 5)

Choisissez des métiers. Pourquoi vous intéressent-ils? Mettez les verbes au conditionnel.

Exemple: – Pour mon copain et moi, ce **serait** intéressant de travailler comme journaliste parce qu'on **rencontrerait** beaucoup de stars.

coiffeur/coiffeuse*

informaticien / informaticienne*

ingénieur*

acteur / -trice – artiste – chanteur / -euse – conducteur / -trice – cuisinier / -ière – dessinateur / -trice – journaliste – marchand(e) – mécanicien / -ienne – médecin – musicien / -ienne – policier – pilote – professeur – réalisateur / -trice

3 Un stage pas facile! (§§ 4–6)

Dooley, le type aux lunettes noires, fait un stage dans un garage. Voilà ce qu'on lui dit:

a *Quels autres métiers pourrait-on proposer à Dooley et dans quelles conditions devrait-il travailler? Faites des phrases avec «si» et utilisez l'imparfait et le conditionnel.*

Exemple: **Si** Dooley **acceptait** de travailler à la boulangerie, il **devrait** se lever à 2 heures du matin.

b *Quels métiers pourrait-il faire s'il travaillait «à proximité d'un lit et d'un frigo»?*
c *Inventez une scène entre Dooley et le chef d'après le modèle de la BD. Jouez.*

4 Sur le site archéologique en Belgique (§§ 4–7)

QUAND			Nebensatz	Hauptsatz
	wenn = sobald	real	futur simple	futur simple
	wenn = immer wenn, jedes Mal wenn	real	présent / p. c.	présent
			imparfait	imparfait

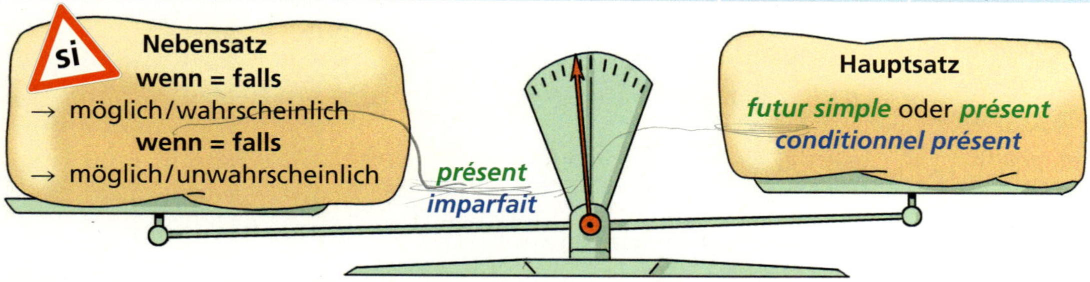

Remplacez ? par «si» ou «quand» et ~ par les verbes aux temps et aux modes qu'il faut.

Stéphanie est en train de creuser. Ce ~ super ? je ~ faire une grande découverte, pense-t-elle. «Est-ce que tu ~ m'aider, s'il te plaît?», lui demande Olivier qui pense avoir trouvé quelque chose. «? tu me ~ une glace ce soir, je t' ~ sans problèmes», dit Stéphanie.
A deux, ils creusent et ils creusent sous la chaleur. Olivier pense: ? on ~ à midi, je ~ trois bouteilles d'eau minérale avec le repas.
? Jean Bourlet ~ voir le travail des jeunes, tout le monde ~ comme des fous. Monsieur Bourlet est très content.
Il dit au groupe: «? il ~ beau demain, je vous ~ votre après-midi. ? vous ~, vous ~ aller à la piscine.»
Tout à coup, Olivier trouve une caisse avec des lettres d'amour. Dans une des lettres, un homme avait donné rendez-vous à* sa petite amie en 1987. Stéphanie pense: ? il y ~ une adresse, je ~ cette lettre à la femme.

- être / pouvoir
- pouvoir
- payer
- aider
- manger / boire
- venir / travailler
- faire / donner
- vouloir / pouvoir
- avoir / porter

5 Les élèves du lycée Montebello en stage
(§ 8)

quelques-un(e)s | d'autres | les uns – les autres | (ne) aucun(e) | certain(e)s | chacun(e) | tous / toutes

Complétez par les pronoms.

Les élèves du lycée Montebello trouvent ~ *(alle)* que c'est très intéressant de connaître le monde du travail quand on fait un stage. ~ *(Die einen)* ont déjà trouvé une place, ~ cherchent encore. Et puis il y en a ~ *(andere)* qui n'ont pas envie de chercher, mais ~ *(jeder)* d'eux doit nécessairement aller aux cours.

Caroline fait un stage au journal «La Voix du Nord». Elle a déjà écrit quelques articles. ~ de ces articles étaient vraiment bons, pourtant, elle n'est pas encore contente de ~ autres. Malheureusement, les journalistes n'ont pris ~ d'eux pour le prochain journal. Mais ils ont beaucoup ri quand ils ont lu l'histoire du squelette de dinosaure …

6 Souvent on s'aperçoit de certaines choses … (§ 9)

Mettez les phrases dans l'ordre. Remplacez ? par la forme correcte de «s'apercevoir».

Hier, | Caroline | ne | ? | pas | qui passait | du temps

Caroline | ? | A l'avenir | sûrement | de la chance | qu'elle a eu

Marek | lui! | Si seulement | ? | que | je me moque | de

Nous | sont | toujours | trop tard | ? | que les langues | importantes.

Stéphanie | ? | et Caroline | de l'amour | entre Marek | à la fin du stage

7 Souhaiter et proposer quelque chose (§§ 4–6)

on dit …

Souhaiter quelque chose:
J'aimerais / Je voudrais bien … + *Infinitif*
Ça serait bien / génial / super si … / de + *Inf.*
Je serais heureux (-euse) / content(e) si …
J'espère que tu / vous …
Je rêve de / J'espère + *Infinitif*
Si seulement … + *Imparfait*

Proposer quelque chose:
Je te / vous propose de … + *Infinitif*
Ça t' / vous intéresserait de …?
N'as-tu / N'auriez-vous pas envie de …?
Tu pourrais / Vous pourriez …, non?
Si on allait …?
Si j'étais à ta / votre place, je + *Conditionnel*

A vous. *L'élève **A** propose quelque chose à l'élève **B** qui lui répond. Faites un dialogue.*

A C'est ton anniversaire. Tu veux inviter **B** et un(e) autre ami(e) au cinéma. Après le cinéma, tu aimerais aller au restaurant.	**B** Ça te ferait plaisir d'aller au cinéma avec **A**, mais tu n'as pas très envie de voir le film que **A** te propose et tu détestes son ami(e).

02

8 Ecouter: Deux jeunes s'engagent*.

a *Vous allez entendre deux interviews. Avant la première écoute, lisez* **b** *et* **c**.

b *Après la deuxième écoute: Ecrivez la bonne phrase dans votre cahier.*

1. Céline* travaille • aux restos du cœur. • dans un restaurant italien. • aux cuisines d'un hôpital.
2. Elle y travaille • depuis deux semaines. • depuis un an. • depuis seize ans.
3. Damien* aide • un groupe de musique. • une école au Sénégal. • une papeterie en Afrique.
4. Il a organisé • un concert en Afrique. • un exposé sur l'Afrique. • un concert au lycée.

c *Après la troisième écoute, écrivez les réponses dans votre cahier.*

Céline	Damien
1. Que fait Céline? 2. Qu'est-ce qu'elle aimerait faire plus tard?	3. Quel était le problème de Damien? 4. Quelle a été sa solution?

d **A vous.** *Si vous vous engagiez pour aider les autres, qu'est-ce que vous aimeriez faire?*

9 Lire: le C.V.* de Christian Beckmann

Maintenant, Christian Beckmann a 16 ans. Il pose sa candidature pour faire un stage en Belgique l'année prochaine. Voici son C.V. Lisez-le.

Christian Beckmann
18 rue Saint-Bernard
75011 Paris
Tél.: 01 52 60 26 19
Courriel: c.beckmann@mail.fr
Date de naissance: 05/03/1993
Nationalité: française / allemande

Scolarité:

Depuis 2008:	Classe de seconde, lycée Théophile Gautier, Paris, 12e
2005–2008:	Collège Anne Frank, Paris 11e
2003–2004:	Rückert-Gymnasium, Berlin-Schöneberg (classe européenne)
1998–2003:	Ecole primaire: Judith-Kerr-Grundschule (école européenne) Berlin

Expériences professionnelles:
Cours de dessin pour enfants de 6 à 12 ans. Stage dans un jardin d'enfants franco-allemand, «La Kinder-Ecole», Paris, 10e arr, Baby-sitting.
Langues: allemand: 2e langue maternelle, très bon niveau; anglais: bon niveau parlé et écrit
Séjours à l'étranger:
Echange scolaire à Bruxelles: juin 2005; échange scolaire à Kassel: avril 2006
Informatique: bon niveau (WORD, Photoshop, Excel)
Points forts: dessin, théâtre, tennis

A vous.
a *Pour quel autre stage pourrait-il écrire ce C.V.? Trouvez des arguments.*
b *Ecrivez votre C.V. pour un stage en France d'après ce modèle. Utilisez le dictionnaire.*

10 En français: Au stage de Couvin

Prenez le rôle de Sven qui fait l'interprète au stage de Couvin. Traduisez directement.*

Stéphanie: Tu n'aurais pas envie de nous accompagner ce soir, Lisa? Ça nous ferait plaisir. On fera un tour en ville, si tu veux. On partira quand tu seras prête. On va boire à la santé de M. Bourlet.	*Sven:* …
Lisa: Ja, warum nicht. Aber ich wäre froh, wenn wir nicht zu lange blieben.	*Sven:* …
Olivier: S'il te plaît, Lisa, viens avec nous. Et plus tard, je te ferai écouter sur mon lecteur mp3* des chansons de Diam's*. Si tu ne connais pas encore Diam's, c'est le moment* de l'écouter.	*Sven:* …
Lisa: Was ist denn „Diams"? Könnte es eine belgische Gruppe sein?	*Sven:* …
Stéphanie: Bon, Olivier, arrête de la draguer. Tu sais que ta petite amie ne serait pas du tout contente de voir ça!	*Sven:* Das kann ich nicht übersetzen!

11 Jeu de rôle: On joue à «passer un entretien*».

(→ Vocabulaire: p. 98, 99)

Vous avez reçu une réponse pour un job. Vous passez un entretien.
Inventez votre dialogue à l'aide des sujets et jouez-le devant la classe.

1. Choisissez votre rôle: **A**: Vous cherchez un job. **B**: Vous menez* l'entretien.
2. Choisissez le job:
   animateur de colo* / faire du baby-sitting* / donner des cours / soigner des animaux / faire des sandwiches dans une brasserie / faire la lecture à une vieille dame.
3. Choisissez comment l'entretien va se passer:
   Génial! / Super! / Difficile! / Ça pourrait être mieux! / Catastrophe! / L'horreur!
4. Préparez les sujets suivants:
   - Questions sur ta personne (âge, famille, scolarité*)
   - Questions sur les expériences professionnelles*
   - Questions importantes pour le job (combien de temps?, la lettre de motivation*, le C.V.)

12 La lettre de motivation (§§ 4–9)

Remplacez ? par «si/s'» ou «quand» et mettez les verbes entre parenthèses aux temps qu'il faut.
Remplacez ~ par un pronom indéfini: «plusieurs, certain(s), quelques-un(e)s, d'autres, tout, tous, toutes».

Lille, le 20 janvier 2008

Madame,

Suite à votre annonce que j'ai lue dans le journal «La Voix du Nord», je me permets de poser ma candidature comme animateur pour un groupe de jeunes de 8 à 12 ans. J'ai 16 ans et je suis au lycée. Je fais beaucoup de sport et, ? je (réussir) mon baccalauréat dans deux ans, je (continuer) dans ce domaine. Je joue aussi de la guitare dans un groupe. ? on le (désirer), nous jouons aussi dans des écoles et à des fêtes.

Pendant mon dernier stage, je (s'apercevoir) qu'il fallait offrir des activités différentes aux jeunes: ~ sont plus calmes et ~ moins calmes. Donc, ? vous le (permettre), je vous proposerai un projet pour Pâques*: ? on faisait un projet de théâtre, on (pouvoir) le réaliser* du début à la fin ~ ensemble. Les enfants écriraient la pièce ? ils le (vouloir). Bien sûr, je les aiderais ? ils me (demander) des conseils.
Vous verrez, vous (s'apercevoir) vite que les jeunes ont des bonnes idées ? ils (réaliser) un projet seuls! Ensuite, nous (pouvoir) présenter la pièce dans votre théâtre … Qu'en pensez-vous? Pour les jeunes, cela (être) génial! J'ai déjà fait ~ de ses projets et ils ont ~ très bien marché!

Je (être) très content de participer à ces vacances de Pâques pour les jeunes. Dans l'espoir d'une réponse positive, je vous prie de croire, Madame, à l'expression de mes salutations distinguées.

Christian Marais

13 Ecrire une lettre officielle* (Einen offiziellen Brief schreiben)

Stratégie

Julia Weber
Richthofenstr. 29
52058 AACHEN
ALLEMAGNE

Links oben steht deine Adresse, evtl. mit Telefonnummer und E-Mail-Adresse.

Tél. +49 241 / 205287
E-mail: julweb@gmx.de

Darunter, etwas weiter rechts, folgt die Anschrift des Empfängers.

Association OVAL
BP 72
74239 Thônes
FRANCE

ORGANISEZ LES PROCHAINES VACANCES DE VOS ENFANTS
En février OVAL propose des séjours inoubliables. Pour les 5/8 ans à 1 H de Paris: Cirque, gym, activités artistiques, mini ferme. Pour les 8/13 et les 14/17 ans La Clusaz: ski, snow, surf, raquette, Belle-Ile-en-Mer: accrobranche, mini moto, équitation ...
Pour en savoir plus: *www.asso-oval.com*

Unter der Anschrift des Empfängers steht die Nennung der Stadt und des Datums.

Aix-la-Chapelle, le 3 avril 2008

Objet: Candidature (au stage de ...) / Votre annonce du 30 mars 2008

In dieser Zeile wird der Betreff genannt.

Madame, Monsieur,

Für die Anrede „Sehr geehrte Damen und Herren," schreibt man „Madame, Monsieur,".

Suite à votre annonce, je me permets de ...
J'ai ... ans et je suis en ... classe /
en classe de seconde. ...

Nun folgt der eigentliche Brieftext. Man beginnt mit einem Großbuchstaben. Der Adressat bringt sein Anliegen vor.

Dans l'espoir d'une réponse positive, je vous prie de croire,
Madame,(/) Monsieur,
à l'expression de mes salutations distinguées.

Am Ende steht eine Höflichkeitsformel zur Verabschiedung.

[signature]

Ci-joint:
C.V.

Es folgt die Auflistung der Anlagen, die dem Brief beigefügt werden. C.V. steht für Curriculum Vitæ (= Lebenslauf).

A vous. *Ecrivez une lettre de candidature d'après ce modèle pour faire un stage en France (sport, musique, théâtre, langue, etc.).*

24 S

Sketch: L'entretien d'embauche[1]

Philibert: Bonjour, c'est ici que …
L'homme: Non, c'est sûrement la porte à côté!
Philibert: C'est pas ici, l'entretien pour le job d'animateur dans une colo? C'est vous, le direlo, pardon, le directeur?
L'homme: Oui, mais … vous, qui êtes-vous?
Philibert: Je peux m'asseoir là? Merci. Je me présente: Philibert Delavigne mais vous pouvez m'appeler Dracula. Tous mes copains m'appellent comme ça.
L'homme: Comment? Dra… Dracula?!
Philibert: Ouais. Ça me va bien[2], non? Bon alors, on parle du boulot?
L'homme: Est-ce que vous avez de l'expérience avec les jeunes?
Philibert: Oui, avec des jeunes animaux. J'ai déjà gardé[3] des chiens, je les ai promenés. J'ai aussi gardé les oiseaux d'une vieille dame. Vous voyez, j'ai de l'expérience, non?
L'homme: Des chiens? Des oiseaux? Hm! Avez-vous d'autres expériences dans d'autres domaines? Qu'est-ce que vous savez faire par exemple?
Philibert: J'adore inventer et raconter des histoires aux enfants. Avec du suspense[4], comme par exemple: «C'est la nuit, il y a un orage, un vampire, des grosses araignées noires …» Je voudrais présenter aux enfants «Götterdämmerung» ou «Ghosting». Vous connaissez?
L'homme: Ecoutez, M. Philibert Dracula, je vais réfléchir. On vous appellera.
Philibert: J'espère que ça va marcher parce que moi, je suis super motivé! Et je suis libre tout de suite en plus! Au revoir, m'sieu! Et merci!
L'homme: C'est ça. Au revoir.

(Le jeune homme sort. On frappe à la porte. Un jeune rasta entre.)

L'homme: Entrez!
Le rasta: Bonjour, monsieur, je m'appelle Bob. C'est pour le boulot dans une colo. C'est bien ici?
L'homme: Mais il n'y a plus de jeunes normaux ici. Allez me chercher un jeune normal!
Le rasta: Pardon, mais c'est quoi «un jeune normal»?

A vous.

a *Notez les questions et les expressions typiques d'un entretien d'embauche.*
b *Imaginez d'autres personnes qui passent le même entretien. Faites un sketch.*

■ Savoir faire

→ Stratégie, page 29.

Philibert veut travailler comme baby-sitter. Ecrivez sa lettre de candidature.

1 une embauche eine Einstellung – **2 qc va bien à qn** etw. steht jdm. gut – **3 garder qn** auf jdn. aufpassen – **4 le suspense** die Spannung

LEÇON 3

26 Vive l'Europe …

Vous avez envie de découvrir l'Europe? Vous avez envie de visiter Strasbourg avec votre classe?

Alors venez à ***Euroscola***. Grâce à ce programme, des classes de toute l'Europe se rencontrent au Parlement européen de Strasbourg. Pendant toute une journée, vous allez travailler en groupes et discuter ensemble sur des questions européennes. Vous pourrez aussi visiter la grande salle du Parlement et compléter la visite par un jeu: ***Eurogame***. Pour avoir d'autres informations sur ***Euroscola***, écrivez-nous!

Programme Euroscola
Parlement européen
BP 1024, 67070 STRASBOURG/FRANCE
Cedex

1. *Présentez-vous en classe d'après le modèle. Demandez à votre prof ou cherchez sur Internet pour trouver le nom français de votre ville et de votre pays.*
2. *«Euroscola», qu'est-ce que c'est?*

27 Vive l'Europe et ses langues!

L'ambiance est super à l'entrée du Parlement européen de Strasbourg. Stella a tout de suite reconnu Jens, le garçon aux yeux verts, qui a présenté devant 500 jeunes son groupe et son lycée. Il a choisi le français comme langue étrangère.

Stella: Salut Jens. C'est super! Tu viens d'Allemagne et tu parles français sans accent!
Jens: Oh, tu sais, je viens souvent en France et j'ai quelques amis français. Et puis, j'aime beaucoup les langues. Je parle aussi anglais et danois.
Stella: Danois? Ta famille vient du Danemark?
Jens: Ma mère est Danoise. Elle est née au Danemark à Copenhague. Elle est venue faire des études, d'abord aux Pays-Bas et ensuite en Allemagne.
Stella: Et ton père. Il est Allemand?
Jens: Oui, il vient de Dresde, mais il a étudié le danois et le néerlandais à Rostock où il a rencontré ma mère …
Stella: Oh là là! Quelle famille forte en langues!

1. *Pourquoi est-ce qu'on dit «en Allemagne» mais «au Danemark» ou «aux Pays-Bas»? Cherchez les différents exemples dans le texte et trouvez la règle en allemand.*
2. *Comment est-ce qu'on répond à la question «D'où est-ce que tu viens?»? Cherchez les différents exemples dans le texte et formulez la règle en allemand.*
3. *Quelle est la différence entre «français» et «Français»? Expliquez en allemand.*

WWW **A vous.** *Complétez le tableau dans votre cahier avec l'Allemagne, la France, les Pays-Bas, la Lettonie, la Grèce, l'Italie, le Portugal et l'Espagne et d'autres pays européens. Cherchez aussi sur Internet et dans un dictionnaire.*

Le pays	fém. ou masc.?	L'habitant	L'adjectif	La langue
l'Allemagne	*féminin*	un(e) Allemand(e)	allemand, -e	l'allemand
…	…			

Le drapeau à douze étoiles

28–31

1. Arte tourne un reportage sur *Euroscola* devant le Parlement européen.

Le journaliste: Vous participez aujourd'hui à la journée *Euroscola*? Toujours l'école? Pas trop fatigués?

Mélanie: Si, quand même! Mais c'est bien de rencontrer des jeunes Européens de notre âge.

Le journaliste: Pouvez-vous décrire votre projet?

Laura: Ben, nous sommes cinq cent jeunes de quatorze pays différents et nous sommes venus à Strasbourg pour y discuter de nos problèmes et pour parler de nos rêves aussi.

Le journaliste: Comment avez-vous préparé cette journée?

Mélanie: En fait, nous sommes en train de la préparer en cours depuis un an déjà. Notre prof d'allemand nous a parlé un jour d'*Euroscola* et elle nous a demandé si nous avions envie d'y participer. Ça nous a motivés! Nous avons étudié plusieurs sujets. Nous, par exemple, on s'occupe de l'environnement et de la jeunesse en Europe avec nos corres allemands et italiens.

Le journaliste: Ah, vous connaissiez déjà vos correspondants?

Jens: Oui, nous avons rencontré nos corres deux fois: une fois en Italie et une autre fois à Dresde. Chaque classe *Euroscola* a deux partenaires. Par exemple, ma classe de Dresde en Allemagne en a deux: la classe de Mélanie en France et la classe de Laura en Italie. Ce qui est drôle, c'est que notre prof de français s'appelle Florence Duvoisin et qu'elle vient de Strasbourg et que Florence et Strasbourg sont justement les villes jumelées avec Dresde, la petite Florence de l'Allemagne, comme on dit.

2. *Le journaliste:* Alors, si vous vous connaissez, vous n'avez pas de problèmes aujourd'hui!

Laura: Non, enfin, presque pas! Les chefs de groupes ont présenté d'abord leur lycée. C'était très intéressant mais pas toujours facile à comprendre parce que chacun parlait dans sa langue. Mais qui comprend le finnois ou le grec?

Mélanie: Jens a même présenté son collège en français et nous, en allemand!

Le journaliste: Vous voyez, chers téléspectateurs, on dit que les Français n'aiment pas les langues étrangères, mais maintenant les choses changent …

3. *Le journaliste:* Et après les présentations, vous avez travaillé dans le Parlement, non?

Stella: Ben oui, on en sort, là! En ce moment, nous sommes en train de participer à un jeu très amusant qui s'appelle «Eurogame». En ce moment, c'est mon équipe qui mène le jeu.

Le journaliste: Bravo! Tu viens de dire qu'«Eurogame» était très amusant. Tu peux nous expliquer pourquoi?

Stella: Oui. Quatre jeunes qui parlent quatre langues différentes forment une équipe et doivent répondre à des questions sur l'Europe. Le problème, c'est qu'on a posé ces questions en douze langues différentes. Il y en a en anglais, en allemand et même en grec. Alors il faut se débrouiller …

Le journaliste: Tu peux nous donner un exemple?

Stella: Bien sûr: «Jati echi i evropaiki simea dodeka asteria?» Ça veut dire «Pourquoi est-ce que le drapeau européen a douze étoiles?»

Le journaliste: Ouh là là. Ce n'est pas évident!

Stella: On nous a donné cette question en lettres latines. Mais en Grèce, on apprend les deux alphabets. Moi, je suis contente. J'ai trouvé la réponse à la question «Wie heißt die europäische Hymne?»

Le journaliste: Nos amis alsaciens comprennent, mais je traduis pour le reste

de la France: Comment s'appelle l'hymne européen? Alors, Stella, qu'est-ce que tu as répondu?

Stella: En allemand, c'est «An die Freude» de Beethoven. C'est l'ode à la joie.

Le journaliste: Chapeau! Vive les langues étrangères! On en a vraiment besoin. Et pour mieux comprendre les autres cultures, nous avons tous besoin de parler plusieurs langues et pas seulement l'anglais.

Stella: Mais il y a encore beaucoup de barrières en Europe! Pas seulement les langues! Pour venir à Strasbourg en bus, il nous faut plus de 25 heures! En plus, la Grèce est comme une île. Il faut encore passer des frontières et prendre un visa pour traverser la Croatie.

4. Souvenirs d'Alsace

Chère Euroscola,

Un grand merci pour ce séjour génial à Strasbourg! Grâce à vous, nous avons pu discuter et rêver ensemble.
Hier soir, nous nous sommes promenés dans les vieux quartiers près de la cathédrale et nous avons goûté à la choucroute, au kouglof et aux bretzels. Muito bom! Maintenant nous avons des nouveaux amis partout en Europe.
Obrigado! Pateicos!
Au revoir, peut-être à bientôt!

Mara et Zé Pedro

1 A propos du texte

a *Relisez le texte. Puis trouvez les bonnes réponses sans regarder le texte.*

1. *Euroscola* est organisée par …
   a) la ville de Strasbourg. b) le Parlement européen. c) le lycée de Mélanie.
2. Jens présente son lycée en français et Mélanie …
   a) en anglais. b) en allemand. c) en français.
3. Les classes *Euroscola* préparent cette journée pendant …
   a) un an. b) un mois. c) une semaine.
4. Pour comprendre les questions d'*Eurogame*, les jeunes …
   a) ont un dictionnaire. b) ont un interprète*. c) doivent se débrouiller.

b *Expliquez le jeu «Eurogame». Utilisez tous les mots suivants:*

4 jeunes – 4 langues – former – équipe – répondre – questions – Europe – 12 langues – différentes – trouver – bon – réponse – trouver – élève – comprendre – question – réponse

2 A la gare de Strasbourg (§§ 10–12)

En vacances, beaucoup de jeunes visitent l'Europe avec Inter Rail.*
Faites des dialogues au présent et utilisez ***«en»*** *et* ***«y»****.*

Exemple:

Tu / aller / Portugal?	– Tu vas au Portugal?
Non / je / aller	– Non je n'**y** vais pas,
Mais / mon copain / revenir	mais mon copain **en** revient.

1. Tu / aller / Suisse?
   Non / je / aller
   Mais / mon copain / venir

2. Tu / connaître / Allemagne?
   Oui / je / revenir
   Et / ma copine / aller / demain

3. Tu / arriver / Danemark?
   Non / je / venir
   Mais / je / aller / bientôt

4. Tu / rester / Strasbourg?
   Oui / je / rester
   Heureusement / ma sœur / habiter

5. Tu / partir / Espagne?
   Oui / je / aller / ce samedi
   Je / rester / une semaine

6. Tu / penser / Pays-Bas?
   Oui / je / penser / souvent
   Je / rêver / même

3 Au lycée de Mélanie (§§ 3, 13)

Lisez le texte. Puis remplacez les mots en rouge par ces expressions:

venir de – avoir besoin de – être en train de – commencer à – arrêter de

Au lycée, les élèves de la seconde B sont au CDI parce qu'ils veulent préparer la journée ‹Euroscola›. C'est pourquoi leur prof, madame Lecoq*, *a formé maintenant* plusieurs groupes qui s'occupent des différents thèmes.
Là, on voit le groupe de Mélanie qui *cherche* sur Internet des informations sur le thème de «la jeunesse». Les autres *ont déjà trouvé* du matériel sur des comédies musicales et *écrivent maintenant* des petits textes en anglais.
Après deux heures, Mélanie et ses copains *finissent leur travail* sur «la jeunesse», ils attaquent alors le thème de «l'environnement» en allemand. C'est difficile parce qu'il *leur faut* un dictionnaire. *D'abord ils lisent* les textes et puis, ils en discutent ensemble. Madame Lecoq est contente: ses élèves travaillent très bien et font tout ce qu'elle *leur a demandé depuis hier*. Comme elle veut les motiver*, elle leur dit: «Je suis sûre que demain, à ‹Euroscola›, vous présenterez très bien vos thèmes sans problèmes».

03 4 Ecouter: Un pont entre la France et l'Allemagne

a *Ecoutez une première fois le dialogue entre Julie* et Sabrina* et prenez des notes.*

1. Traduisez en allemand: un échange*, un jumelage*, un piéton*, une passerelle*.
2. Quelles sont les deux villes allemandes qui ont un jumelage avec Strasbourg?

b *Ecoutez le dialogue une deuxième fois et répondez aux questions:*

1. Comment est-ce que Julie et Sabrina se sont connues*?
2. Qu'est-ce qu'on apprend sur la passerelle dans le texte?
3. Qu'est-ce que les 2 classes de Julie et Sabrina vont faire le jour de la fête du jumelage?

c *Ecoutez une dernière fois le texte et dites en allemand comment Sabrina se débrouille pour comprendre les mots qu'elle ne connaît pas.*

5 Jeu de mots: Les trois classes Euroscola (§§ 10, 11)

Exemple: La classe **allemande** a deux partenaires en Europe: une classe **en France** et une classe **en Italie**. Quand les élèves **allemands**, **italiens** et **français** travaillent ensemble, ils parlent souvent **français**.

Continuez: La classe ? a deux partenaires en Europe: une classe en/au/aux ? et …

D	GB	E	NL	I
F → I	FIN → NL	DK → P	GR → D	P → NL
«Nous parlons français.»	«We speak English.»	«Hablamos español.»	«Wir sprechen Deutsch.»	«Falamos português.»

6 Faire l'interprète

on dit …

Quand on ne comprend pas bien …

- Comment est-ce qu'on dit … en français?
- Je m'excuse, je ne connais pas ce mot en français.
- Je regrette*, mais je ne comprends pas bien le français!
- Est-ce que vous pourriez …
  - parler un peu moins vite, s'il vous plaît?
  - répéter la phrase, s'il vous plaît?
  - m'expliquer ça encore une fois, s'il vous plaît?

D'autres phrases utiles* …

- mon ami(e) ne parle pas français.
- Il / Elle veut savoir si …
- Il / Elle demande si …
- Il / Elle ne comprend pas pourquoi …
- Je n'ai pas compris votre phrase / ce que vous avez dit.
- Je vais traduire en allemand …
- Je vais faire la traduction.

A vous. *Choisissez une de ces trois scènes. Choisissez un rôle. Il y a trois personnages: un Français, un interprète et un Allemand. Jouez la scène en classe. Vous pouvez aussi inventer une autre situation.*

En France: Un touriste allemand a perdu son portable. Vous l'accompagnez à l'information du supermarché.	**En Allemagne:** Vous rencontrez un(e) Français(e) qui veut visiter votre région. Vous allez avec lui / elle à l'office de tourisme.	**En France:** Votre ami(e) ne parle pas français. Il / Elle veut acheter un souvenir pour sa copine / son copain. Vous entrez dans un magasin avec lui / elle.

7 Projet: Euroscola, ça vous intéresse?

(→ Stratégie SB 4/L2, ex. 13, p. 29)

Courrier*: Imaginez: votre classe veut participer à *Euroscola*. Vous écrivez une lettre au Parlement européen. Présentez votre classe et votre école. Dites quelles langues vous apprenez et depuis quand. Parlez aussi de votre projet sur l'Europe.

8 En français: «Europa Direkt» en direct

a *Lisez le texte. Après, fermez vos livres et expliquez en allemand à votre voisin(e) ce que vous avez compris.*

Jumelage Strasbourg-Dresde

Europa Direkt est une association* de Dresde qui organise des rencontres et des séjours linguistiques* pour des jeunes de plusieurs nationalités*.

Europa Direkt propose cet été, comme chaque année, à Strasbourg (du 04 au 17 juillet) et à Dresde (du 18 au 30 juillet), un séjour linguistique franco-allemand*. Ce séjour est ouvert aux jeunes des deux pays qui souhaitent mieux connaître la langue du partenaire.

Pour plus d'informations:
http://www.strasbourg-europe.com/fr/

b *Traduisez ce texte en allemand. Utilisez le dictionnaire français-allemand.*

9 Souvenirs, souvenirs! (§§ 3, 12, 13)

Quelques jours après «Euroscola», Mélanie montre des photos à une copine. Complétez le texte avec ces expressions et conjuguez les verbes.

avoir besoin de · en · y · venir de · en · être en train de · y · en

Sur cette photo, on voit Wendy et Niels pendant le jeu «Eurogame». Là, ils ~ (discuter) avec Sofie, notre copine du Danemark, parce qu'ils cherchent à tout prix* la réponse à une question en danois. Tiens, je ~ pense, ils ont même fait une bise à Sofie après. Elle ~ était super contente! Tu sais, elle m'a invitée à Copenhague et je vais ~ aller bientôt!

Et là, c'est Jens. Il est Allemand et il parle plusieurs langues étrangères. Je crois qu'il ~ parle trois: l'anglais, le danois et le français. Il est très fort en langues. Il a même présenté son lycée en français. Il ~ (ne pas regarder) une seule fois son texte.
Sur cette photo, il est dans la grande salle du Parlement où il ~ (parler) devant 500 personnes. Regarde comme il est heureux! On se ~ aperçoit bien sur la photo.

10 Umgang mit dem zweisprachigen Wörterbuch

Stratégie

Ihr kennt bereits einige Strategien zum Umgang mit einem französisch-deutschen Wörterbuch (vgl. *Découvertes 2*, S. 75). Jetzt erfahrt ihr, wie ihr mit einem deutsch-französischen Wörterbuch arbeiten könnt. Schaut euch die folgenden Beispiele an. Sie zeigen euch, wie man die richtigen Ausdrücke und die passenden Bedeutungen finden kann.

Das wollt ihr sagen:	Das steht im Wörterbuch:	Darauf solltet ihr achten:
– Wieviel Gänge gibt es heute Abend? – Mein Fahrrad hat 21 Gänge.	**Gang** ❶ *(Gehweise)* la démarche ❷ *(Behördengang)* la démarche ❸ *eines Menüs* le plat ❹ *eines Getriebes, einer Schaltung* la vitesse; **im dritten Gang** en troisième ❺ *(Korridor)* le couloir; **auf dem Gang** dans le couloir	**1.** Nehmt nicht sofort die erste Übersetzung. Achtet genau auf die Erklärungen.
– Der Lehrer ist sauer.	**sauer** ❶ *Frucht, Saft* acide; *Wein* aigre; *Drops* acidulé(e) ❷ *Milch* tourné(e); **die Milch ist sauer [geworden]** le lait a tourné ❸ **saure Gurken** des cornichons *m Pl* au vinaigre; **saure Heringe** des °harengs *m Pl* marinés ❹ *(in der Chemie) Lösung, Boden* acide ❺ *(umgs.: verärgert)* **sauer sein** être fâché(e); **auf jemanden sauer sein** être en rogne contre quelqu'un ❻ *(mühsam) verdienen, ersparen* durement	**2.** Passt besonders bei der Übersetzung idiomatischer Ausdrücke auf: Man kann sie meistens nicht wortwörtlich übersetzen.
– Das ist nicht mein Bier. – Was für eine Blamage! – Er konnte die Jalousie nicht öffnen.	**Bier** ❶ la bière; **sie mag helles/dunkles Bier** elle aime la bière blonde/brune ❷ *(beim Bestellen)* **ein kleines Bier** un demi; **ein Bier vom Fass** une pression ▶ **das ist dein Bier** *(umgs.)* ce sont tes oignons; **das ist nicht mein Bier** *(umgs.)* ce ne sont pas mes oignons **Blamage** [bla'ma:ʒə] la °honte **Jalousie** [ʒalu'zi:] le store, la jalousie	**3.** Eine besondere Falle stellen die *faux amis* dar: Nicht jedes französisch anmutende Wort existiert im Französischen bzw. wird wie im Deutschen gebraucht.

Ihr habt sicher bemerkt, dass viele deutsche und englische Wörter mit französischen Wörtern verwandt sind. Doch auch hier stößt man auf *faux amis*:

Englisch	Französisch	Kommentar	
He and his band are on stage now.	Il est en stage pour apprendre son métier.	en stage	= ?
		on stage	= auf der Bühne
He was really late. But he eventually managed to get the bus.	Eventuellement, tu pourrais venir avec nous en voiture.	éventuellement	= ?
		eventually	= letztendlich

A vous.

1. *Trouvez la traduction allemande des expressions françaises. Travaillez avec le dictionnaire.*
2. *Cherchez cinq faux amis entre l'allemand et le français et entre le français et l'anglais.*

32 L'Europe devient une famille …

L'Auberge espagnole Chapitre 4

Parfois pour les appartements en co-location, il fallait passer un véritable examen:

1

- Je comprends. Pas de problème.
- Ça risque d'être difficile avec toi. T'es français. Déjà qu'on est tous mélangés … Je suis Italien, Tobias est Allemand, Lars est Danois, Wendy est Anglaise et Soledad est Espagnole. C'est la seule.

2

- C'est une question normale. J'ai une liste de questions. Si elles vous plaisent pas, allez-y.
- C'est insensé. On s'en fout.
- Elles sont cool, mes questions. C'est psychologique.
- Laisse tomber. Vas-y.

3

- De …?
- Tarragone.
- Depuis quand la nationalité est un problème?

4

- Oh, l'économie!
- Et comment tu vois la vie dans … mettons cinq ans?
- C'est quoi, cette question?
- C'est n'importe quoi. Je sais pas ce que je ferai dans cinq ans.

5

- Sauf qu'un Italien ou un Espagnol, ça serait plus simple.
- Moi, un Italien, ça m'arrange pas.
- Je parle français. J'ai habité à Paris.
- Gardons les bonnes «vibes». Le loyer est pas donné. Plus on est nombreux, mieux c'est. Mais il faut s'organiser pour que ce soit vivable. Tu vois?
- Oui, oui.
- J'ai trois questions. Tu étudies quoi?
- L'économie.

6

- On est désolés. C'est pas un tribunal. On a tellement de réponses …
- On a décidé de voir tout le monde et de choisir ensemble. On veut que ça soit cool entre nous. Qu'il y ait de bonnes «vibes».

(F) J'ai tout de suite adoré cet endroit. J'aurais donné n'importe quoi pour qu'ils m'acceptent ici. Le bordel qui habitait là ressemblait totalement à celui qui m'habitait depuis toujours. C'est comme si leurs engueulades, c'étaient celles qui avaient lieu dans ma tête depuis que je suis tout petit.

→ www.lingua-video.com: Nr. FF001

Savoir faire

→ Stratégie, page 39.

a *Ecoutez la scène. Mettez le dialogue dans le bon ordre et indiquez la langue* **F**, **E**, **SP** *etc.*
b *Cherchez dans un dictionnaire unilingue (einsprachig) les mots que vous ne comprenez pas.*
c *Imaginez qu'un jour, vous viviez en communauté (in einer WG) européenne.*

Regards[1] dans le futur: *Paris au XXe siècle*

Jules Verne, auteur de romans de science fiction au XIXe siècle, imagine Paris dans les années 60 dans son roman «Paris au XXe siècle», qu'il a écrit en 1886. Des millions de personnes courent dans les railways qu'on a suspendus[2] dans l'air, dans le métropolitain, dans des gaz-cabs, des voitures qui fonctionnent au gaz. Mais dans cette société[3], les sciences et les techniques sont plus importantes que tout le reste. Et il n'y a pas de place pour Michel, le héros du roman, qui aime la littérature et écrit des poèmes en latin. Dans les bibliothèques, il n'y a que des livres sur les sciences et les techniques. Molière? On ne connaît plus. Ecrire? Non, compter est important! Mais heureusement, son oncle lui donne la chance de travailler dans une banque. Michel découvre des machines extraordinaires.

[...]

La maison Casmodage possédait[4] de véritables[5] chefs-d'œuvres[6]; ses instruments ressemblaient[7], en effet, à de vastes pianos; en pressant[8] les touches[9] d'un clavier[10], on obtenait[11] instantanément[12] des totaux[13], des restes, des produits[14], des quotients, [...]. Il y avait des notes hautes qui donnaient jusqu'à cent cinquante pour cent! Rien de merveilleux[15] comme ces machines [...].

Seulement, il fallait savoir en jouer et Michel dut[16] prendre des leçons de doigté[17].

On le voit, il entrait dans une maison de banque qui appelait à son aide et adoptait toutes les ressources[18] de la mécanique.

[...]

Le courrier de la maison Casmodage ne comprenait[19] pas moins de trois mille lettres par jour, lancées à tous les coins[20] des deux mondes. Une machine Lenoir de la force de quinze chevaux ne cessait[21] de copier ces lettres que cinq cents employés[22] lui expédiaient[23] sans relâche[24]. [...]

Hélas, Michel ne réussit pas à garder son travail à la banque. Après un énorme scandale, la banque le jette dehors. Le livre se termine tristement: Michel ne trouve pas de travail et finit par mourir de faim, seul, dans la neige[25].

Jules Verne, *Paris au XXe siècle*
© Hachette, Paris, 1994, p. 60–61

---

1 un regard ein Einblick – **2 suspendre** hängen – **3 la société** die Gesellschaft – **4 posséder qc** *avoir qc* – **5 véritable** *vrai* – **6 un chef-d'œuvre** ein Meisterwerk – **7 ressembler à qn/qc** jdm./etw. ähneln – **8 presser qc** etw. drücken – **9 une touche** *hier:* eine Taste – **10 un clavier** eine Tastatur/Klaviatur – **11 obtenir qc** etw. erreichen – **12 instantanément** *tout de suite* – **13 un total/ des totaux** eine Summe – **14 un produit** ein Produkt – **15 merveilleux** wunderbar – **16 il dut** *(lit.) → devoir, 3e pers. du sing., passé simple* = er musste – **17 le doigté** das Fingerspitzengefühl – **18 les ressources** *(f. pl.) hier:* die Möglichkeiten – **19 comprendre** *hier:* umfassen – **20 un coin** eine Ecke – **21 cesser** *arrêter* – **22 un employé** ein Angestellter – **23 expédier qc** *envoyer qc* – **24 sans relâche** *sans s'arrêter* – **25 la neige** der Schnee

A vous.

a *Pourquoi est-ce que Michel est un marginal (Außenseiter) dans le monde que Jules Verne décrit?*

b *Jules Verne décrit deux machines. Les reconnaissez-vous?*

c *D'après vous, pourquoi Jules Verne a-t-il choisi cette fin triste? Quel est son message?*

On travaille pour l'Encyclopédie

Au XVIIIe siècle, des philosophes[1] comme Diderot et D'Alembert se lancent[2] dans un grand projet: ils publient[3] entre 1751 et 1772 une énorme encyclopédie[4] (17 volumes[5]) dans laquelle on présente tout le savoir de la société[6] du XVIIIe siècle. Plus de 150 philosophes, écrivains[7], spécialistes y participent et écrivent des articles sur la culture, les sciences, les techniques (Voltaire, Rousseau ou Montesquieu). Cette encyclopédie qui contient[8] beaucoup d'illustrations[9] (11 volumes) s'appellera: ***L'Encyclopédie ou dictionnaire raisonné[10] des sciences, des arts et des métiers.*** On y montre les différents métiers comme sur l'illustration à gauche qui présente un atelier dans lequel on fait des livres.

A vous.

a *Regardez l'illustration de l'Encyclopédie. Imaginez que vous travaillez pour l'Encyclopédie et dessinez un railway, un gaz-cab, le métropolitain futuriste ou les deux machines comme vous les imaginez d'après le texte de Jules Verne.*

b *Dans l'extrait de «Paris au XXe siècle», Jules Verne invente un monde dans lequel la littérature n'existe plus. Dites ce que vous pensez de ce monde.*

---

1 un philosophe ein Philosoph – **2 se lancer** sich stürzen – **3 publier qc** etw. veröffentlichen – **4 une encyclopédie** eine Enzyklopädie – **5 un volume** ein Band – **6 une société** eine Gesellschaft – **7 un écrivain** ein Schrifsteller – **8 contenir qc** etw. beinhalten – **9 une illustration** *un dessin* – **10 raisonné** durchdacht

1 Jules Verne, père de la science-fiction en France (§§ 1–3, 13)

a *Lisez le texte et ajoutez les expressions «avoir besoin de faire qc, être en train de faire qc, venir de faire qc, commencer à faire qc (3x), arrêter de faire qc».*

Jules Verne est né à Nantes en 1828. Très jeune, il ~ écrire des romans. Après des études de droit, il ~ travailler comme avocat, mais finalement il préfère devenir écrivain. Pour trouver des idées pour ses romans fantastiques, il ~ s'informer beaucoup à la Bibliothèque nationale de Paris. Avec ses 54 livres en 40 ans, l'auteur (ne pas) ~ nous conduire sur tous les continents, toujours à la découverte de peuples bizarres. Dans ses romans, Jules Verne est toujours ~ inventer des machines extraordinaires. Après le roman *Cinq semaines en ballon* (1862), l'écrivain ~ être connu. D'autres livres ont aussi un très grand succès: *Le Tour du monde en 80 jours, Voyage au centre de la terre, De la terre à la lune, Vingt mille lieues sous les mers* etc. C'est le début de la science-fiction en France. Jules Verne meurt à l'âge de 77 ans en 1905. Aujourd'hui, on peut visiter un musée dans sa ville natale, à Nantes. On peut aussi le visiter sur un site que la ville de Nantes ~ ouvrir: www.julesverne.nantes.fr.

b *Vous êtes le héros d'un roman de Jules Verne:* ***Michel*** *de «Paris au XX*e *siècle»,* ***Philéas Fogg*** *du «Tour du monde en 80 jours» ou le* ***capitaine Némo*** *de «Vingt mille lieues sous les mers». Parlez de vos projets. Utilisez ces expressions avec le subjonctif si nécessaire.*

J'aimerais/Je voudrais bien – Ça serait bien de – Si seulement – Il faut/faudrait que – Je (ne) trouve (pas) bien que – Je ne pense pas que

Exemple: Michel: Je ne trouve pas bien qu'il n'y ait que des livres sur la technique dans les bibliothèques.
Philéas Fogg: Je voudrais bien que nous arrivions à faire le tour du monde en 80 jours.

2 Découvertes européennes (§§ 4–6, 10, 11)

L'histoire de l'Europe est riche en découvertes. Les gens qui ont inventé des choses sont très connus. Voici quelques exemples de certains pays européens.

?

Blaise Pascal (1623–1662) invente la première machine à calculer.
Louis Pasteur (1822–1895) découvre les microbes.
Marie Curie (1867–1934) et son mari Pierre découvrent le radium et la radioactivité.
Nicolas Copernic (1473–1543) découvre que la terre tourne autour du soleil.
Johannes Kepler (1571–1630) décrit le mouvement des planètes autour du soleil.
Galileo Galilée (1564–1642) observe les satellites et le mouvement de la terre.

a *Lisez les phrases et dites dans quel pays on a fait les découvertes.*

b *Traduisez les mots et les expressions soulignés en allemand.*

c *Inventez des hypothèses à propos de ces découvertes.*

Exemple: Si la terre ne tournait pas, il n'y aurait pas de jour et pas de nuit.

LEÇON 4

Une bagarre

Appel au calme de Tito © CASTERMAN s. A., 2000

1. *Décrivez la BD à votre voisin.*
2. *A votre avis, pourquoi est-ce que les jeunes se battent dans cette BD?*
3. *Y a-t-il des bagarres dans votre école, votre quartier, votre ville? Pourquoi? Racontez.*

1 se payer la tête de qn jdn. veräppeln – **2 frimer** angeben – **3 se souvenir de qn** sich an jdn. erinnern – **4 obéir** gehorchen

38
Il y a peintre et peintre!

Samuel: Tu sais quoi? Le proviseur m'a renvoyé du lycée!

Elodie: Pourquoi? Qu'est-ce qu'il y a?

Samuel: Ce n'était pas une bonne idée de taguer la porte de la salle des profs! C'est la faute de mon père avec ses bombes de peinture!

Elodie: Ça, c'est ta version! Alors, tu veux dire qu'il devrait mieux les ranger …

Samuel: Difficile quand on a un père qui est peintre!

Elodie: Qu'est-ce qu'il peint comme tableaux?

Samuel: Mais il n'est pas artiste peintre, il est peintre en bâtiment.

Elodie: Ah, oui, excuse-moi. L'artiste peintre, c'est toi! Mais pour repeindre la porte de la salle des profs, l'école a plutôt besoin d'un peintre avec son rouleau que d'un peintre avec ses pinceaux, non?

A vous.

1. *Expliquez le problème de Samuel.*
2. *Quelle est la différence entre «peintre en bâtiment» et «artiste peintre»? Expliquez.*
3. *Faites un filet à mots sur le thème de la peinture.*

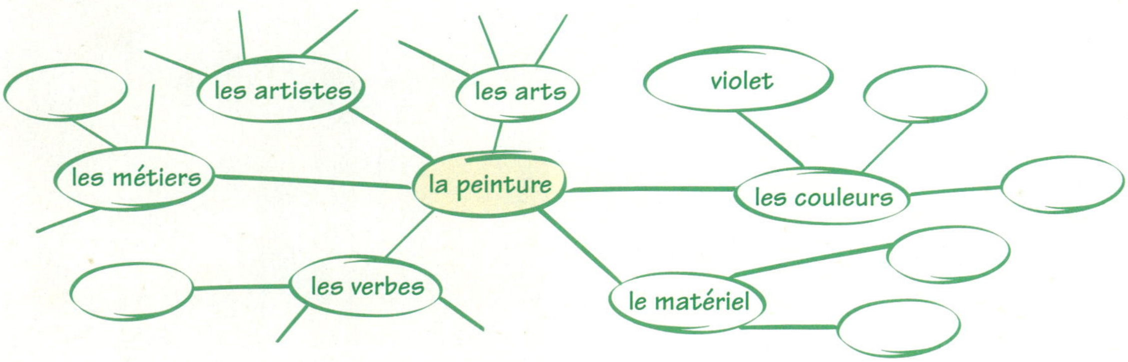

4. *D'après ce modèle, faites deux autres filets à mots sur ces thèmes:*

la cuisine, la santé, la musique, le système scolaire*, le sport, l'ordinateur, le cinéma, le livre

La crise

39–47

1. Il en a marre de sa petite ville grise de province. Il en a marre de l'appartement au neuvième étage d'une tour de béton. Si seulement sa mère acceptait de déménager … Dans le Midi ou en Bretagne, ça lui est égal. S'il habitait dans une maison à la campagne, il pourrait commencer une nouvelle vie. Sa mère n'a jamais le temps. Elle est médecin et elle court tout le temps. Un coup de téléphone, et hop, la voilà qui monte dans sa voiture pour aller soigner la moitié de la ville pendant que lui, il meurt d'ennui et de peur dans sa chambre et au fond de sa classe.

2. Si sa mère avait le temps de l'écouter, Samuel lui dirait plein de choses: il n'a pas envie d'aller au lycée. Il a plutôt envie de faire autre chose. Et s'il voyait son père plus souvent, il aurait quelqu'un à qui il pourrait parler. Quelqu'un qui l'écouterait, peut-être. Samuel a bien essayé de raconter son rêve à sa mère: devenir artiste peintre. Mais elle lui a dit de ne pas trop rêver. Elle a même ouvert la bouche, environ 30 secondes, pour lui dire: «On en parlera plus tard. Ne t'en fais pas!» Et puis, cette peur qui ne le quitte pas. A cause d'eux, à cause de la bande à Max.

3. Bon. C'est vrai. Il y a Vanessa. Elle l'appelle en moyenne un jour sur deux. Lui, un peu moins. A cause de tous ses problèmes. Mais une chose est sûre: quand il sera sorti du gouffre, s'il en sort, il sera tout le temps avec elle. Il ne lui a encore rien raconté, pourtant il a 100 % confiance en elle, mais il ne veut pas la mêler à ses histoires. Ce serait trop dangereux pour elle.

4. Sortie de classe: Vanessa lui demande s'il ne voudrait pas réviser son français avec elle. Samuel aimerait bien accepter, mais il prétend ne pas avoir le temps parce qu'il doit faire les courses. Vanessa se dit alors que Samuel ne sait pas mentir et qu'il doit avoir plein de problèmes. S'il lui demandait de l'aider, elle le ferait. Mais Samuel lui tourne le dos. Si seulement il pouvait disparaître en ce moment … Max et sa bande l'attendent au fond de la cour …

A vous. *A votre avis, pourquoi est-ce que Samuel ne voit plus souvent son père?*

5. Ensuite, on ne sait pas très bien ce qui s'est passé au fond de la cour: Max a peut-être demandé à Samuel de lui filer les médicaments, les «drogues». Il avait dû les voler dans la pharmacie de sa mère. «C'est la dernière fois», avait peut-être répondu Samuel. Mais cette phrase lui avait sûrement coûté cher.

6. Max lui a cassé la figure. Bien sûr, Samuel s'est défendu, mais il avait envie de rester à terre, de ne plus bouger. «Il n'y a rien de plus beau que les yeux de Vanessa …», pensait-il. Samuel n'avait pas mal, malgré le sang qui coulait de son nez. Il n'a plus entendu les menaces de Max. Il est tombé dans les pommes.

7. Maintenant, Samuel est à l'hôpital, sa mère est la première à lui rendre visite. Elle parle, parle, parle … Il a le nez cassé. Sa mère lui pose plein de questions mais son fils ne peut pas y répondre car tout le visage lui fait mal. Alors, elle lui demande d'écrire ce qui s'est passé. S'il le faut, elle ira à la police. Samuel avait peur depuis des semaines. De toute façon, la vie ne lui fait pas de cadeau. Samuel est fatigué. Il va vite écrire tout ce qui s'est passé. Il va essayer de dire à sa mère que Max et sa bande l'ont racketté et qu'ils sont capables de racketter encore longtemps. Et puis il s'endormira pour tout oublier.

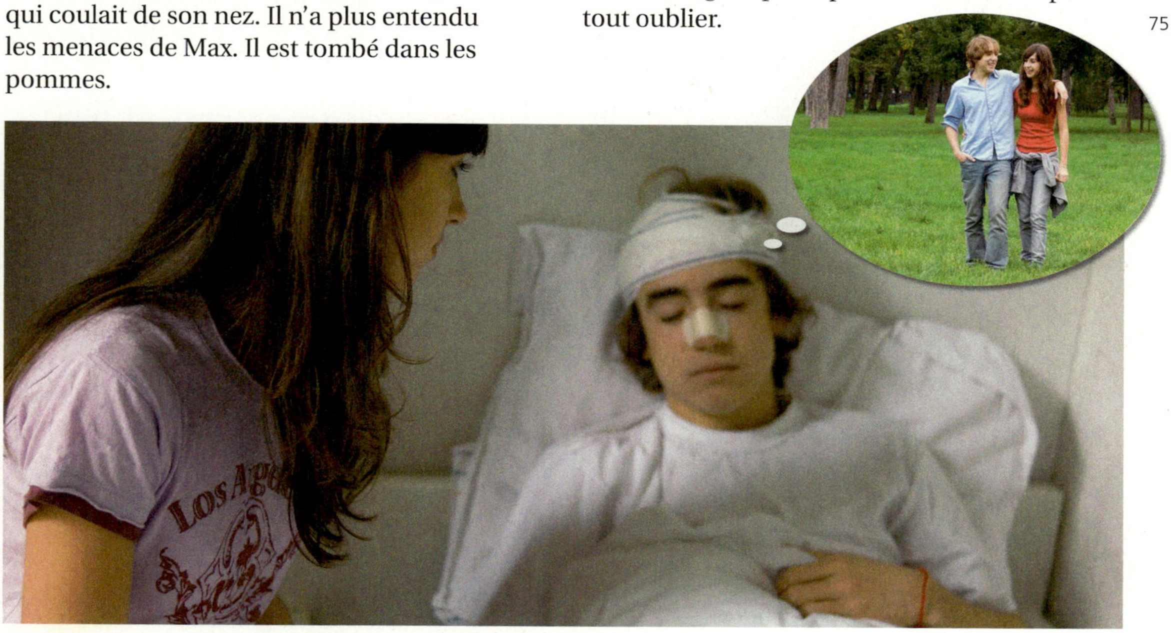

8. Ensuite Vanessa est venue le voir. Le soleil est entré dans la chambre d'hôpital. Samuel s'est réveillé. Il avait envie de recommencer à vivre, il était prêt à tout raconter à Vanessa. S'il n'avait pas tous ces problèmes, il serait tout le temps avec elle. Sauf que dehors, Max et sa bande doivent l'attendre, car sa mère est allée à la police. Il en a marre de la violence! Il en a marre d'être victime! Et en plus, sa mère n'arrête pas de travailler, elle n'aura pas le temps de l'écouter. Samuel ferme à nouveau les yeux pour dormir.

9. Le lendemain, sa mère vient lui rendre visite pour la seconde fois: «Comment vas-tu, mon chéri?», lui demande sa mère au moment où il ouvre les yeux. Samuel qui ne peut toujours pas parler, écrit sur le bloc de papier: «Et Max et sa bande?». Sa mère lui répond que la police interroge Max et ses petits copains. Sa mère se demande pourquoi elle n'a jamais pris le temps d'écouter plus souvent son fils. Elle lui promet de l'aider pour son stage de peinture pendant les vacances d'été, un stage à la campagne dans le Midi de la France, au soleil. Samuel pleure de joie. Il est heureux de sortir du gouffre.

A vous. *D'après vous, qu'est-ce que Max fait avec les médicaments?*

1 A propos du texte

A, B ou C? Quel résumé va avec le texte? Expliquez pourquoi les deux autres sont faux.

A: Samuel est malheureux et il a peur. Sa mère qui est médecin n'a jamais le temps pour lui et elle veut déménager. Mais Samuel n'a pas envie de quitter ses copains et surtout Vanessa qu'il aime beaucoup. Elle est même venue à l'hôpital où il se trouve depuis une bagarre avec Max. C'est là qu'il a pu enfin dire à Vanessa qu'il l'aime et sa mère est enfin là pour l'écouter et le soigner.

B: Samuel se sent très, très mal parce qu'il a trop de problèmes: Il aimerait devenir artiste peintre, avoir un père à qui parler et une mère qui travaille moins et qui l'écoute plus souvent. En plus, il y a Max et sa bande à qui il doit donner des drogues. Le jour où Samuel dit que c'est la dernière fois, Max voit rouge et lui casse la figure. A l'hôpital, Samuel peut enfin parler à sa mère.

C: Samuel veut quitter la petite ville où il habite. Il en a marre: son père vient de quitter sa mère qui travaille trop. Heureusement, il y a Vanessa avec qui il fait souvent ses devoirs. Un jour, Max et sa bande lui demandent de voler des drogues dans une pharmacie. La police l'arrête. Là, il a enfin le temps de réfléchir et de tout dire à sa mère et à Vanessa, sa meilleure amie.

2 Si mon père était encore là ... (§§ 6, 14)

C'est impossible, mais que feriez-vous à la place de Samuel? Utilisez le conditionnel.

Exemple: **Si** mon père **était** encore là, **je pourrais** lui parler.

1. mon père – être encore là
2. ma mère – avoir le temps
3. Max et moi – être moins différents
4. Vanessa et Elodie – n'être pas là
5. Max et ses copains – ne pas prendre des drogues
6. vous – connaître ma situation

je – pouvoir lui parler.
elle – s'occuper de mon stage.
nous – être des bons amis.
elles – me manquer beaucoup.
ils – me laisser tranquille.
vous – avoir les mêmes réactions.

3 Si je gagnais un million ... (§§ 6, 14)

Jouez en groupe. Un premier élève commence une phrase par:

1. Je suis le premier élève. Si je gagnais un million, je ferais un long voyage.

Ensuite, un deuxième élève reprend la fin de la 1ère phrase. Il la commence par «si» et il invente le reste.

2. Je suis le deuxième élève. Si je faisais un long voyage, je commencerais par le Canada.

Continuez.

4 Si, si et encore si! (§§ 6, 14)

*A l'hôpital, Samuel a le temps de réfléchir: Refaites ses phrases. **A** corrige **B**. **B** corrige **A**.*

A	1. Si – maman – ne pas être médecin | elle – avoir – sûrement – plus de temps pour moi. 2. Si – un jour – nous – vivre – à la campagne | je – commencer – une nouvelle vie. C'est sûr! 3. Je – avoir – sûrement – quelqu'un pour parler | si – papa – être – encore là. 4. Si – seulement – maman – être d'accord | je – faire – un stage de peinture. 5. Si – je – ne plus apporter – de médicaments | Max et ses copains – me faire plus de mal.
B	6. Vanessa – ne pas venir – cet après-midi – à l'hôpital | si – elle – ne pas m'aimer. 7. Si – je – pouvoir parler – maintenant | ce – être plus facile de tout expliquer. 8. Ma vie – ne jamais changer | si – je – ne pas trouver – rapidement – un stage de peinture. 9. Si – maman – travailler – bientôt – moins | elle – s'occuper – plus – de moi, j'espère. 10. Si – la police – ne rien savoir – de Max | sa bande – continuer – à me racketter.

5 Lire: La violence à l'école, on en a marre! (§ 16)

En une année à l'école, il y a Ø 15 actes* de violence par collège et par lycée. 86 % des auteurs* de violences sont des élèves, surtout de 3e et de 2nde. Les bagarres, les menaces graves et le racket représentent* $1/2$ des actes de violence à l'école. $1/3$ de ces actes sont des bagarres, $1/4$ sont des menaces graves et 10 % des vols*. En 2004 par exemple, la police a compté plus de 1800 rackets. Cela* veut dire qu'environ $1/30$ élève est prêt à racketter un autre élève. Les victimes sont souvent des élèves plus jeunes ou moins forts qui ne savent pas se défendre. Que faire? Dans les quartiers dangereux, la police propose aux jeunes de rentrer de l'école en groupe pour éviter d'être seul. Pour en savoir plus, contactez SOS violences: 0033 – (0)8 – 01.55.55.00 du lundi au vendredi, de 9 h 00 à 18 h 00. Lisez ce livre et regardez sur Internet. www.education.gouv.fr/stateval www.eurowrc.org/05.education/education_fr

Non au racket de Christine Laouénan, Illustr. C. Ruth
© Editions Pocket Jeunesse, Univers Poche, 2004

a *Lisez le texte. Ecrivez en toutes lettres les chiffres* soulignés.*
b *Que feriez-vous si vous aviez des problèmes de racket? Répondez en 3 ou 4 phrases.*

6 Commencez à résumer. (§ 15)

Vous êtes journalistes et vous résumez ces phrases dans vos articles d'après ce modèle.

Exemple: Samuel / essayer / mère: «Attends, il faut que je te **parle**.»
→ Samuel essaie de parler à sa mère.

1. Samuel / prétendre: «Désolé, je n'**ai** pas le temps, je dois faire les courses.»
2. Mère / dire / Samuel: «**Ecris** ce qui s'est passé.»
3. Samuel / être prêt: «Maintenant, j'aimerais bien tout **raconter** à Vanessa.»
4. Mère / promettre / Samuel: «Je **travaillerai** moins pour avoir plus de temps.»
5. Police / demander / Max: «**Raconte**-nous cette histoire avec Samuel dans la cour.»

7 Discutons. (§§ 1, 2, 4, 5, 15)

on dit …

Argumentieren
- Je trouve / Je pense que …
- A mon avis, …
- Je ne suis pas d'accord.
- Tu oublies que …
- D'abord, / Puis, / Ensuite, … Enfin, / Finalement, …

Auffordern
- *Verbe à l'impératif:* Raconte.
- Je te dis / demande de *(faire)* …
- J'aimerais / Je préférerais / Je veux que… + *subjonctif*
- Tu (ne) pourrais (pas) …?
- A ta / votre place, je …

Diskutieren
- Tu peux / Vous pouvez m'expliquer pourquoi …?
- Tu ne veux pas / Vous ne voulez pas comprendre!
- Est-ce que tu as / vous avez pensé à …?

Reagieren
- Je vois / Je comprends pourquoi …
- Tu as / Vous avez raison.
- Tout de suite! / Bien sûr! / Tout à l'heure! Bientôt! / Peut-être!
- Ah, non, surtout pas!

Kritisieren / Schimpfen
- Tu es/Vous êtes fou(s)/folle(s)!
- Ça ne va pas, non!
- Je suis en colère contre … !
- Ne fais / Ne faites plus jamais ça!
- Ce n'est pas sérieux!

Trösten / Aufmuntern
- Ne t'en fais pas! / Ne vous en faites pas! / Courage!
- Ce n'est pas grave!
- Ça peut arriver à tout le monde!
- Tu peux / Vous pouvez compter sur moi!

A vous. *Choisissez une situation. Imaginez un dialogue et jouez la scène. Utilisez les expressions du tableau.*

8 Ecouter: File-moi tes exos*!

a *Lisez les phrases. Puis, écoutez le texte deux fois et choisissez la bonne phrase.*

04

1. Samuel a un problème a) avec Vanessa. b) avec sa mère. c) avec Max.
2. Max veut que Samuel a) lui explique les maths. b) l'aide en maths. c) lui donne ses devoirs.
3. Samuel pense que Max a) est trop dans la rue. b) est trop bête. c) fait du trafic de drogue.
4. Vanessa pense que Max a) est un pauvre mec. b) est un beau mec. c) est un faux mec.

b *Ecoutez une 3ᵉ fois le texte. Vrai ou faux? Si la phrase est fausse, corrigez-la.*

1. Max part en colère. Il n'a pas pu avoir le cahier de maths de Samuel.
2. Vanessa est aussi en colère et elle se dispute avec Samuel.
3. Samuel explique à Vanessa que Max a une vie difficile, que son père n'a plus de travail.
4. Vanessa comprend Max. Elle va essayer de lui parler.
5. Vanessa comprend aussi Samuel car elle sait que son père n'a jamais le temps.
6. Samuel a peur des réactions de sa mère.

9 Lire et écrire: «Les Nike de la honte»

(→ Stratégie SB2/L3B, ex. 7, p. 47)

a *Regardez le texte et les dessins. Mettez-les dans le bon ordre. N° 2 et 9 sont corrects.*
b *Décrivez maintenant les images dans le bon ordre de 2 à 9.*
c *Puis, inventez un des deux dialogues:*
1. *le dialogue entre Titeuf et son père dans l'image 1.*
2. *la discussion entre Titeuf et son père à la fin dans l'image 10.*

Titeuf et le derrière des choses, vol. 5, p. 3, *Les Nike de la honte* par Zep © Editions Glénat, 1996

10 A l'hôpital (§§ 15, 16)

Samuel communique avec Vanessa seulement par écrit. Utilisez les fractions, les nombres et les prépositions pour refaire les phrases de Samuel.

Tu sais, j'ai ? confiance en toi, mais je ne voulais surtout pas te mêler à cette histoire. Tu es la seule et la ? ? t'occuper ? moi et la ? ? me rendre visite. Si le racket m' (arriver) encore une ? fois, je te (demander) ? m'aider. Promis! Je te (promettre) aussi ? ne plus jamais te mentir. Je te prie ? bien m'écouter: ? élève ? 30 est prêt ? racketter un autre élève. C'est fou, non? Je viens ? le lire. Quelle horreur! Je suis vraiment content ? sortir de ce gouffre!

11 Fehlervermeidung in eigenen Texten (La chasse aux fautes)

Stratégie

In Découvertes SB1 / L7, SB2/L2, SB3/L4 habt ihr bereits erfahren, dass es wichtig ist, seine eigenen Texte gezielt auf Fehler durchzusehen; siehe auch: www.klett.de. Neben **Rechtschreibung, Wortstellung, Wortschatz** und typischen **Flüchtigkeitsfehlern** gibt es in der Grammatik weitere Themen für eventuelle Fehlerquellen. Prüft sie besonders:

1. Sind die Zeiten insbesondere auch bei **unregelmäßigen Verben** richtig gebildet?
   → *se défendre – elles **se sont** défend**ues***
2. Habe ich in ***si*-Sätzen** das erlernte Schema beachtet?
   → *Si + Présent*, Hauptsatz: *Futur* / Hauptsatz: *Conditionnel présent, si + Imparfait*
   → ***Il serait** heureux, **s'il** n'**avait** pas tous ces problèmes.*
3. Habe ich nach Formulierungen, die einen Wunsch, eine persönliche Stellungnahme etc. beinhalten, den **Subjonctif** gesetzt? → ***Je voudrais qu'**on part**e** en vacances.*
4. Habe ich die richtigen **Pronomen** verwendet und sie an die richtige Stelle im Satz gesetzt?
   → *Je ne voulais pas **en** parler à mes copains.*
5. Habe ich zwischen **Adjektiv** und **Adverb** unterschieden und das Adverb auch richtig gebildet?
   → *Evid**emment**, nous travaillons **dur** pour être **bons** en français!*
6. Stimmt die Anwendung der Zeiten in einzelnen Passagen?
   → *Imparfait: Il était une fois …* ⟷ *Passé composé: Un jour, il est parti …*

Achtet in euren Texten auch auf **Lesefluss, Kohärenz** und **Stil**:
1. Sind die Sätze eindeutig formuliert?
2. Habe ich Sätze und Absätze sinnvoll verknüpft?
   → *d'abord, ensuite, puis, alors, tout à coup, en plus, mais, pourtant, …*

A vous. *Corrigez l'article d'un élève allemand pour le journal de son lycée. Trouvez les 25 fautes.*

Heureuxment, la police a pouvu interrogé une groupe de quatre jeunes. Le chef de la groupe est élève dans une école prèt à notre lycée! La police dit correct qu'ils rackettent depuis des mois. Leur dernier victime: Samuel, un élève de 2e, qui doit encore rester trois semaine à l'hôpitâl. Il nous a écrits sur un bloc (il ne peut pas parler car il a le nez cassé): «Je suis contente que la bande ne peut plus continuer leurs actions*.»
Si, par exâmple, la police n'interrogerait pas une bande, le victime ne direrait rien aux parents. Dans toute façon, si vous voiez quelque chose ou quand, vous aussi, vous êtes été victime de cette bande, écrivez au journal ou téléphonez avec la police! C'est important! *Jonas, 5e b*

Une heure, une vie

Une heure, une vie
de Jeanne Benameur

Illustration d'Antoine Guilloppé

Quand mes parents m'ont annoncé qu'ils avaient des choses importantes à me dire, on était tous les trois au salon[1]. Ils parlaient. Ça me faisait le gouffre à l'intérieur[2]. Ils parlaient, ils parlaient. Est-ce qu'ils se rendaient compte[3] de ce qu'ils m'annonçaient? Ça creusait. Je les entendais. La voix de ma mère. La voix de mon père. [...] Ils allaient se séparer[4]. Voilà. Ma mère était assise sur le divan, près de moi, mais pas trop. De toute façon, je n'aurais pas pu la toucher[5]. Il aurait fallu bouger et même d'un centimètre c'était impossible. J'étais devenue une pierre[6] et personne ne le voyait.
Mon père était installé en face. Est-ce qu'il me regardait? Moi, là où j'étais assise, je ne pouvais pas les regarder tous les deux en même temps. J'ai fermé les yeux.
«Rien ne changera pour toi, ma chérie, tu sais.» Comment est-ce qu'on peut dire une chose pareille[7]? Est-ce qu'ils se rendaient compte de ce qui se passait en moi? Ils n'étaient pas moi pour savoir à ma place! [...] Ils ont continué comme ça. Une fois l'un, une fois l'autre. Des mots des mots des mots pour dire que rien ne changeait. Rien? Moi, je n'étais même plus là. Dans ma tête, ça bourdonnait[8]. De tout ce qu'ils racontaient il n'y avait plus que le mot «rien» qui résonnait[9].
Je me rappelle que je tirais[10] sur mon bracelet[11]. L'élastique[12] a cassé. Les perles en verre ont glissé[13] sur ma jupe. Je les ai retenues. Je bougeais le moins possible. J'avais peur que ça continue à se défaire[14]. J'ai gardé les perles au creux de ma main[15]. Vertes, transparentes. Je les sentais. C'est bête mais ça faisait du bien. Quand je me suis levée, il y en a qui ont glissé de ma jupe par terre. Je ne les ai pas ramassées.

a **A vous.** *Refaites les phrases.*

1. La fille du livre	a) est en colère.	b) est dans un gouffre.	c) est heureuse.
2. Elle a appris que	a) ses parents se quittent.	b) ses parents partent.	c) sa mère meurt.
3. La fille a cassé	a) un verre.	b) une assiette.	c) son bracelet.
4. Elle sait que pour elle,	a) tout va changer.	b) rien ne va changer.	c) c'est égal.

b *«Rien ne changera pour toi, ma chérie.» Vous êtes d'accord avec cette phrase? Discutez.*

■ **Savoir faire**
→ Stratégie, page 52.

Mettez-vous à la place de la fille du livre et écrivez une lettre aux parents ou au père ou à la mère. Utilisez les stratégies pour éviter les fautes. Présentez vos lettres en classe.

---

1 le salon das Wohnzimmer – **2 à l'intérieur** in meinem Inneren – **3 se rendre compte** bemerken / sich über etwas im Klaren sein – **4 se séparer** sich trennen – **5 toucher** berühren – **6 la pierre** der Stein – **7 une chose pareille** so etwas – **8 bourdonner** brummen – **9 résonner** nachklingen, -hallen – **10 tirer** ziehen – **11 le bracelet** das Armband – **12 l'élastique** das Gummi – **13 glisser** *hier:* kugeln – **14 se défaire** sich auflösen – **15 au creux de ma main** in meiner Handinnenfläche

LEÇON 5

Ateliers: Voyage dans les îles

Lernen an Stationen – Travail en ateliers

Wie funktioniert das Lernen an Stationen? In dieser Lektion werdet ihr nun ganz allein auf Entdeckungstour gehen. Dies bedeutet, dass ihr selbstständig die neuen Wörter in den Texten und die Grammatik an verschiedenen Stationen erarbeitet. Ihr seid selbst für euren Lernerfolg verantwortlich. Ein Test zum Abschluss der Lektion wird euch zeigen, wie erfolgreich ihr wart.

- Diese Lektion ist in 6 Stationen gegliedert.
- Die **Station 1** ist obligatorisch, dient also als Basis und muss **von allen zuerst** bearbeitet werden.
- Die **Stationen 2 bis 5** sind **obligatorisch**. Ihr könnt sie **in beliebiger Reihenfolge** behandeln.
- Die **Station 6** ist **freiwillig**.
- Arbeitet am besten in 4er-Gruppen und nur bei speziellen Hinweisen zu zweit oder allein.
- Ihr bekommt einen Laufzettel. Achtet besonders auf Arbeitszeit und -form. Alle Gruppen müssen ihre Stationen vollständig bearbeiten.
- Sprecht in eurer Gruppe möglichst Französisch.
- Zu jeder Station gibt es ein Arbeitsblatt mit Aufgaben (!), die ihr unter: www.klett.de findet.
- Tauscht eure Arbeitsbögen und -blätter aus und überprüft sie mithilfe der Lösungsblätter, die sich in einer Mappe bei eurem Lehrer befinden.
- Wenn ihr freie Texte geschrieben habt, bittet euren Lehrer um Korrektur.
- Die ausgefüllten und korrigierten Arbeitsblätter könnt ihr anschließend abheften.
- Die Wörter unterhalb der Texte in den *Annotations* müsst ihr nicht lernen. Die übrigen neuen Wörter sind Lernstoff.

01

1

2

3

4

5

Info F

Kassav est un groupe de musique «zouk» qui mélange toutes les influences des Caraïbes: le jazz, le funk etc. Pour les Antillais, **la cassave** est le pain de tous les jours. C'est une galette de farine de manioc, une plante tropicale.
Vous trouvez le texte de la chanson p. 186 et 187.

A vous. *Les photos ont été prises en Guadeloupe et en Martinique. Quelles photos est-ce que vous préférez et pourquoi?*

02–04

Sable noir et sable blanc

Station 1

1. Au sud-est de Cuba, à 7000 km de Paris, deux départements français vous proposent du soleil toute l'année, des plages de sable noir ou blanc et de magnifiques forêts tropicales. Découvrez avec nous cette autre visage de la France: la Martinique et la Guadeloupe …

2. La Martinique (voir la carte à la fin du livre)
La forêt tropicale couvre toutes les montagnes au nord de l'île. Parmi elles, la Montagne Pelée est un volcan toujours en activité. Sur cette partie de l'île, on a créé un parc naturel régional de 700 km² où les touristes peuvent se promener, observer les oiseaux et découvrir les fleurs exotiques de la Martinique. Près de la Montagne Pelée, les plages sont de sable noir à cause du volcan. Au sud de l'île, au contraire, on trouve des plages de sable blanc.

Info F

Le climat tropical: Pendant la saison sèche, de décembre à mai, la température varie entre 27° et 34°. De juin à novembre, pendant la saison des pluies, il fait un peu moins chaud (25° à 30°) mais il y a souvent des cyclones, surtout entre août et octobre.

3. La Guadeloupe (voir la carte à la fin du livre)
La Guadeloupe est aussi une île volcanique. Le volcan de la Soufrière, au sud de Basse-Terre, se trouve au centre du Parc national de la Guadeloupe. C'est le paradis des sportifs qui viennent faire du trekking[1] en forêt ou du canyoning[2] sur les rivières du parc. Sur l'autre partie de l'île, à Grande-Terre, on peut faire du cheval ou du kayak[3]. Dans les ports de la Guadeloupe, on peut partir à la découverte d'autres îles des Caraïbes.

1 le trekking das Trekking, das Wandern – **2 le canyoning** das „Schluchteln", das Hinunterklettern in eine Schlucht mit Wasserfällen und Flüssen – **3 un kayak** ein Kajak(-boot)

05–06

Le bleu de la mer

Station 2

Vous adorez le soleil et la mer? Vous aimez les vacances sportives? Alors, venez en Martinique!

On peut faire du surf toute l'année mais les bons surfeurs préfèrent sortir en mer entre septembre et mars quand le vent souffle le plus fort sur l'île, surtout sur la côte atlantique. La côte sud et la baie de Fort-de-France vous feront vivre des moments que vous n'oublierez jamais.

Le surf

Une journée en mer, c'est un rendez-vous que personne ne doit manquer. Il y a toujours le soleil, la musique et la cuisine antillaise au menu. Il ne manque rien à votre plaisir, ni les eaux claires et chaudes, ni les coquillages, ni les poissons exotiques, ni les rencontres du troisième type avec les dauphins.

La plongée[1] en mer

Si vous préférez la montagne à la mer, la forêt à la plage, l'ombre au soleil, et si vous êtes très sportifs, rien n'est plus beau que descendre des petites rivières. Avec un casque et des cordes, il n'y a aucun danger.

Le canyoning[2]

Le kayak[3] est idéal pour découvrir les rivières à l'intérieur de l'île ou la mangrove[4] ou bien encore les petites îles de la côte atlantique. Rien ni personne ne vous interdit de vous baigner dans les eaux bleues des lagons[5]. Mais attention aux requins!

Le kayak

Si vous ne voulez ni sport ni activité, mettez vos lunettes de soleil et bronzez calmement sur la plage.

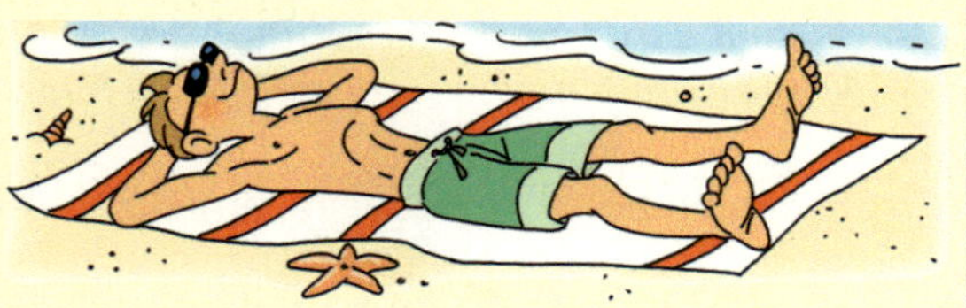

---

1 la plongée das Tauchen – **2 le canyoning** das „Schluchteln", das Hinunterklettern in eine Schlucht mit Wasserfällen und Flüssen – **3 un kayak** ein Kajak(-boot) – **4 la mangrove** die Mangrove (*Sumpfwald an tropischen Küsten*) – **5 un lagon** *eine kleine Lagune in der Karibik, umgeben von Korallenriffen*

1 A propos du texte — Station 1

Relisez le texte. Faites un filet à mots sur «la nature» avec les mots que vous connaissez.

2 Lire et comprendre: La catastrophe naturelle du 8 mai 1902 — Station 1

Depuis toujours, les habitants de Saint-Pierre vivaient à côté de leur voisine, la Montagne Pelée. Ce volcan dormait depuis des siècles. Un jour, en 1889, il s'était réveillé, mais les éruptions* n'avaient rien détruit. Aucun habitant n'avait perdu la vie. Personne n'était donc inquiet*. Mais le 8 mai 1902, c'est l'enfer*: un nuage de gaz* et de cendres* descend à 200 km/h sur la ville! Sa température est de 1000° C. En cinq minutes, il brûle* tout sur son chemin, même les bateaux dans le port. Puis il pleut des cendres sur la ville de Saint-Pierre. Après cette catastrophe naturelle, il ne reste plus que des ruines, comme à Pompéi. On compte plus de 30 000 morts* et un seul survivant*: Cyparis, un Noir qui était en prison*.

a *Lisez plusieurs fois le texte. Expliquez: «un volcan», «une éruption», «détruire», «inquiet(e)», «l'enfer», «la cendre», «brûler», «un mort», «un survivant», «en prison».*

b *Répondez aux questions:*

1. La Montagne Pelée est a) à la Martinique b) à la Guadeloupe c) à Pompéi?
2. Le volcan a détruit la ville en a) 12 ans b) 12 heures c) 5 minutes?

3 L'hôtel où il ne faut pas aller (→ Regardez § 17 dans votre grammaire.) — Station 2

Le touriste à gauche est très content de son hôtel. Imaginez ce que raconte l'autre. Utilisez «personne ne, ne … personne, rien ne, ne … rien, aucun(e) … ne, ne … aucun(e)».

1. Dans mon hôtel, il y avait beaucoup de monde!
2. Le matin, je pouvais faire plusieurs sports.
3. Il y avait deux ou trois belles plages.
4. L'après-midi, tout le monde jouait au volley.
5. A notre hôtel, on offrait des plats exotiques.
6. Toutes les chambres avaient la télé.
7. Dans cet hôtel, tout marchait bien.

07–10

Les temps noirs des Antilles

Station 3

1. Cinq siècles après l'arrivée de Christophe Colomb aux Antilles en 1492, on trouve aujourd'hui sur ces îles une population de métis[1]: le résultat de la rencontre des Amérindiens[2], des Européens et des Africains. Malgré toutes les différences et les problèmes, ils ont en commun[3] la même culture créole (voir station 4).

L'esclavage

2. A partir du XVIe siècle, les Européens (surtout les Anglais, les Espagnols, les Français, les Néerlandais et les Portugais) occupent les îles du nouveau monde et y fondent des colonies. Ils obligent les Amérindiens à travailler dans leurs plantations de café, de cacao et de canne à sucre[4], dans des conditions très dures. Mais comme cette main-d'œuvre[5] ne suffit pas, les colons décident d'acheter des esclaves africains. La France a finalement aboli[6] l'esclavage en 1848 grâce à Victor Schœlcher, un homme politique, mais elle a interrompu le trafic d'esclaves seulement en 1861. Chaque année, le 10 mai, on pense à cette page noire de l'histoire.

3. L'article 38 du «Code Noir» exige qu'on coupe les oreilles à un esclave qui essaie de fuir pour la première fois et que la deuxième fois, on lui coupe une jambe. La troisième fois, on a même le droit[7] de le tuer.

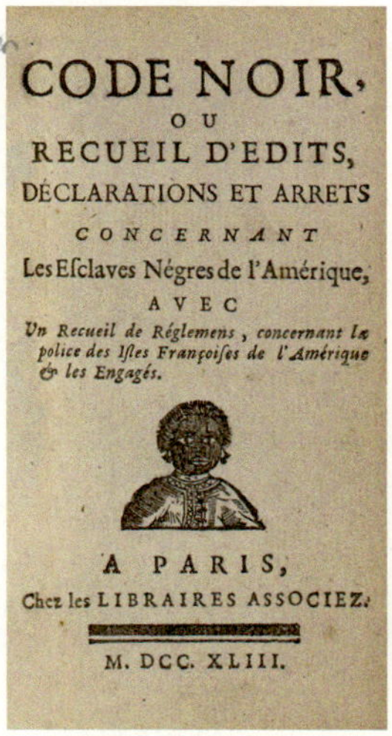
CODE NOIR,
OU
RECUEIL D'EDITS,
DÉCLARATIONS ET ARRETS
CONCERNANT
Les Esclaves Négres de l'Amérique,
AVEC
Un Recueil de Réglemens, concernant la police des Isles Françoises de l'Amérique & les Engagés.

A PARIS,
Chez les LIBRAIRES ASSOCIEZ.
M. DCC. XLIII.

4. Le grand problème aujourd'hui, c'est que beaucoup d'Antillais s'en vont pour aller chercher du travail ou pour faire des études en métropole. Un quart des personnes nées aux Antilles vit en France métropolitaine.

1 un métis, une métisse [ɛ̃metis/ynmetis] ein Mischling – **2 les Amérindiens** *(m.pl.) die Indianer aus Amerika* – **3 avoir qc en commun** etw. gemeinsam haben – **4 la canne à sucre** das Zuckerrohr – **5 la main-d'œuvre** die Arbeitskraft / -kräfte – **6 abolir** abschaffen – **7 le droit** das Recht

11–14

La langue et les traditions

Station 4

1. Le créole – sa sa yé[1]?

Le français est la langue officielle en Guadeloupe, en Martinique et en Guyane. Mais quand on descend dans la rue, on entend aussi une langue qu'on ne comprend pas: le créole. Ses racines[2] sont françaises mais beaucoup d'autres langues, surtout amérindiennes[3] ou africaines, ont apporté leurs mots et leur grammaire au français qu'on parlait dans les plantations au temps de l'esclavage. Comme les esclaves venaient de différentes régions d'Afrique, ils ont dû inventer une nouvelle langue pour communiquer. Aujourd'hui, cette langue est devenue la langue maternelle de beaucoup d'Antillais.

2.

Toute ma famille parle le créole. Pour nous, c'est la meilleure façon d'exprimer nos idées et nos sentiments. Nos enfants parlent le créole aussi …

Heureusement, nos enfants ne parlent pas le créole. Je préfère qu'ils apprennent le français. Quand on parle le créole en famille, bon, ça va. Mais à l'école, non!

3.

Info F

Le créole

- Bonjou'! Sa ou fé?
- Sa ka maché. / Mo la mo la.
- Annou ai.
- ti moun

Le français

- Bonjour! Comment ça va?
- Très bien. / Comme ci, comme ça.
- On y va.
- un enfant = «petit(e) môme»

4. Kannaval Kreyol – Le carnaval créole

Des costumes, des masques, de la musique, des chars[4] et des défilés: «Vaval» est rentré!
Le carnaval est une fête importante aux Antilles. On le fête pendant deux mois jusqu'au mercredi des Cendres[5].

---

1 sa sa yé qu'est-ce que c'est? – **2 une racine** eine Wurzel – **3 amérindien, -ienne** indianisch – **4 le char** *hier:* der Festwagen – **5 mercredi des Cendres** Aschermittwoch

1 Ivan (→ Regardez §§ 18–22 dans votre grammaire.) Station 3

Audrey, une jeune Martiniquaise, raconte. Remplacez les ? par les verbes «fuir, interrompre, naître, s'en aller, suffire» à la forme et au temps corrects.*

Ma fille Marie-Claire ? le 7 septembre à Fort-de-France.
La veille* au soir, on avait annoncé l'arrivée du cyclone Ivan.
Un cyclone ? quand l'eau de la mer est très chaude.
A la radio, on répétait: ? le cyclone. Mais comment peut-on ? quand on attend un enfant? Les touristes ? déjà le cyclone.
Moi, ce jour-là, j'étais seule. Sans voiture. Mais heureusement une voisine est venue me voir.
– Vite, on ?! Nous ? en voiture? Nous …
Mais j' ? ma voisine:
– Non, je ne peux pas ? comme ça. C'est trop dangereux pour moi et mon enfant.
– Pourquoi est-ce que tu m' ?? Laisse-moi t'expliquer! Tu ne connais pas les cyclones! Un seul coup de vent ? à détruire toutes les maisons. Il faut ? avec moi! Il ? d'aller à l'hôpital.
Plus tard, à l'hôpital, on m'a donné une belle chambre. Quelle chance!
En plus, pendant la nuit, Ivan ? vers* une autre île sans «visiter» la Martinique.

2 Jeu de mots: C'est triste, cette histoire! Stations 3+4

Cherchez dans les textes les mots-clés pour compléter ce tableau d'histoire des Antilles.

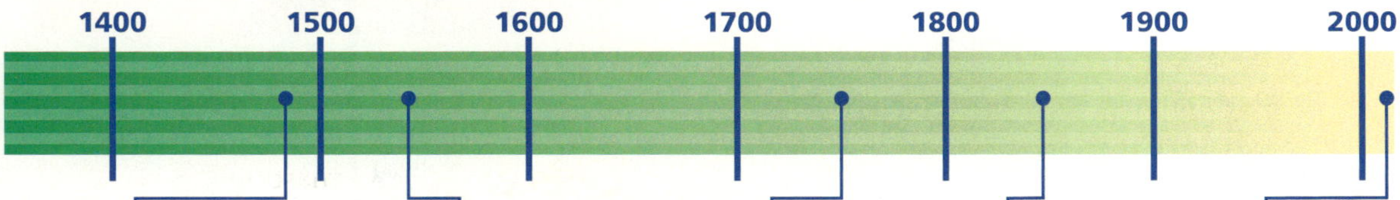

1492
- Christophe ?
- découvrir le nouveau ?
- ?
- les esclaves

à partir du 16e siècle
- la culture et la langue ?
- une population de ?
- fonder ?
- une plantation de ?
- acheter ?

18e siècle
- le Code ?
- § ?
- 1) ?
- 2) ?
- 3) ?

1848
- un homme politique: ?
- ?
- 1861: ?
- le 10 mai: ?

aujourd'hui
- chercher du travail en ?
- ?
- langues: ?
- musique: ?
- traditions: ?

3 Ecouter: Une médaille* pour Eddy De Lépine Station 4

05

Ecoutez l'interview deux fois. Puis lisez les phrases et cherchez les bonnes réponses.

1. Un journaliste pose des questions à Eddy De Lépine qui
   a) fait des films. b) joue au foot. c) court.
2. Le journaliste lui dit bravo pour a) son award. b) sa médaille d'or. c) son Oscar.
3. Eddy De Lépine a gagné au
   a) relais* 4 x 100 mètres. b) 1000 mètres.
   c) cross country.
4. Eddy De Lépine n'aime pas
   a) le foot. b) le cheval. c) la musique.

15–18

Manger, rire et danser

Station 5

1. La cuisine des Antilles est riche en couleurs. On y retrouve les traces de tous les pays d'où sont venus les habitants: les esclaves noirs, les colons français et les Amérindiens[1]. La banane est un fruit, mais chez eux, on peut la manger aussi comme légume. On mange la viande avec de l'ananas ou du lait de coco. Et le thon, la langouste ou le crabe ne manquent jamais sur les tables des restaurants.

2. Beignets[2] de bananes de Martinique

4 bananes
250 g de farine
¼ l d'eau
1 jaune d'œuf
1 pincée[3] de levure[4]
1 litre d'huile
50 g de sucre en poudre

Faire une pâte[5] avec de la farine, de l'eau, un jaune d'œuf et une pincée de levure. Eplucher[6] les bananes, les enrober[7] dans la pâte. Faire chauffer l'huile dans une friteuse. Plonger les bananes dans l'huile chaude et les faire dorer[8]. Retirer[9] les bananes de l'huile et les égoutter[10] sur un papier absorbant[11]. Saupoudrer de sucre en poudre. Manger les beignets chauds.

3. En Martinique et en Guadeloupe, on adore se retrouver en famille, manger ensemble, danser, chanter, rire et s'amuser. Beaucoup de chanteurs ou de musiciens français sont d'origine des Antilles comme Laurent Voulzy, Zouk Machine ou Doc Gynéco. L'humour joue aussi un grand rôle dans la vie des Antillais.

4. Cher frère blanc,

Quand je suis né, j'étais noir,
Quand j'ai grandi, j'étais noir,
Quand je vais au soleil, je suis noir,
Quand j'ai froid, je suis noir,
Quand j'ai peur, je suis noir,
Quand je suis malade, je suis noir,
Quand je mourrai, je serai toujours noir.

Tandis que[12] toi, Homme blanc,
Quand tu es né, tu étais rose.
Quand tu as grandi, tu étais blanc,
Quand tu vas au soleil, tu es rouge,
Quand tu as froid, tu es bleu,
Quand tu as peur, tu es vert,
Quand tu es malade, tu es jaune,
Quand tu mourras, tu seras gris.

Alors, de nous deux,
Qui est «l'homme de couleur»?

Cher frère blanc de Léopold Sédar Senghor © Colette Senghor

1 les Amérindiens *(m. pl.)* die Indianer – **2 un beignet** ein Krapfen – **3 une pincée** eine Prise – **4 la levure** die Hefe – **5 la pâte** der Teig – **6 éplucher** schälen – **7 enrober** einwickeln – **8 dorer** goldgelb werden – **9 retirer** herausholen – **10 égoutter** abtropfen lassen – **11 absorbant(e)** aufsaugend – **12 tandis que** wohingegen

1 Lire et comprendre: Une question d'identité

Station 5

Les Antillais sont des Français. Qu'est-ce que c'est, d'être Noir en France?

A: Etre Noir, pour moi, ce n'est pas avoir une peau noire. C'est avoir dans mes veines du sang d'esclave.
B: Un jour, au collège, quelqu'un m'a provoquée: «Par quel bateau tes arrière-grands-parents sont arrivés dans le pays que tu dis être ton pays?» C'est là que j'ai compris que je ne sais pas qui je suis. Maintenant, je sais que je ne suis pas Africaine, mais Antillaise, d'origine des victimes d'un crime contre l'humanité.
C: Avec mon film «Noirs», je veux montrer combien l'esclavage a laissé des traces, surtout dans la construction de l'identité antillaise. («Noirs», 2006, auteur: Arnaud Ngatcha)
D: C'est important de savoir que Ramsès II était Noir parce que l'histoire de l'Afrique n'a pas commencé avec l'esclavage.
E: Comment travailler contre les préjugés*? Il faut les analyser et apprendre son histoire pour les détruire. Si je veux répondre à mes enfants, je dois connaître le passé qui a marqué notre psychologie pour que* l'on puisse vivre ensemble.

Combinez aux A–E:*
1. Chacun doit réapprendre l'histoire.
2. J'ai du sang d'esclave.
3. L'Afrique, c'est plus que l'esclavage.
4. A partir de l'esclavage …
5. Qui suis-je vraiment?

2 Ecouter et comprendre: Malavoi, album ‹Matebis›, «Exil»*

19

1. J'ai si longtemps rêvé de ce pays lointain
Que j'ai réinventé ses bruits[1] et ses parfums
Les rythmes d'aujourd'hui mêlés[2] aux sons d'her
Scandent[3] ma nostalgie, réchauffent mon hiver
Parfois[4] île volcan et parfois île fleur
J'en connais les beautés,
J'en connais les douleurs,
Des contes[5] oubliés naissent du souvenir
Entre les pleurs, on se prend[6] à rire.

2. Je suis né loin d'ici, pourtant je suis d'ici
Je reconnais les mots que je n'ai pas appris
Et la voix douce[7]-amère[8], la voix de l'orphelin[9]
Redit les mots, les mots qui ont faim …

Refrain:

Nou ja mashé an tout koté
Ni lontan nou ka voyajé
Dépi tan an nou ka drivé
Ayolman nou la nou rivé
Jodi jou nou ké janbé dio a
Nou ja konnèt tout péyi
An vié shanson ka di
Man pa moun lot bo, man sé moun isi

Traduction du refrain:

Nous avons marché sur tous les continents
Cela fait longtemps que nous voyageons
Nous avons erré souvent
Mais aujourd'hui nous sommes arrivés
Aujourd'hui nous traverserons l'eau une dernière fois
Car nous connaissons déjà tous les pays
Une vieille chanson dit:
«Nous ne sommes pas gens d'ailleurs[14], nous sommes gens d'ici»

a *Avant l'écoute, lisez le texte: quel style de musique attendez-vous?*
b *Expliquez ces mots par des mots de la même famille, le contexte ou par l'anglais).*
c *Pourquoi la chanson s'appelle «Exil»?*

---

1 un bruit ein Geräusch – **2 mêlé(e) à qc** gemischt mit – **3 scander** *chanter* – **4 parfois** manchmal – **5 un conte** ein Märchen – **6 se prendre à** commencer à – **7 doux, douce** süß – **8 amer, amère** bitter – **9 un orphelin** ein Waisenkind – **10 la fumée** der Rauch – **11 odorant(e)** duftend – **12 poursuivre qc** etw. verfolgen – **13 en rêvant** quand je rêve – **14 ailleurs** woanders

20 S

«Belle-Ile-en-Mer»

Station 6

Refrain:
Belle-Ile-en-Mer
Marie-Galante
Saint-Vincent
Loin Singapour
Seymour Ceylan
Vous c'est l'eau c'est l'eau
Qui vous sépare[1]
Et vous laisse à part[2]

Moi des souvenirs d'enfance
En France
Violence
Manque[3] d'indulgence[4]
Par les différences que j'ai
Café
Léger[5]
Au lait mélangé[6]
Séparé petit enfant
Tout comme vous

{Chœurs:}
Je connais ce sentiment
De solitude[7] et d'isolement

{Refrain}

Comme laissé tout seul en mer
Corsaire[8]
Sur terre
Un peu solitaire
L'amour je l'voyais passer
Ohé Ohé
Je l'voyais passer
Séparé petit enfant
Tout comme vous
Je connais ce sentiment
De solitude et d'isolement

{Refrain}

Karukera[9]
Calédonie
Ouessant[10]
Vierges[11] des mers
Toutes seules
Tout l'temps
Vous c'est l'eau c'est l'eau
Qui vous sépare
Et vous laisse à part
Oh oh …

Info F

Laurent Voulzy est né le 18 décembre 1948 à Paris de parents guadeloupéens et a passé son enfance près de Paris.
En 1989, il a créé la chanson «Belle-Ile-en-Mer» avec Alain Souchon.
Aujourd'hui, ce titre compte parmi les vingt meilleures chansons de ces vingt dernières années.

A vous.

a *Ecoutez la chanson plusieurs fois, lisez le texte et les informations sur le chanteur.*
b *Comment est-ce que l'auteur décrit les îles?*
c *Pourquoi l'auteur se trouve-t-il, d'après lui, dans la même situation que les îles?*

---

1 séparer trennen – **2 à part** beiseite – **3 le manque de qc** der Mangel an etw. – **4 l'indulgence** *(f.)* die Nachsicht, das Wohlwollen – **5 léger, légère** leicht – **6 mélangé(e)** (→ *mélanger*) gemischt – **7 la solitude** die Einsamkeit – **8 un corsaire** ein Pirat – **9 Karukera** *nom amérindien pour la Guadeloupe* – **10 Ouessant** *une île bretonne* – **11 une vierge** eine Jungfrau

<Module 1>

22 Le cinéma fait école.

1

2

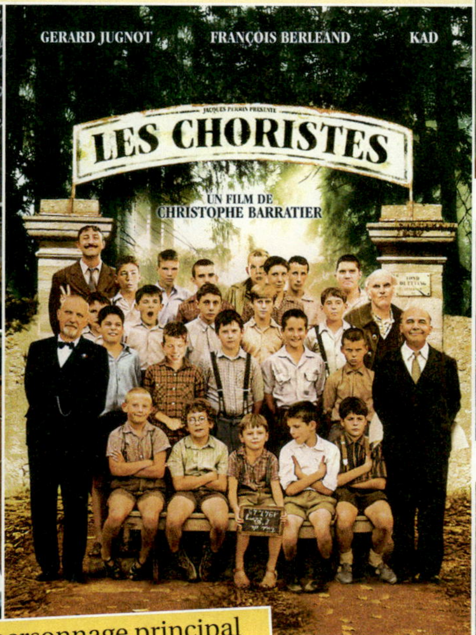

3

4

5

1. ***Clément Mathieu*** est le personnage principal du film «Les Choristes». Il est surveillant dans un internat pour élèves «difficiles». Il adore la musique, mais est-ce qu'il va réussir à faire chanter les élèves dont il s'occupe?

3. ***Maxence*** est l'homme à tout faire de l'internat. Il deviendra l'ami de Clément Mathieu.

2. ***Monsieur Rachin*** est le directeur de l'internat. Il est dur et pas toujours juste. Il n'aime pas ses élèves. Sa méthode: «action, réaction»!

4. ***Pierre Morhange*** est un élève «difficile». Sa maman l'a mis à l'internat parce qu'il a fait trop de bêtises. Comme elle vit seule et qu'elle travaille dans un restaurant, elle n'a pas le temps de s'occuper de son fils qui aime la musique et sera le meilleur choriste.

5. ***Pépinot*** est un petit garçon qui a perdu ses parents. Pourtant, il croit que son père va venir le chercher un samedi. C'est la raison pour laquelle il l'attend souvent à l'entrée de l'internat. Il ne sait pas chanter, mais il aidera beaucoup Clément Mathieu dans son projet.

1. *Le titre allemand de ce film est «Die Kinder des Monsieur Mathieu». Expliquez la différence.*
2. *Regardez d'abord les photos et lisez les portraits des acteurs.*
3. *Décrivez ensuite les personnes (le physique, les vêtements, …)*
   → Strat., SB 2, p. 117: **www.klett.de**
4. *Ecoutez la musique du film «Les Choristes».*
5. *Chantez sur le playback (→ texte à la fin du livre).*

→ www.lingua-video.com: Nr. FF005

25 Les Choristes (scène 1)

15 janvier 1949: Clément Mathieu vient de trouver un travail de surveillant dans un internat pour des jeunes qui ont des problèmes et qu'on appelle donc «difficiles». C'est l'hiver. Il y a de la neige et il fait froid. Tout est triste. Le soleil joue à cache-cache avec le brouillard. On ne voit donc pas très bien.

Clément Mathieu dont on ne sait presque rien arrive devant la grille de l'internat. Derrière la grille, il découvre le visage triste d'un petit garcon, Pépinot, et Maxence, l'homme à tout faire de l'internat. Puis, Clément Matthieu se présente et dit qu'il est le nouveau pion.

Maxence ouvre la grille et le fait entrer. Clément Mathieu découvre l'endroit où il va travailler: des portes et des grilles fermées à clé, des vieux murs, un élève qui lave le sol, des interdictions partout … Tout à coup, un homme apparaît en haut de l'escalier. C'est M. Rachin, le directeur.

1 A propos du texte et du film

a *Comment trouvez-vous l'internat? Comparez-le avec votre école.*
b *Regardez le texte et les photos et dites si les phrases sont* ***vraies*** *ou* ***fausses*** *ou si* ***on ne sait pas****.*

a) Clément Mathieu a trouvé un nouveau travail.
b) Il porte des vêtements bleus.
c) Quand le nouveau surveillant arrive devant la grille, Pépinot commence à pleurer.
d) Maxence arrive avec des clés.
e) Derrière la porte de l'internat, il y a encore une grille.
f) Sur les murs, il y a des affiches et des dessins des élèves.
g) Maxence s'occupe de tout dans l'internat.
h) M. Rachin est aussi surveillant.

06

2 Ecouter: Se sentir comme Pépinot

a *Lisez ces dialogues et mettez-les dans le bon ordre.*

1.
Jamel:* ~
La directrice: Mais ta maman est bien à la maison, non?
Jamel: Non, ~
La directrice: Mais, elle est partie loin ?
Jamel: ~
La directrice: Ah bon? Mais tu as sûrement un frère ou une sœur à la maison, non?

2.
Jamel: ~
La directrice: Alors, tu ne peux pas rentrer chez toi, c'est ça? Tu es à la rue?
Jamel: ~
La directrice: Bon, alors viens avec moi dans mon bureau je vais faire un cours d'allemand seulement pour toi. Et après, on va manger tous les deux.
Jamel: ~

3.
La directrice: Bonjour, Jamel, mais qu'est-ce que tu fais là?
Jamel: ~
La directrice: Mais pourquoi? Il n'y a plus d'école, Jamel. Ce sont les vacances!
Jamel: ~
La directrice: Mais tu ne peux pas rester là toute la journée, Jamel. Rentre à la maison.

b *Ecoutez le dialogue et complétez-le avec ces phrases.*

- J'attends la prof de français, madame Duchemin*.
- Ah, bon? Mais mes parents ne m'ont rien dit!
- Mais je ne peux pas, Madame, mon père travaille!
- elle est partie en voyage.
- Elle est partie au Maroc* chez mes grands-parents!
- Mes frères n'habitent plus à la maison.
- Oui. Je ne sais pas quoi faire.
- Oh, merci, Madame. Aujourd'hui, j'aime l'école!

3 Communiquer: Des rôles et des personnages

A vous. *Quel personnage de ce film aimeriez-vous être? Expliquez pourquoi.*

26

Les Choristes (scène 2)

Un peu plus tard, Clément Mathieu fait la connaissance de sa classe …

La caméra suit Clément Mathieu dans le couloir qui le conduit à la salle de classe: il marche vite comme pour se donner du courage. On entend du bruit! Puis, on voit ce qui se passe dans la salle: les élèves se disputent et se battent. Tout à coup, la perspective change: on est dans la salle de classe, derrière les élèves. M. Mathieu entre et les élèves s'assoient tout de suite. C'est alors qu'on découvre avec lui un squelette qui fume une cigarette. La caméra montre d'abord les élèves qui rient, puis, la tête de Clément Mathieu, puis, la tête du squelette.
Clément Mathieu prend la cigarette et l'éteint. Et il dit au squelette qu'il est interdit de fumer.

Maintenant, Clément Mathieu veut aller à son bureau, mais il tombe et perd son cartable. Un garçon attrape le cartable. Puis, la caméra suit les élèves qui jouent au ballon avec le cartable. On voit aussi Monsieur Mathieu qui court après. La classe s'amuse et crie. Tout à coup, la porte s'ouvre et c'est Monsieur Rachin, le directeur, qui entre.

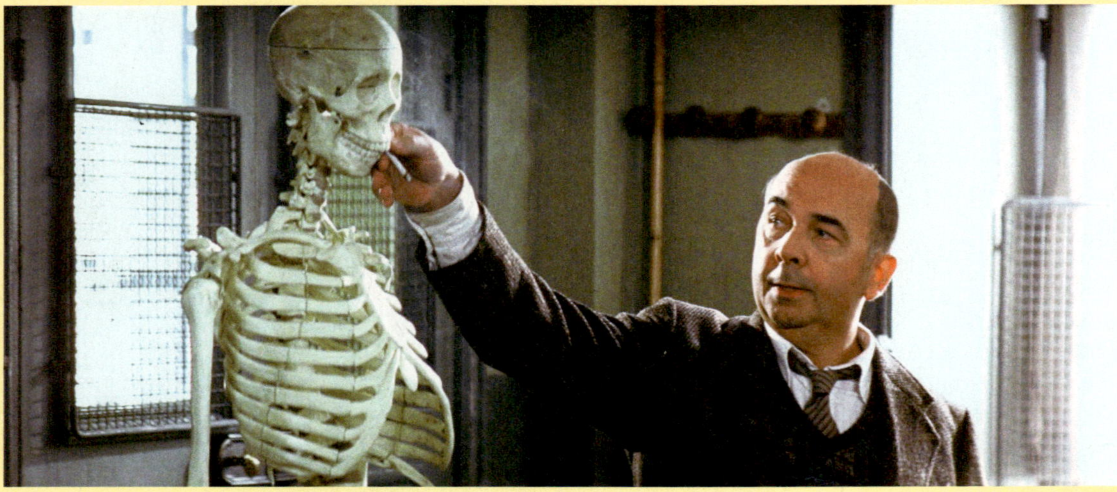

1 A propos du texte et du film

Mettez les phrases dans le bon ordre.

1. Le directeur, M. Rachin, apparaît.
2. Le squelette «fume».
3. Un élève l'attrape.
4. Tout de suite, les élèves vont à leurs places, s'assoient et attendent.
5. Le surveillant marche dans un couloir.
6. Clément Mathieu tombe et perd son cartable.
7. Il entre.
8. Clément Mathieu court dans la classe pour reprendre son cartable.
9. Il s'arrête un moment devant la salle de classe et voit les élèves qui font des bêtises.

2 Regarder et écouter: Attention, le directeur!

Les Choristes

a *Regardez la photo et répondez.*

1. Que font les élèves quand le directeur entre dans la salle de classe?
2. Est-ce que Clément Mathieu est content de voir le directeur?

07 **b** *Ecoutez cette scène et dites ce que vous avez entendu: a), b) ou c)?*

1. D'abord, on entend crier a) le directeur. b) un élève. c) la classe.
2. La prof a) crie. b) reste calme. c) pleure.
3. Tout à coup, le directeur a) sonne. b) crie. c) entre directement.
4. Les élèves a) s'assoient. b) continuent à crier. c) rient.
5. La prof crie: a) «Bravo!» b) «Silence!» c) «Bonjour!»
6. Le directeur crie: a) «C'est le cirque!» b) «On va au cirque!» c) «Ou est Dirk?»
7. La prof répond: a) «Ils sont tous fous!» b) «Ils sont tous là!» c) «Je m'en fous!»

3 Ecrire: D'autres perspectives

Les Choristes

Imaginez que vous êtes un élève de l'internat. Racontez la scène du premier cours de M. Mathieu. Au choix:

1. Dans un e-mail à votre meilleur copain/meilleure copine.
2. Au téléphone à vos parents.
3. Dans une lettre à un journal de jeunes.

Les Choristes (scène 3)

Clément Mathieu a réussi à faire chanter ses élèves, même les plus difficiles, comme Pierre Morhange qui a un poil dans la main. Mais comme M. Rachin, qui aime casser les pieds à Clément Mathieu, lui a interdit les répétitions, il a dû les continuer en secret. Un jour, une Comtesse, qui est le mécène de l'internat, a annoncé sa visite …

La Comtesse a trouvé l'idée très bonne et quand elle demande qui a eu cette idée, le directeur, monsieur Rachin, répond que c'est lui.

Bien sûr, Clément Mathieu n'est pas très heureux. Le directeur lui a volé son idée. Mais le directeur qui veut toujours avoir l'air compréhensif et surtout qui veut plaire à la Comtesse, demande aux élèves de chanter.

On peut alors lire la surprise sur le visage de Clément Mathieu qui dit simplement «Voilà!». Finalement, il fait chanter les élèves.

1 A propos du texte et du film

Quelles expressions vont avec quelles personnes? Expliquez pourquoi. Faites des phrases.

A ne pas vraiment connaître qn

B ne pas dire ce qui s'est vraiment passé

C avoir une première chance

D cacher son jeu

2 Regarder et écouter: L'atelier de chanson

08

a *Regardez le story-board* et écoutez la scène.*

b *Ecrivez le dialogue.*

3 Etre réalisateur, ça vous dit?

Les Choristes

a *Choisissez un dessin et inventez un dialogue. Jouez-le devant la classe.*

b *Regardez le dessin 4: M. Mathieu doit quitter l'internat. Inventez un scénario*.*

Exemple: C'est l'été. Il fait beau et chaud. La caméra suit M. Mathieu qui quitte l'internat jusqu'à la porte du bus. Tout à coup, …

4 Les expressions idiomatiques* (→ Strat., SB 1, p. 77)

on dit …

1

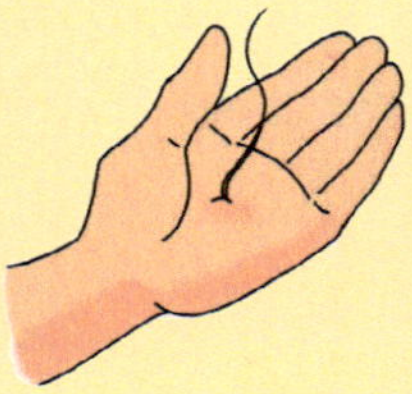

C'était bien avec la mère de Pierre?

Elle n'est pas venue. Elle **m'a posé un lapin***!

2

Arrête de chanter, Pépinot! Tu nous **casses les pieds**!

Mais je ne chante pas faux!

3

Tu n'as pas fait tes devoirs, Pierre?

Euh, … non!

Tu as un poil dans la main, tu sais!

4

Ça ne va pas? Tu as le trac?

Oui, je ne **suis pas dans mon assiette**!

A vous.

a *Regardez les dessins et trouvez le dialogue et l'expression idiomatique qui va avec.*

b *Donnez l'infinitif des expressions idiomatiques et cherchez une traduction en allemand. Après, regardez dans le dictionnaire.*
Exemple: **avoir un chat dans la gorge** → einen Frosch im Hals haben

c *Voici d'autres expressions idiomatiques. Cherchez leur traduction et inventez une situation / un dialogue pour les utilisez:*

casser du sucre sur le dos de qn – être comme chien et chat – parler français comme une vache espagnole – construire des châteaux* en Espagne

5 Parlons des films.

on dit …

Le scénario est l'adaptation* d'un roman de …
Le réalisateur / L'acteur / L'actrice s'appelle …
On a tourné le film / Le film est sorti* en 2000.
Le personnage de … joue le premier rôle* / un second rôle*.
La (perspective de la) caméra montre …
Au premier plan* / A l'arrière-plan*, on voit …
les bruits / le son / la musique
Le film est en version originale* (V. O.).

Le film est sous-titré* en français.
C'est un film policier* / un dessin animé* / un court-métrage*.
Le film / La scène / La séquence* se déroule* en / à …
Le film raconte / montre / souligne …
Dans la séquence, il s'agit de* …
Le film dure* deux heures sans publicité.
Le film se termine* bien / par l'image …

A vous. *Décrivez à votre voisin votre film préféré en dix phrases. Votre voisin prend des notes. Puis, vous écrivez ensemble un petit texte pour le journal du lycée. Changez de rôle.*

6 Projet: L'école fait du cinéma!

A vous. *Tournez un film sur votre école. Trouvez un sujet précis. Définissez le genre*, la durée, le nombre de séquences et d'acteurs. Choisissez parmi vous un réalisateur, un caméraman*, des auteurs etc.*

7 Stratégie: Communiquer «en silence»

Stratégie

Anders als beim reinen Hörverstehen geben euch in einem Film die Bilder weitere Verständnishilfen. Auch durch Gestik und Mimik der Personen lässt sich vieles erschließen:

C'est super!

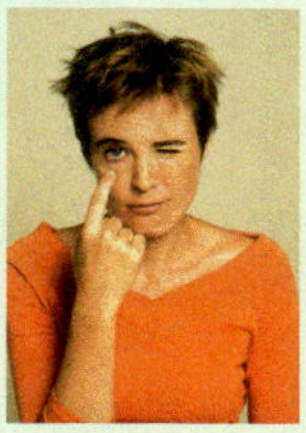

Je ne te crois pas!

C'est la barbe!

C'est bien fait pour toi!

Silence!

Ça sent mauvais!

Je veux dormir!

Je te téléphone!

A vous.

a *Faites deux groupes. Cherchez d'autres gestes*. Un de chaque groupe présente-les devant la classe. Les autres devinent et expliquent en français ce qu'ils veulent dire.*

b *Regardez le story-board de la scène d'adieu Attention aux gestes et à la mimique des acteurs. Qu'est-ce qui se passe? Trouvez la fin qui correspond à l'image: texte A, B ou C ?*

A Clément Mathieu dit à Pépinot de retourner à l'internat. Il monte dans le bus et Pépinot le regarde partir. Le garçon sait qu'il va continuer à chanter.

B Clément Mathieu dit à Pépinot de monter tout de suite avec lui dans le bus; il sait qu'il ne peut pas laisser ce garçon à l'internat parce qu'il va continuer à être malheureux et à attendre ses parents!

C Clément Mathieu dit à Pépinot qu'il doit retourner à l'internat! Il monte dans le bus qui part mais qui s'arrête un peu plus loin. Pépinot peut monter et partir avec lui.

[Module 2]

L'amour du risque?

Thomas et Farid habitent à Bordeaux. Ce sont de bons amis et ils sont tous les deux très sportifs. Ils aiment beaucoup la mer et sont dans un club de natation.

Farid: J'ai vu un reportage sur le surf, hier à la télé. J'aimerais bien en faire, pas toi?
Thomas: Non, le surf, ça ne m'intéresse pas. D'abord, c'est trop dangereux. Et puis, il faut trouver des vagues énormes!
Farid: Mais non, pas du tout! A propos, j'ai déjà téléphoné au club de surf de Mimizan.
Thomas: Quoi? Tu aurais dû me demander mon avis avant. Nous aurions pu en parler ensemble. Moi, j'aurais préféré faire du bateau, par exemple. Mon oncle serait venu avec nous pour nous apprendre la voile …
Farid: Le bateau, c'est ennuyeux. Moi, j'adore le danger! Tu aurais dû me dire avant que tu es une poule mouillée!

A vous. *Quel est votre sport préféré? Pour vous, quels sont les sports dangereux?*

1. Vous connaissez déjà le **conditionnel présent** (L2 / L4). Dans ce texte, il y en a un exemple. Trouvez-le. Conjuguez-le dans votre cahier à toutes les personnes.
2. Farid et Thomas utilisent aussi des formes du **conditionnel passé**. Un verbe est souligné. Cherchez les quatre autres verbes.
3. Comment forme-t-on le conditionnel passé? Et avec la négation? Trouvez la règle.
4. Conjuguez un verbe avec «être» et un verbe avec «avoir» au conditionnel passé par écrit.

A vous.

Emilie aime le sport et l'aventure. Elle nous parle de la voile.

Complétez les phrases par le conditionnel passé.

«Sans ce sport, je ~ (ne pas voir) des pays intéressants comme le Canada. Mon équipe ~ (ne pas partir) en Espagne l'année dernière et on ~ (ne jamais découvrir) ce joli pays. Nous ~ (ne pas gagner) le premier prix. Et surtout, j ~ (ne jamais rencontrer) mon copain Marc.»

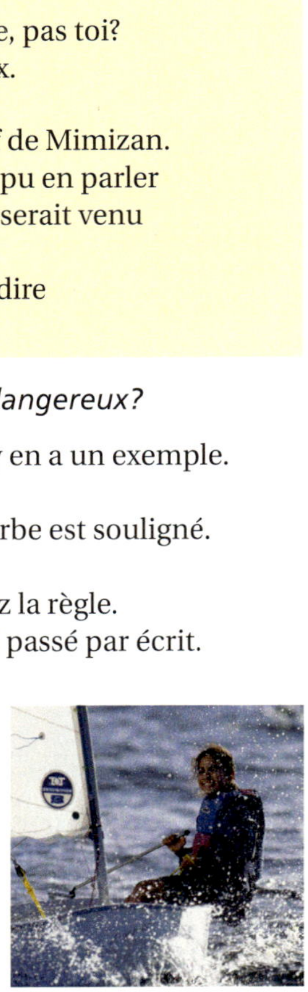

SUD-OUEST

BORDEAUX **Jeudi 31 août 2008**

30

Exploits sur le mascaret

Tous les jours, il y a des milliers d'exploits sportifs dans notre région. Lesquels choisir? Sur lequel informer nos lecteurs en détail? Quatre jeunes du club *Ados Surf* de Bordeaux ont réalisé deux exploits hier sur la Dordogne à Saint-Pardon. D'une part, ils ont réussi à surfer pendant vingt minutes sur la plus longue vague d'Europe. D'autre part, ils ont sauvé un de leurs copains blessé après une chute.

Il y avait du monde hier soir à Saint-Pardon sur les rives de la Dordogne pour voir le mascaret, un phénomène naturel très spécial. En effet, dans quelques régions du monde seulement, quand la lune se trouve entre la terre et le soleil, la mer remonte les fleuves avec la marée. A Saint-Pardon, on peut donc voir la plus longue vague d'Europe. Le problème pour les surfeurs est alors de monter sur la vague de 50 centimètres environ et d'y rester le plus longtemps possible. Mais hier soir, les stars étaient quatre jeunes du club *Ados Surf* de Bordeaux.

«On les a beaucoup applaudis parce que ce sont de vrais champions. Ils ont surfé presque vingt minutes sur la vague quand les bons surfeurs tiennent dix minutes», expliquait un journaliste sportif. «C'est incroyable!» Mathilde, Jérémie, Maxime et Lisa n'auraient pourtant jamais espéré réussir cet exploit. «D'abord, on pensait que la Dordogne, c'était pour les papis, raconte Jérémie, 16 ans. Nous, on aime les grosses vagues de l'Atlantique où on fait des figures libres!» Puis, ils ont vu la veille un reportage à la télé et ils ont alors décidé d'y aller. «On aurait été bêtes de rater ça!» avoue Maxime. Lisa est d'accord: «C'est un plaisir.» «En plus, ici, l'ambiance est géniale», ajoute Mathilde. «Il y a des jeunes et des vieux, des gens de tous les pays.» Cependant, ils auraient aimé que leur copain Farid qui a fait une chute soit avec eux. Maintenant, ils savent que le mascaret n'est pas sans danger.

www **A vous.** *Cherchez d'autres informations sur le mascaret, p. ex.: http://mascaretgironde.free.fr/.*

31

Accident sur la Dordogne

Les pompiers ont mis quatre heures pour retrouver le jeune Farid.

Comme les autres jeunes du club *Ados Surf*, Farid aurait dû fêter l'exploit avec ses copains, s'il n'avait pas fait une chute pendant les premières minutes.

«Quand nous sommes sortis de l'eau, nous étions super contents. Les gens criaient "bravo", c'était génial», raconte son copain Maxime. Mais, tout à coup, on a remarqué que Farid manquait. On pensait qu'il avait peut-être eu des problèmes au départ.» «En fait, nous aurions dû arriver ensemble, il était tout le temps à côté de moi sur la vague!» ajoute Mathilde.

Au début, les adolescents ne sont pas trop inquiets. Ils attendent leur copain. Mais, le temps passe et Farid n'arrive pas. Si Farid était arrivé avant eux, il aurait attendu sur la rive. Et puis, ils l'auraient vu. Ils demandent aux gens qui sont encore là et vont même au poste de secours. Mais personne n'a vu Farid. «Si votre copain s'était noyé, on aurait retrouvé sa planche, non? dit un médecin. Ou bien, il est déjà arrivé et il veut s'amuser avec vous.» Mais, les jeunes n'y croient pas. Farid est un garçon sérieux. Il n'aurait jamais fait ça.

21 h 00. Le mascaret est passé depuis deux heures. Il va bientôt faire nuit et les pompiers pensent maintenant qu'il est arrivé quelque chose de grave. Ils continuent à chercher et vont faire un tour en zodiac[1] sur la Dordogne, mais ils ne trouvent rien.

Vers 22 h 30, un surfeur propose de chercher sur les rives de la Dordogne, mais laquelle? Alors, ils font deux groupes. Des habitants de Saint-Pardon et même des touristes les suivent avec des lampes. Tout à coup, les adolescents ont entendu quelqu'un crier: «A l'aide, au secours!». Une toute petite voix qui venait du bord. C'était Farid. «Je n'aurais pas imaginé le trouver là», raconte Lisa. Le jeune Farid s'accrochait à un arbre, au bord de l'eau. Il tremblait. Il avait froid et faim.

Très vite, les pompiers ont organisé les secours. Heureusement, Farid n'était que légèrement blessé à la jambe. S'il n'avait pas eu la chance de prendre la branche d'un arbre, il se serait peut-être noyé. «En fait, j'ai voulu éviter l'arbre, raconte Farid, mais je suis passé sous des branches et j'ai perdu ma planche de surf. Alors je me suis accroché à l'arbre pour éviter le courant.» En tout cas, aucun témoin n'a vu sa chute. C'est quand même très bizarre avec toute la foule sur les rives de la Dordogne!

1 **un zodiac** *hier:* ein Schlauchboot

1 A propos du texte

a *Choisissez la bonne phrase.*

1. Le mascaret est a) une île dans l'Atlantique. b) la plus longue vague d'Europe. c) une grosse vague dans la mer.	2. Le journal Sud-Ouest fait un reportage a) sur les touristes à Saint-Pardon. b) sur les stars du mascaret. c) sur les activités du club de voile.
3. Les quatre adolescents a) ont sauvé un de leurs copains. b) ont surfé pendant dix minutes. c) ont fait du bateau sur la Dordogne.	4. Farid a) a fait une chute à la fin du mascaret. b) a surfé pendant 20 minutes. c) a fait une chute au début du mascaret.

b *Résumez l'accident de Farid pour une BD à dix images.*

2 On aurait voulu faire mieux! (§ 23)

Mettez les verbes au conditionnel passé.

1

On (ne pas devoir) partir sans regarder la carte.

2

Tu (devoir) apprendre le vocabulaire.

3

Vous (devoir) acheter des tickets avant.

4

Je (ne pas devoir) oublier mon parapluie.

5

Nous (pouvoir) gagner un million.

6

On (pouvoir) prendre l'ascenseur*.

3 Si Farid avait pu savoir … (§§ 23, 24)

phrase avec «si»: Si + Plus-que-parfait	**phrase principale: Conditionnel passé**

Jouez en classe. Un(e) élève fait une 2e phrase avec le conditionnel passé, etc. Continuez.

Exemple: 1. **Si** Farid n'avait pas aimé l'aventure, il ne serait pas allé au club *Ados Surf*.
2. S'il n'était pas allé au club *Ados Surf*, …

4 Des phrases avec «si» (§§ 4–6, 14, 23, 24)

Complétez les phrases. Attention aux temps!

1.	Si + Présent	phrase principale: Présent/Futur
2.	Si + Imparfait	phrase principale: Cond. présent
3.	Si + PQP	phrase principale: Cond. passé

1. Si j'étais professeur, …
3. …, vous serez des élèves géniaux.
5. Si nous habitions sur la côte atlantique, …
2. …, on ne serait pas allé au cinéma.
4. Si mon père n'avait pas préparé le repas, …
6. …, je n'aurais pas crié au secours.

5 Accident de jet-ski sur la côte (§ 25)

1. *Luc:* Tu fais souvent du jet-ski? 2. *Philippe:* J'aimerais en faire plus souvent parce que j'adore ça, mais je n'ai pas le temps. 3. *Luc:* Tu n'aurais pas pu faire un peu plus attention? Tu n'as pas vu le surfeur? 4. *Philippe:* J'ai bien fait attention, mais je ne pouvais pas le voir. Il était derrière la vague. J'espère qu'il n'est pas trop blessé? 5. *Luc:* Non, vous avez eu de la chance! Il n'a qu'un bras cassé. 6. *Philippe:* C'est dingue!

Luc raconte tout à ses collègues des secours. Mettez les phrases au discours indirect.

Exemple:
1. *Luc:* J'ai voulu savoir s'il faisait souvent du jet-ski. Il m'a répondu qu'il …

6 On dit: Au secours!

on dit …

A l'aide! / Au secours! Au feu! / S.O.S.*!
J'ai besoin d'aide! / Je dois appeler qn à l'aide
Pourriez-vous appeler la police / le SAMU* / les secours / le poste de secours / les pompiers?
Au secours! Quelqu'un est en train de se noyer!
Il y a des blessés*!
Je suis légèrement / gravement blessé(e)!
Il (me) faut un médecin!
On vient à l'aide / au secours du garçon!
L'ambulance va le conduire à l'hôpital!

A vous. Après un incendie*, un journaliste interroge les témoins.

a *Lisez et complétez les notes du journaliste. Utilisez 7 expressions du tableau.*

b *L'élève **A** joue le rôle du journaliste et **B** joue le rôle de l'un des témoins.*

Bordeaux: 11 rue Christine – 1er étage – feu

Témoin n° 1: une dame avec chien
maman + bébé* de 1 an: Au feu! – horreur – elle connaît la famille: «des gens sans problème» – le mari travaille à Toulouse?

Témoin n° 2: un voisin
2 enfants ont réussi à partir + à venir chez lui – il a appelé les secours à 19 h 00 – secours arrivent à 19 h 05 – bougie?

Témoin n° 3: chef des pompiers
2 victimes = mère + 1 enfant à l'hôpital – blessés légèrement – feu dans la cuisine? bougie? famille habitera chez grand-mère?

7 Des aventures, oui, mais lesquelles (§ 26)

a *L'élève **A** raconte ses projets de vacances sportives en 8 phrases. L'élève **B** pose des questions à **A** avec les formes de «lequel» et une préposition si nécessaire. Changez de rôle.*

Exemple: **A:** J'aimerais faire un voyage vers un autre continent. **B:** Auquel? …

un pays – une région – Canada – l'Europe – l'Australie – l'Amérique – Midi-Pyrénées – Provence	laquelle – auxquelles – duquel – lesquelles – avec lequel – desquels – auquel – lesquels – à laquelle
la mer – la côte – la montagne – l'île – un festival – un stage – une excursion – faire un voyage – participer à – aller à – parler de – s'intéresser à – monter sur – marcher sur / dans	le canyoning – jouer au football – faire du ski – faire du cheval – faire du bateau – la natation – le surf – jouer au volley – le roller – un club de

b *Ecrivez un texte sur une aventure que vous avez vécue. Utilisez des mots de la liste.*

8 Ecouter: L'exploit de Damien

09

a *Voici les informations de Radio Ados. Avant la première écoute, lisez les phrases.*

b *Après la deuxième écoute, écrivez la phrase correcte dans votre cahier.*

1. Damien a évité
   a) un accident de bateau. b) un accident de car. c) un accident de voiture.
2. Damien s'aperçoit que
   a) tout le monde dort. b) le car fait une halte. c) ils sont arrivés à Paris.
3. Damien a appris à conduire
   a) dans une école. b) avec son père. c) avec sa mère.
4. On ne sait pas si le chauffeur
   a) ne se serait pas endormi. b) n' aurait pas trop bu. c) n' aurait pas téléphoné.

c *Choisissez un des témoins suivants et racontez l'histoire.*

1. La prof d'allemand

2. Un policier

3. Louise, une élève

4. Le père de Damien

9 Une poule mouillée à l'hôpital (§§ 7, 23–25)

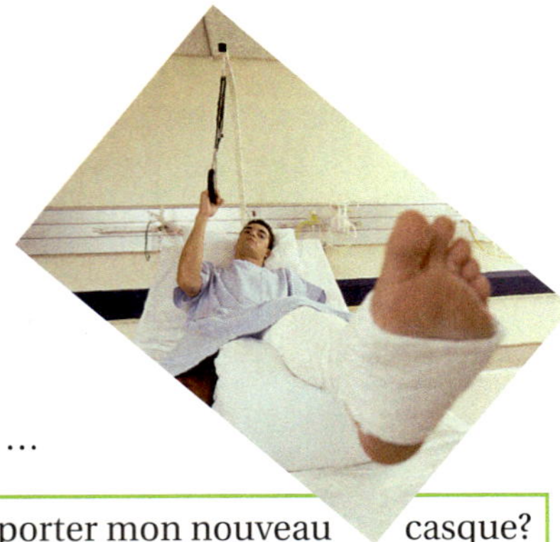

Farid a eu un accident de moto*. Thomas vient le voir à l'hôpital.

a *Retrouvez les parties de phrases qui vont ensemble et écrivez-les dans votre cahier. Attention aux temps!*

b *Thomas raconte sa visite à l'hôpital à sa copine. Mettez ses phrases au discours indirect.*

Farid m'a dit que s'il n'avait pas roulé aussi vite, il n'aurait pas eu …

1. Si je n'avais pas roulé aussi vite,	a. j'aurais dû porter mon nouveau casque?
2. La prochaine fois, je ferai plus attention	b. de dire que j'aime le danger.
3. A ton avis, est-ce que	c. je n'aurais pas eu cet accident.
4. Tu avais raison	d. quand je ferai de la moto.
5. J'aurais été triste	e. si tu n'étais pas venu à l'hôpital.
6. Si je t'avais écouté,	f. nous proposer son bateau avant?
7. Est-ce que ton oncle n'aurait pas pu	g. j'aurais pris mon vélo.

10 Stratégie: Einen Text mündlich präsentieren

Stratégie

1. Bevor du über einen Text einen Vortrag hältst, überlege dir zunächst eine Gliederung, die du zu Beginn deines Vortrags dem Publikum kurz mitteilen solltest.
2. Überlege dir einen Einstieg, mit dem du deine Zuschauer gewinnen könntest.
3. Strukturiere deinen Vortrag in 3 Teile:
   - **Einleitung:** *Was ist das Thema des Textes?/Kurze Gliederung/Einstieg*
   - **Hauptteil:** *Resümee einzelner Textteile mit Teilüberschriften*
   - **Schluss:** *Fazit, abschließende Bewertung, Pointe, Diskussionspunkte*
4. Fertige einen Zettel mit Stichpunkten an. Diese Ausdrücke kannst du dabei verwenden:

L'introduction*: Je vais parler de … / Dans le texte, il s'agit de* … / Le sujet du texte est …
La partie principale*: Le texte a 2 parties: Dans la première partie, l'auteur raconte que …
La fin: En résumé, on peut dire que … / A mon avis, … / Moi, je pense / trouve que …

5. Versuche, deinen Vortrag mit einer Pointe zu beenden.
6. Versuche, deinen Vortrag so anschaulich wie möglich zu gestalten und mit Medien abwechslungsreich aufzulockern, ohne dabei zu übertreiben.
7. Halte deinen Vortrag zur Probe – zuerst mithilfe deiner Notizen, dann immer „freier".
8. Wendest du dich im Laufe des Vortrags öfter direkt an dein Publikum, wirkt es lebendig.

A vous. *Présentez le texte «Sable noir et sable blanc» p. 56 ou «Le bleu de la mer» p. 57.*

[Module 3]

34 Kilomètre zéro

Kilomètre moins zéro

– Benjamin, voilà ce que j'ai décidé: toi et moi, allons partir un mois ensemble.

Je me souviens très bien de ces moments que nous avons passés ensemble. Nous étions à table. Papa avait oublié le gruyère, alors on mangeait des pâtes sans gruyère, sans beurre, sans rien. Papa les avait faites en cinq minutes. La nuit était tombée dans la cuisine, on se voyait à peine, on voyait à peine nos pâtes et c'était tant mieux. J'ai levé ma tête de l'assiette et je lui ai dit:

– Les pâtes sans gruyère, c'est pas bon.

– Change pas de sujet, Benjamin!

– Ouais, ben au moins chez maman, il y a du gruyère.

Il a rien répondu, […] est sorti de la cuisine. Il est revenu et a posé une tablette de chocolat sur la table […] que j'ai prise tout de suite.

– Ce sera bien, non? Un mois de vacances tous les deux. Surtout que j'ai pas beaucoup été là, ces derniers temps … […] J'ai eu une idée: on va partir à pied.

Bing. Le poing dans la figure. J'étais KO. […] Même plus envie de chocolat. Il s'est approché de moi, a posé sa main sur mon épaule […] et il a dit:

– Mais si, […] ce sera bien!

D'après Vincent Cuvellier, *Kilomètre zéro* © Editions du Rouergue, Paris: 2002, p. 12–14

1. Décrivez la famille de Benjamin.
   Comment trouvez-vous la relation entre père et fils?
2. Qu'est-ce que vous pensez du projet du père?
3. Pourquoi fait-on **l'accord** (Angleichung) **du participe passé avec «avoir»**?
   Quels mots déclenchent (lösen … aus) cet accord? Quelle est la règle à votre avis?

A vous. *Faites l'accord du participe passé.*

Le père de Benjamin a proposé une idée à son fils. Benjamin ne l'a pas (trouver) très intéressante. Les vacances, il ne les avait pas (imaginer) comme ça et en plus, les vacances en famille, il les avait toujours (détester). «Les gens que nous avons (rencontrer) nous ont plutôt (trouver) drôles avec nos gros sacs à dos dans la forêt», racontera plus tard Benjamin à sa mère.

35–37

Kilomètre 80 …

Kilomètre zéro de Vincent Cuvellier © Editions du Rouergue

1. Quatrième jour – Kilomètre 80

[…] Papa chantait un air, tout bas, qui rentrait aussi dans ma tête. […] Nous aperçumes[1] un petit étang au milieu des arbres. Sans rien dire, […] nous restâmes[1] des heures, des jours, des mois, à regarder les libellules[2] danser […] sur l'eau de l'étang.

2. Kilomètre 85

Un petit feu fit[1] partir les moustiques[3] de notre tente […].

– Tu te souviens, Ben[4], on allait camper ensemble avec maman, quand tu étais petit. Je réfléchis[1].
– Ben non. Je me souviens pas.
– Mais si, […] tu avais cinq ou six ans.
– Ben non. Je me souviens vraiment pas.
J'ai presque aucun souvenir de quand papa vivait avec nous. Je me souviens de l'avoir vu des fois, mais c'est tout.
– Tu étais marrant […]. Tu passais ton temps à ramasser des fleurs pour les offrir à maman.
– Bfff, n'importe quoi …
– Si, […] un jour, tu as cueilli[5] des roses dans le jardin d'une maison. La dame est sortie, tu as grondé[6] en disant que tu avais tué ses fleurs.
– Tué ses fleurs? En tout cas, c'étaient pas les siennes!
– Oui, alors tu sais ce que tu as fait? Comme tu étais tout triste, tu les as enterrées[7], les roses. Tu as creusé un trou dans la terre, tu y as mis les fleurs, les as recouvertes de terre en laissant dépasser un peu celles-ci, et tu as planté une croix que tu avais fabriquée avec des petites branches.
– Euh, n'importe quoi, c'est même pas vrai!

Si c'est vrai. Je m'en souviens. Sauf que j'avais pas six ans mais déjà neuf. […]
Mais les fleurs dont papa parlait, c'étaient pas des roses mais des marguerites. […]

Le passé simple a la même fonction que le passé composé. On le rencontre surtout à la 3e personne dans les textes littéraires, narratifs et historiques. Exemples: il pensa = il a pensé, il fit = il a fait, ils fermérent = ils ont fermé, …

A vous. *Que pensez-vous de la réaction de Benjamin au projet de son père?*

1 nous aperçumes, nous restâmes, il fit, je réfléchis *Passé Simple-Formen → GBH § 28* – **2 une libellule** [ynlibɛlyl] eine Libelle – **3 un moustique** [ɛ̃mustik] eine Stechmücke – **4 Ben** [bɛn] = Benjamin – **5 cueillir qc** [kœjiʀ] etw. pflücken – **6 gronder** [gʀɔ̃de] disputer – **7 enterrer qn/qc** [ɑ̃teʀe] jdn. beerdigen, etw. begraben

– Maman? Je l'ai rencontrée au bord de la mer. Elle ramassait des coquillages et m'en a donné [...]. Je travaillais pour payer mes vacances, mais toi aussi, en travaillant, tu pourrais le faire ... Je t'ai dit, j'étais prof de voile, alors je ...

– Tu draguais? [...]

– Heu non, comment ça, je draguais?

– Ben, tu draguais les filles à cette époque?

– Heu oui, un peu, mais avec ta mère c'était différent ... Bon, je continue. Je l'ai amenée faire du bateau, on a été sur l'eau et là ...

– Tu l'as embrassée!

– Ben oui, il n'y avait plus de vent, le bateau avançait[1] plus, alors on s'est embrassés [...]

En écoutant le feu [...], on retournait de temps en temps les patates[2] qui étaient dans le feu [...]. De temps en temps, un éclair déchirait la nuit. Juste un éclair, sans rien d'autre, sans vent, sans orage, sans pluie, sans rien. [...]

Nos yeux se fermèrent. [...]

3. Dix-septième jour – Kilomètre 250

[...] Depuis quelques jours, on marchait beaucoup. On était tous les deux au milieu de la nature. [...] Il s'arrêta net[3] au bord d'une rivière. Pas d'autre solution que de la traverser en courant. Alors on a enlevé nos chaussures, nos pantalons [...].

En arrivant de l'autre côté, papa décida de pêcher le repas de midi. Il fabriqua une ligne[4] avec une branche et une ficelle[5].

– Mais t'as pas d'hameçon[6]!

– Tant mieux, comme ça, je ferai pas de mal aux poissons ...

Au bout d'un quart d'heure, j'ai posé une boîte de sardines à ses pieds.

– Oh, la belle prise[7]!, dit-il, et on a pu manger.

D'après Vincent Cuvellier, *Kilomètre zéro* © Editions du Rouergue, Paris: 2002, p. 55–60, 145–147

---

1 avancer [avɑ̃se] vorwärtskommen/-gehen – **2 une patate** [ynpatat] *(ugs.) une pomme de terre* – **3** (s'arrêter) **net** [nɛt] *(adv.)* abrupt (stehen bleiben) – **4 une ligne** [ynliŋ] *hier:* eine Angel – **5 une ficelle** [ynfisɛl] eine Schnur, ein Bindfaden – **6 un hameçon** [ɛ̃namsõ] ein Angelhaken – **7 une prise** ein Fang, eine Beute

1 A propos du texte

a *Répondez aux questions.*

1. Où est la première halte de l'excursion? Qu'est-ce qui s'y passe?
2. Pourquoi Benjamin ne veut-il rien savoir de l'histoire des fleurs?
3. Pourquoi s'intéresse-t-il aux souvenirs de son père à propos de sa mère?
4. A votre avis, quelle est l'ambiance au kilomètre 85?
5. Est-ce que Benjamin est content d'être dans la nature? Expliquez.
6. Que devient la relation* entre le père et le fils du «kilomètre moins 0» au «kilomètre 250»?

b *Dans «Kilomètre zéro», on lit: «Kilomètre 80, 85, ...». Mettez-vous à la place de Benjamin, choisissez une étape et décrivez les aventures à un(e) ami(e) dans un e-mail.*

2 Cent kilomètres à pied (§ 27)

Complétez le texte au passé composé. Attention à la place des mots!

C'est la photo **que** j'ai pris**e** hier.
Je **l'**ai fait**e** avec mon nouvel appareil.

1. Benjamin (traverser) la moitié de la France avec son père.
2. Ils (acheter) une tente.
3. Ils (la mettre) dans un grand sac à dos.
4. Les deux (choisir) cette forêt pour y camper.
5. Ils (visiter) des vieux châteaux*.
6. Benjamin (les trouver) «gigabeaux».
7. Au début, Benjamin (trouver) les soirées très longues.
8. Ils (les passer) à lire et à discuter.
9. Mais après cent kilomètres à pied, les discussions qu'ils (avoir), elles (devenir) très intéressantes.

3 Ma famille

a *Reliez les deux phrases par le pronom relatif* ***«dont»***.

Exemple: L'argent de poche est un sujet important.
Nous <u>discutons</u> souvent **de ce sujet**.
L'argent de poche est un sujet ***dont*** nous <u>discutons</u> souvent.

1. Pour l'anniversaire de mon père, nous avions organisé une fête de famille. Nous gardons un bon souvenir de cette fête.
2. Nous avons passé des vacances en Provence. Nous parlons toujours de ces vacances.
3. Mon frère a une nouvelle copine. Il est amoureux d'elle.
4. Mon frère voudrait jouer à un jeu. Le nom de ce jeu, c'est «Comment énerver ma sœur?».
5. J'ai trois cousines. Une de mes cousines est dans la même classe que moi.

b **A vous.** *Décrivez votre vie de famille.* → *Exemple:* J'ai une sœur dont le copain est jaloux.

4 En français: Au secours, l'interprète!

Ton club de foot est jumelé avec un club français qui vous laisse un message après le match. Dans ton équipe, tu es la seule personne à parler le français.*

Joueur:* Nous aimerions vous inviter à jouer chez nous, si possible cet automne. Ça vous va?
Ton club: Was sagt er? *Toi:* …
Ton club: Bedanke dich und sage, dass wir gerne kommen.
Toi: Merci de nous inviter à …
Joueur: Parfait! Alors, vous dormirez chez nous, on jouera ensemble et avec d'autres clubs et on fera la fête après. Voulez-vous venir avec vos familles? Peut-être en camping-car?
Toi: Est-ce que j'ai bien compris que … ? …
Ton club: Sage ihm Dankeschön für das tolle Angebot und, dass wir es noch mit unseren Familien absprechen müssen. Frage bitte, ob es in ihrem Fußballverein auch eine Mädchenmannschaft gibt und ob sie nicht auch spielen könnten. *Toi:* …

5 On dit: Se présenter et parler de soi (→ Stratégie SB 2/L 8, ex. 9, p. 117)

on dit …

Identité* • nom / prénom: je m'appelle … • date de naissance: je suis né(e) le • nationalité: je suis Allemand(e) • situation de famille: je suis célibataire* / marié(e)* / divorcé(e)*	**Physique*** • j'ai les yeux / cheveux … • ma taille / pointure, c'est le 38. • vêtements: mon style* est classique, sportif, gothique*, rasta, baba	**Travail** • j'ai fait un stage de … • un jour, j'aimerais devenir … • mon métier de rêve, c'est … • langues parlées: je parle … / je suis bilingue franco-allemand.
Caractère*: qualités* / défauts* • qualités: poli(e)* / gentil(le) / drôle / sympathique / calme / juste • défauts: impatient(e)* / curieux(-se)* / dur / méchant / timide / rebelle	**Hobbies*** • j'aime: faire du sport / aller au cinéma / faire du shopping / jouer d'un instrument / voyager	**Rêves / désirs*** j'aimerais / je voudrais: • écrire un livre • jouer dans un film avec … • faire le tour du monde

A vous. *Décrivez une personne de votre classe sur un papier sans donner ni son nom, ni votre nom. Pliez* vos papiers et mettez-les dans un carton. Tirez un papier et devinez les personnes.*

6 Ecouter: Une émission * pour les ados

10 **a** *Avant la première écoute, lisez les questions. Ensuite, répondez.*

1. Quel est le sujet de l'émission?
2. Quel est le type de l'émission?
3. Quel est le métier de Madame Blot?
4. Combien de personnes parlent à la radio?

b *Après la deuxième écoute, trouvez les bonnes phrases et faites un graphique sur la lecture.*

1. Les jeunes de 15 ans qui lisent peu ou pas du tout sont a) 27 %. b) 57 %. c) 42 %.
2. Les jeunes lisent surtout a) des livres classiques. b) des BD. c) des journaux.
3. D'après le sondage, les romans policiers arrivent a) à la 3e b) à la 1ère c) à la 4e place.
4. La radio s'appelle a) Radio Ados 97.8 b) ADO FM 97.8 c) ADO FM 98.7

c *Faites un sondage sur la lecture dans votre classe.*

7 «*Chambre 27*» de Louis Atangana* (§ 27)

*Mettez les verbes entre parenthèses au passé composé et reliez les phrases en italique avec le pronom relatif «**dont**». Attention aux **accords**!*

C'est l'histoire de deux amis, Julien et Fatimatou. Julien vit seul avec sa mère …

1. Un jour, son père (partir) et (quitter) sa famille. 2. Depuis, la mère de Julien (rencontrer) beaucoup d'hommes qu'elle (amener) chez elle, ce qui ne plaisait pas du tout à Julien. 3. Alors, Julien (ne presque plus parler) à sa mère. 4. Il lui (arriver* souvent) de ne pas aller au collège. 5. Ses journées, il (les passer) dans la rue. 6. Un jour, sa copine, Fatimatou, – *Julien était un peu amoureux d'elle* – (avoir) un gros problème. 7. Son père voulait la marier* à un «vieux» de 32 ans. 8. Comme elle ne voulait pas, les deux ados (décider) de quitter leur maison. 9. Un copain leur (donner) de l'argent et ils (partir) dans une ville au bord de la mer. 10. Là, ils (trouver) un hôtel; *le prix de cet hôtel était correct.* 11. Ils y (vivre) pendant quelque temps. 12. Julien – *son portemonnaie était vide* – (travailler) dur. 13. Un jour, ils (ne plus avoir) d'argent. 14. Ils (comprendre) alors qu'il fallait retourner dans leurs familles. 15. Julien – *sa mère était triste* – (rentrer) à la maison. Et Fatimatou?

8 Lire et comprendre: Nadia la rebelle

Mon grand-père était arrivé en France le 12 juillet 1932 pour travailler en usine[1], ne sachant[2] ni lire ni écrire, mais ayant[3] une grande famille à nourrir[4], une famille qui est aussi la mienne[5] et qu'il avait laissée en Algérie. Mon père avait été berger[6] au pays, puis agriculteur, puis maçon[7] chez des Français d'Algérie. Un jour, son père était revenu au village, en Algérie, fatigué, usé[8]. Sans même discuter, mon père avait pris à son tour la route, le 27 août 1961, pour aller travailler au même poste en métropole. Et voici qu'aujourd'hui, moi, Nadia, née en France, devenue française, avec encore de la terre algérienne de mes parents collée […] aux pieds, moi, la rebelle qui refuse[9] d'être réduite[10] à être seulement une Beur, […] je me demande qui je suis. Quel pays est le mien[11]? Celui de mon père? Celui de mon enfance? […] Je sors parfois[12] ma carte d'identité[13] […]. En haut et en majuscules: REPUBLIQUE FRANÇAISE. Je suis fille de cette république-là. *Nom, prénom(s), né(e) le, à, taille, signes particuliers*[14], *domicile, fait le, par, signature* […]. *Signes particuliers: néant.* Ils n'ont rien écrit. Cela veut-il dire que je ne suis *«rien»*? Pas même «rebelle» ou «Beur en colère»? […] Un jour, mon père m'a dit: «tu es kabyle[15], on te prendra pour une Arabe alors même que tu es citoyenne[16] de France. Tu ne seras jamais française. […] Nous aimons bien la terre d'ici, mais est-ce qu'elle nous aime, elle?

Les Raisins de la galère de Tahar Ben Jelloun

A vous.
a *Racontez comment l'immigration a commencé pour la famille de Nadia.*
b *Quels sont les problèmes de Nadia en tant que (als) Beur?*

---

1 **une usine** eine Fabrik – 2 **sachant** *participe présent: qui savait* – 3 **ayant** *part. prés.: qui avait* – 4 **nourrir** ernähren – 5 **la mienne** → *ma famille (pronom possessif)* – 6 **un berger** ein Schäfer – 7 **un maçon** ein Maurer – 8 **usé** verbraucht – 9 **refuser qc** etw. verweigern – 10 **être réduit(e)** reduziert sein – 11 **le mien** → *mon pays (pron. poss.)* – 12 **parfois** manchmal – 13 **une carte d'identité** ein Personalausweis – 14 **signes particuliers** *(m.)* besondere Kennzeichen – 15 **kabyle** *un(e) habitant(e) d'une région d'Algérie* – 16 **un citoyen, une citoyenne** ein(e) Bürger(in)

9 Lire et comprendre: Histoire d'identité

«On nous pose aussi souvent cette question fatidique[1]:
– D'où tu es, toi?
Alors nous répondons: – De Lyon!
Généralement, ce type de réponse fait sourire.
On ne l'attendait pas.
– Non, je veux dire, de là-bas?
Alors nous sommes obligés[2] de préciser:
– Ah, mes parents, tu veux dire? – Oui.
– D'Algérie. De Sétif[3].»

Ecarts d'Identité, Azouz Begag et Abdellatif Chaouite, coll. Points Virgule © Editions du Seuil, 1990

A vous. *Qu'est-ce que l'histoire d'identité montre sur la situation des Beurs?*

10 Lire et comprendre: Le Maghreb*

Les Français occupent **le Maroc*** depuis 1870 et y fonde une colonie. L'indépendance* du Maroc: 1956. Le Maroc est un royaume*.

Après une longue époque de colonisation depuis 1870 et après une guerre avec la France de 1954 jusqu'à 1962, **l'Algérie** est une république.

Les Français occupent **la Tunisie*** depuis 1870 et y fonde une colonie. L'indépendance de la Tunisie: 1956. La Tunisie est une république.

Le rôle de la langue française
Après l'indépendance, les pays du Maghreb adoptent l'arabe comme langue officielle. Pourtant, le français reste vivant dans les secteurs économique et scientifique, ou comme langue d'enseignement*. Dans 22 Etats d'Afrique noire, le français occupe une place privilégiée comme langue officielle, langue d'administration*, d'enseignement et de médias*. Il permet la communication nationale dans des pays où cohabitent beaucoup de dialectes. La langue française représente aussi une possibilité d'accès* au développement* technique du monde moderne et à la communication internationale. Pourtant, certains voient dans son utilisation le danger de perdre l'identité culturelle.

D'après *Grundwissen La France* de W. Fischer, G. Renaud, A.-M. Le Plouhinec © Ernst Klett Schulbuchverlag GmbH, Leipzig 2005

A vous. *Faites une affiche sur le Maghreb. Formez 5 groupes. Choisissez un sujet:*
1. l'histoire 2. la géographie 3. la gastronomie 4. la musique 5. les curiosités*

1 fatidique schicksalhaft – **2 obligé** (e) verpflichtet – **3 Sétif** *ville au nord-est de l'Algérie*

11 Construire son identité

Mettez les parties de phrase dans le bon ordre. Attention à la place de l'adverbe.

1. Malika parle | l'arabe. | le français | que | mieux
2. perdent | leur identité | beaucoup de | arabe. | vite | beurs | Comme elle,
3. les jeunes beurs | mal | connaissent | Aujourd'hui, | le Maroc ou l'Algérie.
4. vivent | beurs | souvent | Les jeunes | en banlieue.
5. difficilement | leur place | Ils sont | ils trouvent | français | et pourtant, | dans la vie.
6. Etre français, | seulement | une carte d'identité*. | ça ne veut pas | avoir | dire
7. facilement | pour vivre | trouver | un travail | Ça veut dire aussi | correctement.
8. un avenir, | Pour avoir | accepter | il faut | l'histoire de sa famille. | d'abord
9. on peut | aujourd'hui. | s'informer | facilement | Heureusement, | sur le Magreb

12 Stratégie: zur Wortbildung (la formation des mots) (→ Stratégie SB 3/L 5, ex. 9, p. 62)

Stratégie

1. Präfixe (Vorsilben)

Die Vorsilben *dé-* und *mal-* drücken oft das Gegenteil aus:
- *dé- (dés-, dis-)* bei Verben, Nomen und Adjektiven:
  plaire ←→ *déplaire, la parution* ←→ *la disparition*, agréable** ←→ *désagréable*
- *mal-* bei Adjektiven und Nomen: *heureux* ←→ *malheureux, poli* ←→ *malpoli*

2. Suffixe (Nachsilben)

Suffixe beim Adjektiv:
- *-al: la nation → national(e), le monde → mondial(e), la fin → final(e)*
- *-el: la nature → naturel(le), la tradition → traditionnel(le), l'an → annuel(le).*

Suffixe bei Berufsbezeichnungen und anderen Substantiven:
- Um Maskulinum und Femininum zu unterscheiden, prägt euch diese Endungen gut ein:

männl.	*-eur* chanteur	*-teur* acteur	*-ien* musicien	*-ier* cuisinier	*-and* marchand	*-ain* copain
weibl.	*-euse* chanteuse	*-trice* actrice	*-ienne* musicienne	*-ière* cuisinière	*-ande* marchande	*-(a)ine* copine

- Es gibt auch identische Formen: *un/une interprète.*
  Oft setzt man *une femme* dazu: *une femme ingénieur* oder: *une femme médicin.*

3. Besondere Pluralformen

- mit *-x: un journal/des journaux* • *un bateau/des bateaux*
- Vergesst nicht, dass an Familiennamen kein *-s* angehängt wird: *les Bajot.*

A vous.

a *Traduisez:* désagréable, déformer, malpoli, verbal, personnel, la malchance, se déshabiller

b *Formez le pluriel des mots* un château, un oiseau, un canal.

c *Faites une liste avec plusieurs exemples pour les suffixes. Regardez p. 103 pour trouver d'autres exemples du type «un(e) interprète» et «une femme ingénieur».*

«L'Etat, c'est moi!»

C'est Louis XIV (1638–1715), «le Roi Soleil», qui serait l'auteur de cette phrase. Pourtant, on n'en est pas vraiment sûr. Mais cette phrase résume parfaitement la philosophie politique de ce roi de France. A la mort de son premier ministre, le cardinal de Mazarin, en 1661, le jeune Louis XIV, qui avait alors 23 ans, déclare à ses ministres: «Le cardinal de Mazarin est mort, Messieurs les Ministres, c'est à moi que vous vous adresserez[1] à partir de maintenant. Je veux à l'avenir gouverner[2] moi-même mon royaume[3]. Je ne veux plus de Premier Ministre; et s'il arrive que j'aie besoin de vos conseils, je vous en demanderai.» Peu à peu, le Roi Soleil réussit à imposer[4] son autorité absolue[5] et à mettre fin aux grandes révoltes des nobles[6], du Parlement de Paris, des protestants et des paysans[7]. Pour mieux diriger ce nouvel Etat fort et centralisé, Louis XIV a fait construire à Versailles un nouveau château[8]. Pour la décoration, il engage les meilleurs artistes d'Europe comme le jardinier André Le Nôtre. Beaucoup de rois ont copié l'architecture de Versailles, comme par exemple Louis II de Bavière avec son château «Herrenchiemsee», pour montrer à tous leur grandeur.

«Impossible n'est pas français!»

L'auteur de ces mots est né en 1769 à Ajaccio, en Corse. Il est mort en 1821, sur l'île de Sainte-Hélène. Avez-vous une idée? Connaissez-vous le Corse le plus célèbre[9] de France? C'est Napoléon Bonaparte, bien sûr. A la fin de la Révolution française, il devient l'empereur[10] des Français en 1804 sous le nom de Napoléon Ier. Comme tous les rois de France, il centralise tous les pouvoirs[11]. Mais il réalise aussi beaucoup de réformes dans l'éducation, l'administration ou la justice. C'est Napoléon qui crée, par exemple, le baccalauréat en 1808. On doit aussi à l'empereur la construction de l'Arc de triomphe de Paris, la transformation du Palais du Louvre en Musée du Louvre ou l'obélisque de la place de la Concorde qu'il rapporte d'Egypte.

Napoléon a voulu imposer la grandeur de la France même à l'extérieur de ses frontières. C'est pourquoi il a conduit les soldats de sa «Grande Armée» en Egypte, en Espagne, en Allemagne ou en Russie pour battre les monarchies européennes qui avaient attaqué la France après 1792. Mais en 1815, Napoléon perd à la fois la célèbre bataille[12] de Waterloo et le pouvoir. La vie de Napoléon a inspiré de grands écrivains comme Balzac, Stendhal, Dostoïevski ou Tolstoï avec son célèbre roman «Guerre et paix[13]».

1 s'adresser à qn sich an jdn. wenden – **2 gouverner** regieren – **3 un royaume** ein Königreich – **4 imposer qc à qn** jdm. etw. aufzwingen – **5 l'autorité absolue = l'absolutisme** – **6 un noble** ein Adliger – **7 un paysan** ein Bauer – **8 un château** ein Schloss – **9 célèbre** berühmt – **10 un empereur** ein Kaiser – **11 le pouvoir** die Macht – **12 une bataille** eine Schlacht – **13 la paix** der Friede

⟨Plateau 2⟩

1 Quiz: Questions – réponses (§ 26)

*L'élève **A** pose la première question et **B** répond. Utilisez **«lequel»**. Changez de rôle.*

Exemple: A Lequel de ces trois expressions est-ce qu'on utilise pour Louis XIV?
B On l'appelle le «Roi Soleil».

1. ~ ces trois noms – on – utiliser pour Louis XIV?	a) Louis Premier b) le Roi Soleil c) le Roi Etat
2. ~ ces trois châteaux – Louis XIV – faire construire?	a) Versailles b) le Louvre c) la Bastille
3. ~ ces trois hommes – il – demander de dessiner les jardins.	a) Mazarin b) Le Nôtre c) Louis II
4. ~ ces trois personnes – il – ne plus avoir besoin?	a) un premier ministre b) un chancelier c) un jardinier
5. ~ ces trois villes – Napoléon Ier – être né?	a) Paris b) Ajaccio c) Waterloo
6. ~ ces trois idées – il – construire – sa politique?	a) la centralisation des pouvoirs b) la monarchie absolue c) la démocratie
7. ~ ces trois pays – sa «Grande Armée» – ne pas faire la guerre?	a) l'Allemagne b) la Russie c) l'Angleterre

2 Si Louis XIV et Napoléon Ier s'étaient parlé … (§ 25)

1. **Napoléon:** Vous avez vraiment dit «L'Etat, c'est moi!»?
2. **Louis XIV:** Ces mots ne sont pas de moi, mais ils résument bien mes idées politiques.
3. **N:** Quelle était votre action préférée?
4. **L:** J'adore mon château de Versailles.
5. **N:** Il est très beau! Moi, je n'ai pas eu le temps d'en construire un.
6. **L:** Pourquoi est-ce que vous avez fait toutes ces guerres?
7. **N:** On attaquait la France.
8. **L:** Moi aussi, j'en ai mené beaucoup trop!
9. **N:** Qu'est-ce que vous regrettez?
10. **L:** Je me suis trop occupé de la grandeur de la France et de la mienne, et pas assez du bonheur des Français. Dites-moi, qu'êtes-vous donc allé faire en Egypte?
11. **N:** J'y ai fait la guerre. J'ai emporté l'obélisque que l'on voit place de la Concorde!

⟨ ⟩ **a** *Mettez ce dialogue au discours indirect. Commencez par «Napoléon demande … si …».*

b *Mettez ce dialogue au discours indirect au passé. Attention à la concordance des temps.*

Exemple: Napoléon Ier a demandé à Louis XIV s'il avait vraiment dit «L'Etat, c'est moi!». …

3 Et si «le grand» et «le petit» vivaient aujourd'hui …? (§§ 6, 14, 24)

Trouvez la fin des phrases et complétez-les avec la bonne forme des verbes.

1. Si on compare ces deux hommes,
2. Les Français les respecteraient plus,
3. Si Napoléon Ier n'avait pas gagné tant de batailles,
4. On ne l'appellerait pas le «Roi Soleil»,
5. Si Napoléon ~ (vivre) au 21e siècle,
6. Si on demandait aux Parisiens d'où vient l'obélisque sur la place de la Concorde,

a. si Louis XIV ~ (ne pas choisir) le soleil comme symbole.
b. sa «Grande Armée» n'existerait plus.
c. plus de la moitié (savoir) qu'il était un cadeau pour Napoléon.
d. si leurs guerres ~ (ne pas coûter) la vie de tant d'hommes.
e. on ~ (remarquer) qu'ils voulaient tous les deux agrandir la France.
f. il ~ (ne pas faire construire) l'Arc de triomphe à Paris.

Napoléon Ier «dort» depuis 1840 aux Invalides[1].

4 La vie en France au XVIIIe siècle (GBH p. 61)

Adjectif ou adverbe? Ajoutez aux mots soulignés la bonne forme de l'adjectif ou de l'adverbe. Mettez-le à la bonne place et faites attention à l'accord.

1. Louis XIV dépense[2] de l'argent pour faire construire son château.
2. Il y vit avec sa cour.
3. Les paysans, eux, travaillent sur les terres des nobles.
4. Ils n'ont souvent rien à manger et ils s'en plaignent.
5. Au XVIIIe siècle, un Français sur six habite dans une ville.
6. Les plus riches veulent devenir nobles.
7. Pour ça, ils sont prêts à payer une somme au roi.
8. Etre noble les oblige à être là pour le roi qui contrôle tout.

énorme – magnifique
luxueux – beau
pauvre – dur
malheureux – ouvert
grand
absolu
fort
seul – sérieux

1 les Invalides der Invalidendom in Paris – **2 dépenser** ausgeben

Lautzeichen

Vokale

[a]	madame; wie das deutsche *a*.
[e]	café, manger, regardez; geschlossenes *e*, etwa wie in *geben*.
[ɛ]	il fait, il est, merci; offenes *ä*, etwa wie in *Ärger.*
[i]	il, dessiner; geschlossener als das deutsche *i*, Lippen stark spreizen; etwa wie in *Liebe*.
[o]	photo, allô, aussi; geschlossenes *o*, wie in *Rose*.
[ɔ]	l'école, alors, collège; offenes *o*, offener als in *Loch*.
[ø]	deux, monsieur; geschlossenes *ö*, etwa wie in *böse*.
[œ]	sœur, neuf, heure; offenes *ö*, bei kurzem Vokal etwa wie in *Röcke*.
[ə]	le, demain; der Laut liegt zwischen [œ] und [ø], näher bei [œ], etwa wie in *Farbe*.
[u]	où, bonjour; geschlossenes *u*, etwa wie in *Ufer*.
[y]	tu, rue, salut; geschlossenes *ü*, etwa wie in *Tüte*.

Nasalvokale

[ɛ̃]	un, chien, lundi, copain; nasales [ɛ]
[õ]	on, sont, nom; nasales [o]
[ɑ̃]	dans, chambre, je prends; nasales [ɑ]

Die Nasalvokale haben im Deutschen keine Entsprechung.
Beachte: *un, lundi:* Neben [ɛ̃] hört man in Frankreich auch [œ̃] = nasales [œ].

Konsonanten

[f]	frère, photo; wie das deutsche *f* in *falsch*.
[v]	devant, il arrive; wie das deutsche *w* in *werden*.
[s]	sœur, c'est, ça, rester, attention; stimmloses *s*, wie in *Los*; als Anlaut vor Vokal ist *s* immer stimmlos.
[z]	phrase, maison, ils‿arrivent, zéro; stimmhaftes *s*, wie in *Esel*; zwischen zwei Vokalen ist *s* stimmhaft.
[ʃ]	je cherche; stimmloses *sch*, wie in *schön*.
[ʒ]	je, bonjour, étage; stimmhaft wie *j* in *Journalist*.
[ɲ]	campagne; klingt *nj* wie das *gn* in *Kognak*.
[ŋ]	in Wörtern aus dem Englischen, z. B. camping.
[ʀ]	regarder; Zäpfchen-Reibelaut; wird auch am Wortende und vor Konsonant deutlich ausgesprochen.

Die nicht erwähnten Konsonanten sind den deutschen sehr ähnlich. Bei [p], [b], [t], [d], [k], [g] ist jedoch darauf zu achten, dass sie ohne „Hauchlaut" gesprochen werden.

Halbkonsonanten

[j]	quartier; weicher als das deutsche *j* in *ja*.
[w]	oui, toi; flüchtiger [u]-Laut, gehört zum folgenden Vokal.
[ɥ]	cuisine, je suis, huit; flüchtiger [y]-Laut, gehört zum folgenden Vokal.

Symbole und Abkürzungen

D	Deutsch	→	Vergleiche mit …
F	Französisch	↔	Achte auf den Unterschied zwischen
E	Englisch	=	bedeutet
I	Italienisch	≠	ist das Gegenteil von
SP	Spanisch	*inv.*	unveränderlich
	Vokabelnetz	*m.*	*masculin* (= maskulin)
	Wortfamilie	*f.*	*féminin* (= feminin)
	Schreibung	*pl.*	*pluriel* (= Plural)
	Aussprache	*sg.*	*singulier* (= Singular)
!	Achtung!	qc	*quelque chose* (= etwas)
	leicht zu merken	qn	*quelqu'un* (= jemand)
fam.	*familier* (= umgangssprachlich)	jd.	jemand
ugs.	umgangssprachlich	jdn.	jemanden
		jdm.	jemandem

LEÇON 1

Entrée — Histoires de mode

Maxime [maksim]		Maxime *(männl. Vorname)*
une **marque** [ynmaʀk]	«Renault» est ~ de voiture.	eine Marke
Marine [maʀin]		Marine *(weibl. Vorname)*
Lucas [lyka]		Lucas *(männl. Vorname)*
le **look** [ləluk]	F = E	das Aussehen, der Look, die Aufmachung
un **logo** [ɛ̃lɔgo]	F = E = D	ein Logo, ein Markenzeichen
coucou [kuku]		kuckuck *(Begrüßungsformel)*
Coralie [kɔʀali]		Coralie *(weibl. Vorname)*
une **jupe** [ynʒyp]	Eve porte toujours des jeans; elle ne porte jamais de ~[1].	ein Rock
une **fleur** [ynflœʀ]		eine Blume
violet/violette [vjɔlɛ/vjɔlɛt]	= une couleur entre bleu et rouge	violett
un **uniforme** [ɛ̃nynifɔʀm]	F **un** ~ ⟷ D **eine** ~	eine Uniform
Mode Ados [mɔdado]		Mode Ados *(Name einer Jugendzeitschrift)*
une **discussion** [yndiskysjõ]	discuter	eine Unterhaltung, ein Gespräch

Texte — Le trafic d'étiquettes

1 le **trafic** [lətʀafik]	F ~ ⟷ E traffic	der Verkehr; *(hier)* der Schwarzhandel
une **étiquette** [ynetikɛt]	F **une** ~ ⟷ D **ein** ~	ein Etikett, ein Aufkleber
Perot [pɛʀo]		Perot *(Familienname)*
un **camarade**/une **camarade** [ɛ̃kamaʀad/ynkamaʀad]	F un ~ ⟷ D ein **Kamerad**	ein Kamerad/eine Kameradin
un **skateur**/une **skateuse** [ɛ̃skɛtœʀ/ynskɛtøz]		ein Skater/eine Skaterin
un **baba**/une **baba** [ɛ̃baba/ynbaba]		ein Alternativler/eine Alternativlerin
une **girly** [yngœʀli]		ein Girlie
maquiller qn [makije]		jdn. schminken
2 un **proviseur**/une **femme proviseur** [ɛ̃pʀɔvizœʀ/ynfampʀɔvisœʀ]	= le directeur/la directrice d'un lycée	ein Schulleiter/eine Schulleiterin

Der **proviseur** ist Leiter eines Lycée. Der **principal** ist Leiter eines Collège.

[1] jupes

	convoquer qn [kõvɔke]	Hier, le proviseur a ~[1] deux élèves.	jdn. (ein)bestellen, jdn. kommen lassen
	tenir qn/qc [təniʀ]	Marine ~[2] la main de son ami.	jdn./etw. halten
		tenir wird konjugiert wie **venir**: je tiens, nous tenons; j'ai tenu	
	décider de faire qc [deside]	J'ai ~[3] de partir en vacances.	beschließen, etw. zu tun; entscheiden, etw. zu tun
	anonyme/anonyme [anɔnim/anɔnim]	Il ne donne pas son nom; il veut rester ~.	anonym
	une **chaussure** [ynʃosyʀ]	J'ai mal aux pieds. Mes ~[4] sont trop petites.	ein Schuh
	une **basket** [ynbaskɛt]	! F ~ ≠ E a basket: ein Korb	ein Turnschuh
	une **façon** [ynfasõ]	Je n'aime pas sa ~ de me parler.	eine Art und Weise
	de toute façon [dətutfasõ]	Tu veux rester, toi? ~, moi, je pars.	in jedem Fall
	le **racket** [ləʀakɛt]	! F ~ ≠ E a racket: ein (Tennis)-Schläger	die (Schutzgeld)Erpressung
	laisser qn faire qc [lesefɛʀ]	Elle veut faire ce travail seule. Alors, ~[5]!	jdn. etw. machen lassen
	la **colle** [lakɔl]	Je ne peux pas venir chez toi après l'école. J'ai encore une heure de ~.	das Nachsitzen
3	**Lopez** [lɔpɛz]		Lopez *(Familienname)*
	un **moyen** [ɛ̃mwajɛ̃]	Ecouter des CD, c'est un bon ~ pour apprendre le français.	ein Mittel; *(hier)* ein Geldmittel
	s'habiller [sabije]	Les petits enfants ne peuvent pas ~ seuls.	sich anziehen, sich kleiden
	des **fringues** *(f., pl.) (fam.)* [defʀɛ̃g]	= des vêtements	Klamotten *(ugs.)*
	une **sandale** [ynsɑ̃dal]	☺ F = D	eine Sandale
	accepter qn/qc [aksɛpte]	Notre prof est très sévère; il n'~[6] pas de discussions.	jdn./etw. akzeptieren, jdn./etw. annehmen
	ringard/ringarde *(fam.)* [ʀɛ̃gaʀ/ʀɛ̃gaʀd]	Lucas déteste tout ce qui est nouveau. Il est vraiment ~.	altmodisch
4	**faire venir** qn [fɛʀvəniʀ]	Le proviseur ~[7] les parents de Maxime.	jdn. kommen lassen
	souhaiter qc [swete]	= désirer qc	etw. wünschen
	Marais [maʀɛ]		Marais *(Familienname)*
	renvoyer qn de qc [ʀɑ̃vwaje]		jdn. von etw. verweisen

renvoyer wird konjugiert wie **envoyer**: je renvoie, nous renvoyons; j'ai renvoyé

5	une **manifestation** [ynmanifɛstasjõ]	→ Abk. une manif [ynmanif]	eine Demonstration, eine Demo *(ugs.)*
		! **une démonstration** [yndemõstʀasjõ]: ein Beweis	
	un **truc** *(fam.)* [ɛ̃tʀyk]	= une chose	ein Ding, eine Sache
	exiger qc [ɛgziʒe]	= demander qc très fort	etw. verlangen, etw. fordern

exiger wird konjugiert wie **manger**: j'exige, nous exigeons; j'ai exigé

[1] convoqué – [2] tient – [3] décidé – [4] chaussures
[5] laisse-la faire – [6] accepte – [7] fait venir

une **exposition** [ynɛkspozisjõ]	[F] = [E]; [I] esposizione; [SP] exposición	eine Ausstellung
un **thème** [ɛ̃tɛm]	= un sujet	ein Thema
une **dictature** [yndiktatyʀ]	On ne doit rien dire, rien faire. C'est une vraie ~.	eine Diktatur, eine Gewaltherrschaft
Chapeau! *(fam.)* [ʃapo]		Hut ab!, Alle Achtung! *(ugs.)*
un **détail** [ɛ̃detaj]		eine Einzelheit, ein Detail
6 **chic/chic** *(inv.)* [ʃik/ʃik]	[F] ⟷ [D]	schick
tourner mal [tuʀnemal]		eine schlechte Wende nehmen
prendre peur [pʀɑ̃dʀəpœʀ]		Angst bekommen
7 **tomber amoureux** de qn [tõbeamuʀø]	[F] ~ ⟷ [E] to fall in love	sich in jdn. verlieben
un **pull-over** [ɛ̃pylovɛʀ]	→ Abk. un pull	ein Pullover
un **blouson** [ɛ̃bluzõ]		eine Jacke
un **chef**/une **chef** [ɛ̃ʃɛf/ynʃɛf]	N'essaie pas de discuter avec lui: c'est lui, le ~.	ein Chef/eine Chefin
se débrouiller [sədebʀuje]	Il ~[1] bien en français, mais, en maths, c'est la catastrophe!	zurecht kommen, sich zu helfen wissen

Pratique

2 **nécessaire/nécessaire** [nesesɛʀ/nesesɛʀ]	[F] ~ ⟷ [E] necess**ary**	notwendig, erforderlich
3 une **aide** [ynɛd]	aider qn	eine Hilfe, eine Unterstützung
garder qc [gaʀde]		etw. bewachen; *(hier)* etw. behalten
4 une **douche** [ynduʃ]	[SP] ducha; [I] doccia ⟷ [E] shower	eine Dusche
enlever qn/qc [ɑ̃l(ə)ve]	Il fait chaud ici. – Ben, ~[2] ton blouson!	etw. ausziehen; etw. abräumen; jdn. entführen

enlever wird konjugiert wie **lever**: j'enl**è**ve, nous enl**e**vons; j'ai enl**e**vé

6 un **jogging** [ɛ̃(d)ʒɔgiŋ]	= des vêtements qu'on met pour faire du sport	ein Jogginganzug
un **slip** [ɛ̃slip]	[!] [F] ~ ⟷ [E] briefs: Unterhose	ein Slip, eine (Herren)Unterhose
un **slip de bain** [ɛ̃slipdəbɛ̃]		eine Badehose
élégant/élégante [elegɑ̃/elegɑ̃t]	= chic/chic	elegant, fein, geschmackvoll

[1] se débrouille — [2] enlève

un **costume** [ɛ̃kɔstym]	Il te faut ~ pour l'anniversaire de mamie.	ein Anzug; ein Kostüm; eine Tracht
le **talon** [lətalõ]	= la partie du pied qu'on met par terre en premier quand on marche	der Absatz; die Ferse
une **chaussette** [ynʃosɛt]	Je ne trouve qu'une seule ~. Tu as vu l'autre?	eine Socke, ein Strumpf
un **chemisier** [ɛ̃ʃ(ə)mizje]	Mon ~ ne va pas du tout avec ma jupe.	eine Bluse

! **une blouse** [ynbluz]: ein Arbeitskittel

7 la **taille** [lataj]	Quelle est votre ~, madame? – C'est le 38.	die (Körper)Größe, die Kleidergröße; die Höhe
la **pointure** [lapwɛ̃tyʀ]		die Schuhgröße
le **shopping** [ləʃɔpiŋ]	Le samedi, j'aime faire ~[1].	der Einkaufsbummel
9 un **slogan** [ɛ̃slɔgɑ̃]		ein Slogan, ein Werbespruch

Révisions

Les vêtements

un **vêtement**	ein Kleidungsstück	un **costume**	ein Anzug; ein Kostüm; eine Tracht
des **fringues** *(f., pl.) (fam.)*	Klamotten *(ugs.)*	une **poche**	eine Tasche, eine Hosentasche
la **taille**	die Kleidergröße	un **slip**	ein Slip, eine (Herren)Unterhose
un **manteau***	Mantel	un **slip de bain**	eine Badehose
une **robe**	ein Kleid	un **maillot de bain***	ein Badeanzug
une **jupe**	ein Rock	un **bikini**	ein Bikini
une **mini(jupe)***	ein Minirock	un **pyjama***	ein Schlafanzug
un **pull(-over)**	ein Pullover	un **jogging**	ein Jogginganzug
un **sweat***	ein Sweatshirt	un **bonnet***	eine Mütze
un **t-shirt**	ein T-Shirt	un **chapeau***	ein Hut
un **chemisier**	eine Bluse	un **casque**	ein Sturzhelm, ein Schutzhelm
une **chemise**	ein Hemd	une **chaussette**	eine Socke, ein Strumpf
un **jean**	eine Jeans, ein Paar Jeans	une **chaussure**	ein Schuh
un **pantalon**	eine Hose	une **botte**	ein Stiefel
un **short**	Shorts *(pl.)*	une **basket**	ein Turnschuh
un **anorak***	ein Anorak	une **sandale**	eine Sandale
un **blouson**	eine Jacke	la **pointure**	die Schuhgröße

*Wörter, die hier zur Vervollständigung zusätzlich erwähnt werden.

[1] du shopping

Révisions

Parler des vêtements – Über Kleidungsstücke sprechen

suivre la mode	mit der Mode gehen
acheter un nouveau modèle*	ein neues Modell kaufen
porter des vêtements de marque	Markenkleidung tragen
s'habiller chic/branché(e)	sich schick/topmodern anziehen/kleiden
mettre/enlever qc	etw. anziehen/ausziehen
C'est à ma taille.	Das ist meine Größe.
essayer* une autre taille	eine andere Größe anprobieren
changer de pantalon / de chemise	eine Hose / ein Hemd wechseln
être trop long/longue	zu lang sein
être très court/courte	sehr kurz sein
qc est élégant(e), mais ringard(e) *(fam.)*	etw. ist elegant, aber altmodisch
qc est propre*/sale	etw. ist sauber/dreckig

*Wörter, die hier zur Vervollständigung zusätzlich erwähnt werden.

Révisions

Wendungen mit dem *Subjonctif*

Forderung/Notwendigkeit

il faut que	Il faut que tu *fasses* tes devoirs.	Du **musst** deine Hausaufgaben machen.
il est temps que	Il est temps que vous *veniez*.	**Es ist (höchste) Zeit**, dass ihr kommt.

Weitere Verben und Ausdrücke dieser Gruppe:

exiger que	fordern, dass
interdire que	verbieten, dass
vouloir que	wollen, dass
trouver important que	es wichtig finden, dass
il est important que	es ist wichtig, dass
il est nécessaire que	es ist notwendig, dass

Persönliche Wertung/Gefühle

c'est une chance que	C'est une chance que vous *soyez* venus.	**Es ist ein Glück**, dass ihr gekommen seid.
être triste que	Je suis triste que tu ne *puisses* pas venir.	**Ich bin traurig**, dass du nicht kommen kannst.

Weitere Verben und Ausdrücke dieser Gruppe:

avoir peur que	Angst haben, dass
craindre que	fürchten, dass
détester que	verabscheuen, dass
ça m'amuse que	ich finde es witzig, dass
ça me plaît que	es gefällt mir, dass
être	
(mal)heureux (-euse) que	(un)glücklich sein, dass
content(e) que	zufrieden sein, dass

trouver …
il est …/c'est …

bête que	dumm finden, dass
bizarre que	komisch finden, dass
important que	wichtig finden, dass
bien/bon que	gut finden, dass
mauvais que	schlecht finden, dass

Wunsch/Bitte/Vorschlag

vouloir que	Je voudrais que tu *ailles* voir tes grands-parents demain.	Ich **möchte**, dass du morgen deine Großeltern besuchst.
aimer que	Elle aimerait que nous *fassions* les courses pour elle.	Sie **hätte gern**, dass wir für sie einkaufen.

Weitere Verben und Ausdrücke dieser Gruppe:

désirer que	wünschen, dass	**proposer que**	vorschlagen, dass
souhaiter que	wünschen, dass	**accepter que**	zulassen, dass; akzeptieren, dass
avoir envie que	Lust darauf haben, dass		

LEÇON 2

Entrée Petites annonces

un **job** *(fam.)* [ɛ̃dʒɔb]	= un travail	ein Job *(ugs.)*
Stéphanie [stefani]		Stéphanie *(weibl. Vorname)*
un **site** [ɛ̃sit]		eine Website; *(hier)* eine (Ausgrabungs)Stätte
archéologique/archéologique [aʀkeɔlɔʒik/aʀkeɔlɔʒik]	F ~ ⟷ E archaeological	archäologisch
international/internationale [ɛ̃tɛʀnasjɔnal/ɛ̃tɛʀnasjɔnal]	E international; I internazionale; SP internacional	international
l'**archéologie** *(f.)* [laʀkeɔlɔʒi]	archéologique/archéologique	die Archäologie
une **candidature** [ynkɑ̃didatyʀ]	F ~ ⟷ D	eine Kandidatur; *(hier)* eine Bewerbung
une **lettre de candidature** [ynlɛtʀ(ə)dəkɑ̃didatyʀ]		ein Bewerbungsschreiben
à ta place [ataplas]	Que dois-je faire? – ~, je ne ferais rien.	an deiner Stelle

Texte La grande découverte

1 **Parot** [paʀo]		Parot *(Familienname)*
Lille [lil]		Lille *(Stadt in Nordost-Frankreich)*
Archéostage [aʀkeɔstaʒ]		Archéostage

Archéostage ist ein Archäologie-Praktikum, in dem Schüler unter Anleitung von Archäologen Ausgrabungen machen und dabei ihre Archäologiekenntnisse erweitern können.

Jean [ʒɑ̃]		Jean *(männl. Vorname)*
Bourlet [buʀlɛ]		Bourlet *(Familienname)*
le **chemin du Try Chalons** [ləʃ(ə)mɛ̃dytʀiʃalɔ̃]		der Chemin du Try Chalons *(Straßenname)*
Couvin [kuvɛ̃]		Couvin *(Stadt in Südwest-Belgien)*
suite à [sɥita]		mit Bezug auf
un **tableau d'affichage** [ɛ̃tablodafiʃaʒ]		eine Anschlagtafel, ein Schwarzes Brett
le **lycée Montebello** [ləlisemɔ̃tebelo]		das Lycée Montebello
permettre à qn de faire qc [pɛʀmɛtʀ]	Tu me ~[1] de sortir ce soir, maman?	jdm. erlauben, etw. zu tun

permettre wird konjugiert wie **mettre**: je per**mets**, nous per**mettons**; j'ai per**mis**

poser sa candidature à qc [pozesakɑ̃didatyʀ]		sich auf etw. bewerben
la **seconde** [lasəgɔ̃d]	= la première classe au lycée	die zehnte Klasse *(die erste Klasse auf dem Lycée)*
les **études** *(f., pl.)* [lezetyd]	Après le bac, je voudrais faire mes ~ à Lille.	das Studium
une **expérience** [ynɛkspeʀjɑ̃s]	Partir seul en vacances peut être ~ intéressante.	eine Erfahrung
un **domaine** [ɛ̃dɔmɛn]	F **un** ~ ⟷ D **eine** Domäne	ein Gebiet, ein Bereich, eine Domäne
prier qn de faire qc [pʀije]	Arrêtez ce bruit! Je vous ~[2] de rester tranquille.	jdn. bitten, etw. zu tun
un **espoir** [ɛ̃nɛspwaʀ]	I speranza; SP esperanza	eine Hoffnung
positif/positive [pɔzitif/pɔzitiv]	Elle a reçu une réponse ~[3]. 	positiv
Salutations distinguées. [salytasjɔ̃distɛ̃ge]		Mit freundlichen Grüßen. *(Grußformel)*
ci-joint [siʒwɛ̃]		anbei, als Anlage
un **curriculum vitæ** [ɛ̃kyʀikylɔmvite]	→ Abk. un CV [ɛ̃seve]	ein Lebenslauf
2 **Ça y est!** [sajɛ]	Ouf! ~ J'ai terminé mes devoirs. 	Das wär's!, Geschafft!
un **animateur**/une **animatrice** [ɛ̃nanimatœʀ/ynanimatʀis]		ein Betreuer/eine Betreuerin; ein Moderator/eine Moderatorin
remercier qn de qc [ʀəmɛʀsje]	= dire merci à qn pour qc	jdm. für etw. danken, sich bei jdm. für etw. bedanken
aucun/aucune [okɛ̃/okyn]	= pas un seul/pas une seule	keiner/keine/keines
une **pièce** [ynpjɛs]	J'ai ~ de deux euros dans ma poche.	*(hier)* ein Stück
l'**or** *(m.)* [lɔʀ]	I oro; SP oro	das Gold

en or: aus Gold

[1] permets – [2] prie – [3] positive

européen/européenne [øʀɔpeɛ̃/øʀɔpeɛn]		europäisch
un **Européen**/une **Européenne** [ɛ̃nøʀɔpeɛ̃/ynøʀɔpeɛn]	l'Europe, européen/européene	ein Europäer/eine Europäerin
un **chantier** [ɛ̃ʃɑ̃tje]	Regarde ce ~. On construit une grande maison.	eine Baustelle; *(hier)* eine Ausgrabungsstätte
la **Pologne** [lapɔlɔɲ]	~ est un pays à l'est de l'Allemagne.	Polen
nettoyer qc [nɛtwaje]		etw. reinigen, etw. säubern

nettoyer: je netto**ie**, tu netto**ies**, il netto**ie**, nous netto**yons**, vous netto**yez**, ils netto**ient**; j'ai nettoy**é**

participer à qc [paʀtisipe]	Tous les élèves ~[1] à l'excursion.	an etw. teilnehmen
4 un **vase** [ɛ̃vaz]	F **un** ~ ⟷ D **eine** ~	eine Vase
un **outil** [ɛ̃nuti]		ein Werkzeug
un **os**/des **os** [ɛ̃nɔs/dezo]	Que fait le chien? – Il joue avec son ~.	ein Knochen/Knochen
un **Romain**/une **Romaine** [ɛ̃ʀɔmɛ̃/ynʀɔmɛn]		ein Römer/eine Römerin

un **dinosaure** [ɛ̃dinɔzɔʀ]	F ~ ⟷ E dinosaur	ein Dinosaurier
N'importe quoi! [nɛ̃pɔʀtəkwa]		So ein Quatsch!
préhistorique/préhistorique [pʀeistɔʀik/pʀeistɔʀik]	l'histoire *(f.)*	vorgeschichtlich, prähistorisch
sourire [suʀiʀ]	un sourire; rire	lächeln

sourire wird konjugiert wie **rire**: je sour**is**, nous sour**ions**; j'ai sour**i**

creuser qc [kʀøze]	= faire un trou	etw. (aus)graben
5 un **squelette** [ɛ̃skəlɛt]		ein Skelett, ein Gerippe
s'apercevoir de qc [sapɛʀsəvwaʀ]	Marek est amoureux de Stéphanie, mais elle ne ~[2] pas.	etw. bemerken

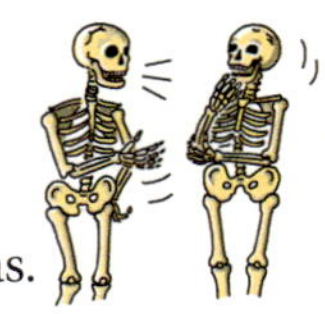

s'apercevoir wird konjugiert wie **recevoir**: je m'aper**çois**, nous nous aper**cevons**; je me suis aper**çu**(e)

6 **plusieurs** *(inv.)* [plyzjœʀ]	Julie a ~ amies. Jules n'en a pas.	einige
être enterré(e) [ɛtʀɑ̃tɛʀe]	Après la mort, on ~[3].	begraben sein
un **boulot** *(fam.)* [ɛ̃bulo]	= un travail, un job *(fam.)*	ein Job *(ugs.)*
un **archéologue**/une **archéologue** [ɛ̃naʀkeɔlɔg/ynaʀkeɔlɔg]	archéologique/archéologique, l'archéologie	ein Archäologe/eine Archäologin

[1] participent – [2] s'en aperçoit – [3] est enterré

7 l'**argent** *(m.)* [laʀʒɑ̃]	I argento; ! SP plata	*(hier)* das Silber
	en argent: aus Silber	
déçu/déçue [desy/desy]	≠ content/contente	enttäuscht
certains/certaines *(pl.)* [sɛʀtɛ̃/sɛʀtɛn]	= quelques, plusieurs	gewisse, bestimmte
polonais/polonaise [pɔlɔnɛ/pɔlɔnɛz]	la Pologne	polnisch
un **Polonais**/une **Polonaise** [ɛ̃pɔlɔnɛ/ynpɔlɔnɛz]	la Pologne; polonais/polonaise	ein Pole/eine Polin

Pratique

2 un **coiffeur**/une **coiffeuse** [ɛ̃kwafœʀ/ynkwaføz]	les métiers	ein Friseur/eine Friseurin
un **informaticien**/une **informaticienne** [ɛ̃nɛ̃fɔʀmatisjɛ̃/ynɛ̃fɔʀmatisjɛn]	les métiers	ein Informatiker/eine Informatikerin
un **ingénieur**/une **femme ingénieur** [ɛ̃nɛ̃ʒenjœʀ/ynfamɛ̃ʒenjœʀ]	les métiers	ein Ingenieur/eine Ingenieurin
3 **Dooley** [dulɛj]		Dooley *(männl. Vorname)*
crade/crade *(fam.)* [kʀad/kʀad]		versifft *(ugs.)*
digne/digne de qc [diɲ/diɲ]	→ E dignified	etw. (einer Sache) würdig
une **condition** [ynkɔ̃disjɔ̃]	F ⟷ E	eine Bedingung
bosser *(fam.)* [bɔse]	= travailler dur	schuften *(ugs.)*
la **proximité** [lapʀɔksimite]	prochain/prochaine	die Nähe
à proximité de qn/qc [apʀɔksimite]		in der Nähe von jdm./etw.
un **frigidaire** [ɛ̃fʀiʒidɛʀ]	→ Abk. un frigo [ɛ̃fʀigo]; ⟷ E fridge	ein Kühlschrank
géant/géante [ʒeɑ̃/ʒeɑ̃t]	→ D gigantisch; E giant	riesig, riesengroß
4 **donner rendez-vous** à qn [dɔneʀɑ̃devu]		sich mit jdm. verabreden
8 **s'engager** pour qc [sɑ̃gaʒe]	engagé/engagée	sich für etw. einsetzen
Céline [selin]		Céline *(weibl. Vorname)*
Damien [damjɛ̃]		Damien *(männl. Vorname)*
10 **direct/directe** [diʀɛkt/diʀɛkt]	→ en direct; F ~ ⟷ D direkt	direkt
un **lecteur mp3** [ɛ̃lɛktœʀɛmpetʀwa]		ein MP3-Player
Diam's [djams]		Diam's *(französische Rapperin)*
un **moment** [ɛ̃mɔmɑ̃]	F = E	ein Moment
11 un **entretien** [ɛ̃nɑ̃tʀətjɛ̃]	= une discussion	ein (Vorstellungs)Gespräch
passer un entretien [paseɛ̃nɑ̃tʀətjɛ̃]		ein Bewerbungsgespräch führen

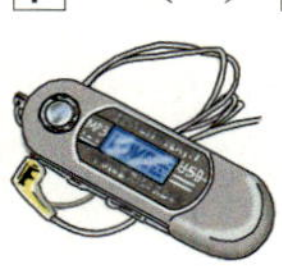

2 VOCABULAIRE

	mener qn/qc [m(ə)ne]		jdn./etw. führen, jdn./etw. leiten
	une **colonie de vacances** [ynkɔlɔnid(ə)vakɑ̃s]	→ Abk. une colo [ynkɔlo]	ein Ferienlager
	le **baby-sitting** [ləbebisitiŋ]	Aline aime les enfants. C'est pourquoi elle fait du ~.	das Babysitting
	une **lettre de motivation** [ynlɛtʀ(ə)dəmɔtivasjɔ̃]	= une lettre de candidature	ein Bewerbungsschreiben

Une **lettre de motivation** bezieht sich lediglich auf Bewerbungen für Praktika. Une **lettre de candidature** bezieht sich auf bezahlte Arbeitsplätze.

12	**Pâques** *(m., pl. oder f., pl.)* [pak]		Ostern
	réaliser qc [ʀealize]	F ~ ⟷ E to realise: begreifen	etw. verwirklichen
13	**officiel/officielle** [ɔfisjɛl/ɔfisjɛl]	F ~ ⟷ E official	offiziell

Révisions

Maskuline und feminine Nomen

Es gibt eine Reihe von Nomen, deren Genus im Deutschen und Französischen unterschiedlich ist und deshalb immer mit dem Artikel gelernt werden sollten. Hier ein paar Beispiele:

un chantier	**eine** Baustelle	**un** uniforme	**eine** Uniform
un site	**eine** Website, **eine** Stätte	**un** sondage	**eine** Umfrage
un domaine	**eine** Domäne	**une** tête	**ein** Kopf
un espoir	**eine** Hoffnung	**le** soleil	**die** Sonne
une lettre	**ein** Brief, **ein** Buchstabe	**une** étoile	**ein** Stern
un vase	**eine** Vase	**un** tour	**eine** Tour
un chemisier	**eine** Bluse	**une** tour	**ein** Turm
une chaussure	**ein** Schuh	**une** guerre	**ein** Krieg
une chaussette	**ein** Strumpf	**un** groupe	**eine** Gruppe

Révisions

Les métiers

faire un stage	ein Praktikum machen
une **candidature**	eine Bewerbung
poser sa candidature à qc	sich auf etw. bewerben
écrire/rédiger* une lettre de candidature/une lettre de motivation	ein Bewerbungsschreiben verfassen
un **curriculum vitæ/un CV**	ein Lebenslauf
la **scolarité**	die Schulzeit
des **expériences professionnelles**	Berufserfahrung
apprendre un métier	einen Beruf lernen
un **métier de rêve**	ein Traumberuf
être professeur/travailler comme professeur	Lehrer(in) sein/als Lehrer(in) arbeiten

un **marchand**/une **marchande**	ein Händler/eine Händlerin
un **principal**/une **principale**	ein Schuldirektor/eine Schuldirektorin
un **acteur**/une **actrice**	ein Schauspieler/eine Schauspielerin
un **agriculteur**/une **agricultrice**	ein Landwirt/eine Landwirtin
un **animateur**/une **animatrice**	ein Betreuer/eine Betreuerin; ein Moderator/ eine Moderatorin
un **conducteur**/une **conductrice**	ein Fahrer/eine Fahrerin
un **directeur**/une **directrice**	ein Direktor/eine Direktorin
un **réalisateur**/une **réalisatrice**	ein Filmregisseur/eine Filmregisseurin
un **dessinateur**/une **dessinatrice**	ein Zeichner/eine Zeichnerin
un **boucher**/une **bouchère***	ein Metzger/eine Metzgerin
un **boulanger**/une **boulangère***	ein Bäcker/eine Bäckerin
un **cuisinier**/une **cuisinière**	ein Koch/eine Köchin
un **chanteur**/une **chanteuse**	ein Sänger/eine Sängerin
un **contrôleur**/une **contrôleuse**	ein Kontrolleur/eine Kontrolleurin
un **déménageur**/une **déménageuse****	ein Möbelpacker/eine Möbelpackerin
un **vendeur**/une **vendeuse**	ein Verkäufer/eine Verkäuferin
un **mécanicien**/une **mécanicienne**	ein Mechaniker/eine Mechanikerin
un **musicien**/une **musicienne**	ein Musiker/eine Musikerin
un **écrivain*****	ein Schriftsteller/eine Schriftstellerin
un **ingénieur*****	ein Ingenieur/eine Ingenieurin
un **médecin*****	ein Arzt/eine Ärztin
un **policier*****	ein Polizist/eine Polizistin
un **pompier*****	ein Feuerwehrmann/eine Feuerwehrfrau
un/une **artiste**	ein Künstler/eine Künstlerin
un/une **guide**	ein (Fremden)Führer/eine Führerin
un/une **journaliste**	ein Journalist/eine Journalistin
un/une **pilote******	ein Pilot/eine Pilotin
un/une **poète******	ein Dichter/eine Dichterin
un/une **professeur******	ein Lehrer/eine Lehrerin
un/une **chef******	ein Chef/eine Chefin

Des abréviations Abkürzungen

VTT	= un vélo à tout terrain	ein Geländerad/ein Mountainbike
j	= (un) jour	
JF	= une jeune femme	
JH	= un jeune homme	
pp	= par personne	

* Wörter, die hier zur Vervollständigung zusätzlich erwähnt werden.
** Theoretisch ist die feminine Form *une déménageuse* möglich, in der Realtität jedoch ungebräulich.
*** Wenn man das Geschlecht der Person besonders betonen will, kann man auch *une femme* hinzufügen.
**** Die Verwendung des femininen Artikels ist bei diesen Nomen noch schwankend.

En France

Faire un stage en France – Ein Praktikum in Frankreich machen

Deutschland und Frankreich sind füreinander die mit Abstand wichtigsten Handelspartner. Mit der Entwicklung des europäischen Arbeitsmarkts wird im Ausland erworbene berufliche Erfahrung mehr und mehr von einstellenden Firmen geschätzt.

Durch ein Praktikum hast du schon frühzeitig die Chance, den französischen Arbeitsmarkt kennen zu lernen und dich mit Berufsbildern vor Ort vertraut zu machen. Ein Praktikum in Frankreich gemacht oder während der Ferien dort gearbeitet zu haben, ist daher ein wertvoller Pluspunkt. Darüber hinaus hast du durch ein Praktikum in Frankreich die Gelegenheit, deine Kultur- und Sprachkenntnisse zu vertiefen. Außerdem kannst du während eines Praktikums Freundschaften aufbauen und interessante persönliche Kontakte knüpfen.

Doch wie an ein Praktikum in Frankreich kommen? Neben der Möglichkeit, dich direkt an die französische Partnerstadt deines Wohnortes zu wenden, findest du im Internet zahlreiche Adressen, die dir bei der Suche nach einem Praktikum im Ausland helfen. Aus dem riesigen Angebot sind folgende Angebote besonders hervorzuheben:

- **Deutsch-Französisches Jugendwerk** / *Office franco-allemand pour la Jeunesse*: Über die Startseite www.dfjw.org gelangst du zu dem Link „In Frankreich arbeiten". Dort findest du alle erforderlichen Informationen. Du kannst auch direkt über www.dfjw.org/barrierefrei/de/travailler/jobs.htm die Seite anwählen.
- **Das deutsch-französische Sprachportal** / *Portail langues franco-allemand:* Nach dem Aufruf der Startseite www.fplusd.de/ gelangst du über die Rubrik „Arbeit und Beruf / *Le monde du travail*" in das Untermenü „Praktika, Ferienjobs, Au Pair / *stages, jobs d'été, au pair*", wo du zahlreiche Informationen für einen Frankreichaufenthalt findest.
- Ein weiterer nützlicher Link ist www.diplomcampus.de, der auf die **Vermittlung von Auslandspraktika** spezialisiert ist. Informationen zu Praktika in Frankreich findest du unter www.diplomcampus.de/auslandspraktika/frankreich/index.html.
- Umfangreiche Informationen bietet auch **CIDU**, das Informations- und Dokumentationszentrum für das Studium in Frankreich von der französischen Botschaft: www.cidu.de. Hier findest du u. a. zahlreiche Formulierungshilfen wie Muster für einen Lebenslauf und ein Bewerbungsschreiben auf Französisch.

LEÇON 3

Entrée Vive l'Europe …

Vive …! [viv]		Es lebe …!
Mélanie [melani]		Mélanie *(weibl. Vorname)*
Strasbourg [stʀasbuʀ]		Straßburg *(Stadt im Elsass)*
Dresde [dʀɛzd]		Dresden *(Stadt in Sachsen)*
Florence [flɔʀɑ̃s]	I Firenze	Florenz *(Stadt in der Toskana)*
les **Pays-Bas** *(m., pl.)* [lepeiba]	Les ~ sont un pays au nord de la Belgique.	die Niederlande
la **Lettonie** [lalɛtɔni]	E Latvia; I Lettonia; SP Letonia	Lettland

cent quatre

Lisbonne [lisbɔn]		Lissabon *(Hauptstadt von Portugal)*
le **Portugal** [ləpɔʀtygal]	~ est un pays à l'ouest de l'Espagne.	Portugal
Athènes [atɛn]	F ~ ⟷ E Athens	Athen *(Haupstadt von Griechenland)*
la **Grèce** [lagʀɛs]	E Greece; I Grecia; SP Grecia	Griechenland
Euroscola [øʀɔskɔla]		Euroscola

Euroscola ist ein Projekt, das sich sich an Oberschüler aus allen Ländern der EU richtet und das Europäische Parlament und die Stadt Straßburg vorstellt. Darüber hinaus bietet das Projekt den Teilnehmern noch weitere soziale und kulturelle Aktivitäten.

un **parlement** [ɛ̃paʀləmɑ̃]	F ~ ⟷ E parl**ia**ment	ein Parlament
compléter qc [kɔ̃plete]	F ~ ⟷ E to complete	etw. vervollständigen
Eurogame [øʀɔgem]		Eurogame

Eurogame ist ein Spiel, das im Rahmen des Projekts **Euroscola** gespielt wird. Die Teilnehmer werden in multinationale Gruppen aufgeteilt und debattieren über gesellschaftliche Probleme in Europa.

étranger/étrangère [etʀɑ̃ʒe/etʀɑ̃ʒɛʀ]	un étranger/une étrangère	fremd, ausländisch
le **danois** [lədanwa]		das Dänische, die dänische Sprache
le **Danemark** [lədanmaʀk]	Le ~ est un pays au nord de l'Allemagne.	Dänemark
un **Danois**/une **Danoise** [ɛ̃danwa/yndanwaz]		ein Däne/eine Dänin
danois/danoise [danwa/danwaz]	le Danemark, le danois	dänisch
Copenhague [kopɛnag]		Kopenhagen *(Hauptstadt von Dänemark)*
étudier qc [etydje]	les études	etw. studieren
le **néerlandais** [ləneɛʀlɑ̃dɛ]		das Niederländische, die niederländische Sprache

Le **néerlandais** wird in den Niederlanden und Belgien gesprochen. in Belgien heißt die Sprache allerdings le **flamand**; es handelt sich dabei um die gleiche Sprache.

un **habitant**/une **habitante** [ɛ̃nabitɑ̃/ynabitɑ̃t]	habiter	ein Einwohner/eine Einwohnerin

Texte Le drapeau à douze étoiles

1	un **drapeau** [ɛ̃dʀapo]	Le drapeau français est bleu, blanc, rouge.	eine Fahne, eine Flagge
	Arte [aʀte]		Arte *(dt.-frz. Fernsehsender)*
	quand même [kɑ̃mɛm]	Je ne me sens pas bien. – Mange ~, cela ne te feras pas de mal.	trotzdem; doch
	un **environnement** [ɛ̃nɑ̃viʀɔnmɑ̃]	Il faut respecter ~.	eine Umwelt; eine Umgebung
	la **jeunesse** [laʒœnɛs]	jeune/jeune	die Jugend
	un **partenaire**/une **partenaire** [ɛ̃paʀtənɛʀ/ynpaʀtənɛʀ]	Tu ne veux plus jouer? – Non, pas avec Jules comme ~.	ein Partner/eine Partnerin
	Duvoisin [dyvwazɛ̃]		Duvoisin *(Familienname)*
	justement [ʒystəmɑ̃]	juste/juste	genau; *(hier)* gerade
	une **ville jumelée** [ynvilʒym(ə)le]		eine Partnerstadt
		des jumeaux *(m.)*/**des jumelles** *(f.)*: Zwillinge	
2	**presque** [pʀɛsk]	Est-il déjà sept heures? – Non, pas encore mais ~.	fast, beinahe
	le **finnois** [ləfinwa]	I finlandese; SP finés	das Finnische, die finnische Sprache
	le **grec** [ləgʀɛk]	la Grèce	das Griechisch, die griechische Sprache
	un **téléspectateur**/une **téléspectatrice** [ɛ̃telespɛktatœʀ/yntelespɛktatʀis]		ein Fernsehzuschauer/eine Fernsehzuschauerin
3	une **présentation** [ynpʀesɑ̃tasjɔ̃]	présenter qn/qc	eine Vorstellung
	en ce moment [ɑ̃səmɔmɑ̃]	Où est Loïc? – ~, il est à l'école.	im Augenblick, zur Zeit
	amusant/amusante [amyzɑ̃/amyzɑ̃t]	= drôle/drôle	unterhaltsam
	latin/latine [latɛ̃/latin]	Les Romains parlaient la langue ~[1].	lateinisch
	un **alphabet** [ɛ̃nalfabɛ]	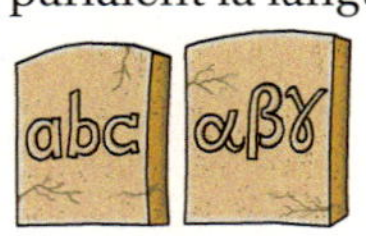 l'alphabet latin ⟷ l'alphabet grec	ein Alphabet
	alsacien/alsacienne [alzasjɛ̃/alzasjɛn]	l'Alsace	elsässisch
	traduire qc [tʀadɥiʀ]	! F ~ ⟷ E to translate	etw. übersetzen
		traduire wird konjugiert wie **construire**: je traduis, nous traduisons; j'ai traduit	
	un **hymne** [ɛ̃nimn]	F ~ ⟷ E hymn [hɪm]	eine Hymne
	Beethoven [betɔvɛn]		Beethoven *(deutscher Komponist 1770 – 1827)*
	une **ode** [ynɔd]	= un poème accompagné de musique	eine Ode

[1] latine

	une **joie** [ynʒwa]	E joy; I gioia	eine Freude
	une **culture** [ynkyltyʀ]	F ⟷ E	eine Kultur
	une **barrière** [ynbaʀjɛʀ]	Le jardin est fermé par ~.	ein Zaun; eine Barriere
	une **frontière** [ynfʀɔ̃tjɛʀ]		eine Grenze
	un **visa** [ɛ̃viza]	! F ~ ⟷ D ein Vis**um**	ein Visum
	la **Croatie** [lakʀɔasi]		Kroatien *(Land in Südosteuropa)*
4	un **séjour** [ɛ̃seʒuʀ]		ein Aufenthalt
	une **cathédrale** [ynkatedʀal]	Notre-Dame, qu'est-ce que c'est? – C'est la ~ de Paris.	eine Kathedrale
	goûter à qc [gute]		etw. probieren, etw. kosten
	la **choucroute** [laʃukʀut]	→ le chou: der Kohl	das Sauerkraut
	un **kouglof** [ɛ̃kuglɔf]		ein Gugelhupf *(süddt. Bezeichnung für einen Napfkuchen)*
	un **bretzel** [ɛ̃bʀɛtzɛl]	F _ _ _ **tz** _ _ ⟷ D _ _ _ **z** _ _	eine Brezel

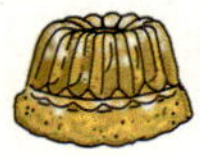

Pratique

1	un **interprète**/une **interprète** [ɛ̃nɛ̃tɛʀpʀɛt/ynɛ̃tɛʀpʀɛt]	= une personne qui fait des traductions ou joue d'un instrument	ein Dolmetscher/eine Dolmetscherin; ein Interpret/eine Interpretin
2	**Inter Rail** [ɛ̃tɛʀaj]		Inter Rail

Inter Rail ist eine Fahrkarte zu einem Festpreis, mit der über einen bestimmten Zeitraum unbegrenzt Bahnen in mehreren Ländern genutzt werden können. Inter Rail wurde 1972 von 21 europäischen Eisenbahngesellschaften eingeführt, um Jugendlichen eine preisgünstige Möglichkeit zu bieten, Europa kennen zu lernen.

3	**Lecoq** [ləkɔk]		Lecoq *(Familienname)*
	motiver qn [mɔtive]		jdn. motivieren
4	**Julie** [ʒyli]		Julie *(weibl. Vorname)*
	Sabrina [sabʀina]		Sabrina *(weibl. Vorname)*
	un **échange** [ɛ̃neʃɑ̃ʒ]	E (ex)change; I scambio; SP cambio	ein (Aus)Tausch
	un **jumelage** [ɛ̃ʒym(ə)laʒ]		eine (Städte)Partnerschaft
	un **piéton**/une **piétonne** [ɛ̃pjetɔ̃/ynpjetɔn]	un pied	ein Fußgänger/eine Fußgängerin
	une **passerelle** [ynpasʀɛl]	= un pont pour les piétons	eine Fußgängerbrücke
6	**regretter** qc [ʀ(ə)gʀete]	Tu connais la chanson d'Edith Piaf, «Je ne ~[1] rien»?	etw. bedauern
	utile/utile [ytil/ytil]		nützlich

[1] regrette

7 le **courrier** [ləkuʀje]	courir; → D der Kurier	die Post

La **poste** ist die Institution „Post“ oder das Postamt. Le **courrier** ist die Post (Brief, Postkarte, Telegramm), die der Postbote/die Postbotin (le facteur/la factrice) austrägt.

8 une **association** [ynasɔsjasjõ]	= un club (de sport)	ein (Sport)Verein, eine Vereinigung
linguistique/linguistique [lɛ̃gɥistik/lɛ̃gɥistik]	la langue	Sprach-
une **nationalité** [ynasjɔnalite]	Tu as quelle ~? – Je suis Française.	eine Nationalität
franco-allemand/franco-allemande [fʀɑ̃koalmɑ̃/fʀɑ̃koalmɑ̃d]		deutsch-französisch
9 **à tout prix** [atupʀi]	Tu veux gagner ce match? – Oui, ~!	um jeden Preis

En France

L'Europe, Strasbourg et le Parlement européen

Das **Elsass** *(l'Alsace)* ist eine Region im Nordosten Frankreichs; sie grenzt direkt an Deutschland. Das Elsass zählte neben dem benachbarten Lothringen *(la Lorraine)* über mehrere Jahrhunderte mal zum deutschen, mal zum französischen Territorium. Mit dem Ende des 1. Weltkriegs wurden die beiden Regionen endgültig an Frankreich abgetreten.
Bei den Deutschen ist das Elsass besonders beliebt wegen seiner kulinarischen Spezialitäten, zu denen unter anderem Flammkuchen *(la tarte flambée)* und Sauerkraut *(la choucroute)* zählen. Die Hauptstadt **Straßburg** *(Strasbourg)* liegt unmittelbar an der deutsch-französischen Grenze; zu den bekanntesten Bauwerken zählt das Straßburger Münster, das einen der höchsten Kirchtürme der Welt hat. Touristisch sehr beliebt ist das so genannte Gerberviertel *(la Petite France)* mit seinen malerischen Fachwerkhäusern, kleinen Gassen und wunderschönen Dachgauben.
Straßburg ist auch der Sitz des **Europaparlaments** *(le Parlement européen)*, das erstmalig 1979 direkt von den Bürgern der Europäischen Union *(l'Union Européenne)* gewählt wurde und somit bis heute eine demokratische Vertretung von ca. 450 Millionen Menschen geworden ist. Wahlen zum Europaparlament finden alle fünf Jahre statt.

Révisions

Les continents* …	**Die Kontinente …**	**l'adjectif**
l'Europe *(f.)*	Europa	**européen/~ne**
l'Afrique *(f.)*	Afrika	**africain/~e***
l'Amérique *(f.)* du Nord*	Nordamerika	**nord-américain/~e***
l'Amérique *(f.)* du Sud*	Südamerika	**sud-américain/~e***
l'Asie *(f.)**	Asien	**asiatique/asiatique***
l'Australie *(f.)**	Australien	**australien/~ne***

... et quelques pays	... und einige Länder	l'adjectif	la capitale
l'Algérie *(f.)*	Algerien	**algérien/~ne***	Alger*
l'Allemagne *(f.)*	Deutschland	**allemand/~e**	Berlin
l'Angleterre; **la Grande-Bretagne*** *(f.)**	England; Großbritannien	**anglais/~e;** **britannique/britannique**	Londres*
l'Autriche *(f.)**	Österreich	**autrichien/~ne***	Vienne*
la Belgique	Belgien	**belge/belge**	Bruxelles
le Canada*	Kanada	**canadien/~ne***	Ottawa*
la Chine*	China	**chinois/~e***	Pékin*
la Croatie	Kroatien	**croate/croate***	Zagreb*
le Danemark	Dänemark	**danois/~e**	Copenhague
l'Espagne *(f.)*	Spanien	**espagnol/~e**	Madrid*
les Etats-Unis *(m., pl.)*	die USA	**américain/~e***	Washington*
la France	Frankreich	**français/~e**	Paris
la Grèce	Griechenland	**grec/grecque***	Athènes
l'Italie *(f.)*	Italien	**italien/~ne**	Rome*
la Lettonie	Lettland	**letton/~ne***	Riga*
le Luxembourg*	Luxemburg	**luxembourgeois/~e***	Luxembourg*
le Maroc*	Marokko	**marocain/~e***	Rabat*
la Pologne	Polen	**polonais/~e**	Varsovie*
le Portugal	Portugal	**portugais/~e***	Lisbonne
les Pays-Bas *(m., pl.)*	die Niederlande	**néerlandais/~e;** **hollandais/~e***	Amsterdam*; La Haye*
la Russie*	Russland	**russe/russe***	Moscou
le Sénégal	der Senegal	**sénégalais/~e***	Dakar*
la Suisse	die Schweiz	**suisse/suisse***	Berne
la Tunisie*	Tunesien	**tunisien/~ne***	Tunis*
la Turquie*	Türkei	**turc/turque***	Ankara*
le Viêt-nam*	Vietnam	**vietnamien/~ne***	Hanoï*

Die Bewohner eines Landes oder eines Kontinents werden gegenüber dem jeweiligen Adjektiv mit einem Großbuchstaben geschrieben, wenn dem Bewohner ein Begleiter vorausgeht (z. B. *un Français*). In der Verbindung *être* + Nationalität können die Bewohner eines Landes klein- oder großgeschrieben werden *(Il est français/Français)*. Bei Ländern mit einer einzigen Landessprache deckt sich die männliche Form des Adjektivs mit dem Namen der Sprache.

*Wörter, die hier zur Vervollständigung zusätzlich erwähnt werden.

Révisions

Woher man kommt		Wohin man geht
Je viens …	***Nomen***	**Je vais …**
d'Europe. **d'**Allemagne. **de** France.	***Femininum***	**en** Europe. **en** Allemagne. **en** France.
du Danemark. **du** Portugal.	***Maskulinum***	**au** Danemark. **au** Portugal.
des Etats-Unis. **des** Pays-Bas.	***Plural***	**aux** Etats-Unis. **aux** Pays-Bas.

Auf die Frage „Wo?" stehen bei Ländernamen und Kontinenten dieselben Präpositionen wie auf die Frage „Wohin?", also: *J'habite en Europe / en France / au Portugal / aux Pays-Bas.*

LEÇON 4

Entrée Une bagarre

une **bagarre** [ynbagaʀ]	On ne peut pas discuter avec lui. Ça tourne toujours à la ~.	eine Schlägerei, eine Auseinandersetzung
un **peintre**/une **femme peintre** [ɛ̃pɛ̃tʀ/ynfampɛ̃tʀ]	peindre qc	ein Maler/eine Malerin
Samuel [samɥɛl]		Samuel *(männl. Vorname)*
taguer [tage]		Graffiti anbringen, sprühen

taguer: je ta**gue**, tu ta**gues**, il ta**gue**, nous ta**gu**ons, vous ta**guez**, ils ta**guent**; j'ai ta**gué**

une **bombe de peinture** [ynbɔ̃bdəpɛ̃tyʀ]	peindre qc, un peintre	eine (Farb)Sprühdose
une **version** [ynvɛʀsjɔ̃]	On voit tous les films étrangers en ~ française.	eine Fassung
un **artiste peintre**/une **artiste peintre** [ɛ̃naʀtistpɛ̃tʀ/ynaʀtistpɛ̃tʀ]		ein Kunstmaler/eine Kunstmalerin
un **peintre en bâtiment** [ɛ̃pɛ̃tʀɑ̃batimɑ̃]		ein Anstreicher/eine Anstreicherin
plutôt [plyto]	Ça va bien? – Non, ça va ~ mal.	eher, vielmehr, ziemlich
un **rouleau** [ɛ̃ʀulo]		eine (Farb)Rolle
un **pinceau** [ɛ̃pɛ̃so]		ein Pinsel

	l'**art** *(m.)* [laʀ]	E art; I arte; SP arte	die Kunst
	un **système scolaire** [ɛ̃sistɛmskɔlɛʀ]	scolaire → une école	ein Schulsystem

Texte La crise

1	une **crise** [ynkʀiz]	F ~ ⟷ E a cris**is**	eine Krise
	une **province** [ynpʀɔvɛ̃s]	Avant, il habitait à Paris. Maintenant, il habite en ~.	eine Provinz
	le **béton** [ləbetɔ̃]	Il faut du ~ pour construire des maisons.	der Beton
	le **Midi** [ləmidi]	= le sud (de la France)	*(hier)* der Süden *(Frankreichs)*
	égal/égale [egal/egal]	Un et un est ~ à deux.	gleich; gleichgültig
	hop [ɔp]	Fais vite, allez ~!	schwupp
	l'**ennui** *(m.)* [lɑ̃nɥi]		die Langeweile
	au fond de qc [ofɔ̃]		hinten in etw.
2	**essayer** de faire qc [eseje]	Tu peux m'aider? – ~[1] tout seul d'abord.	versuchen, etw. zu tun
	une **bouche** [ynbuʃ]		ein Mund
	environ [ɑ̃viʀɔ̃]	≠ exactement	ungefähr, etwa
	s'en faire [sɑ̃fɛʀ]	Tu vas réussir. Ne ~[2] pas!	sich Sorgen machen
	à **cause** de qn/qc [akos]	≠ grâce à qn/qc	(einer Person/einer Sache) wegen
	une **bande** [ynbɑ̃d]	La police a arrêté la ~ de voleurs.	eine Bande, eine Clique
	Max [maks]		Max *(männl. Vorname)*
3	**Vanessa** [vanɛsa]		Vanessa *(weibl. Vorname)*
	en moyenne [ɑ̃mwajɛn]		durchschnittlich, im Durchschnitt
	un **gouffre** [ɛ̃gufʀ]		ein Abgrund
	avoir confiance en qn/qc [avwaʀkɔ̃fjɑ̃s]	= être sûr(e) de qn/qc	in jdn./etw. Vertrauen haben
	mêler qn à qc [mele]		jdn. in etw. verwickeln
4	**réviser** qc [ʀevise]	= revoir qc, relire qc; contrôler qc	etw. wiederholen; etw. überprüfen
	prétendre qc [pʀetɑ̃dʀ]	= déclarer qc qui n'est pas sûr	etw. behaupten

prétendre wird konjugiert wie **vendre**: je prétends, nous prétendons; j'ai prétendu

	mentir [mɑ̃tiʀ]		lügen

mentir wird konjugiert wie **sentir**: je mens, nous mentons; j'ai menti

[1] Essaie — [2] t'en fais

	disparaître [disparɛtʀ]	= ne plus être là	verschwinden

disparaître wird konjugiert wie **connaître**: je disparais, il disparaît, nous disparaissons; j'ai **disparu**

5	**filer** qc *(fam.)* [file]	~[1]-moi ton stylo, s'il te plaît.	etw. rüberwachsen lassen *(ugs.)*
	un **médicament** [ɛ̃medikamɑ̃]		ein Arzneimittel, ein Medikament
	une **drogue** [yndʀɔg]	F ~ ⟷ E a drug	eine Droge
	coûter qc [kute]		etw. kosten
	coûter cher [kuteʃɛʀ]		teuer sein; *(hier)* teuer zu stehen kommen
6	**casser** qc [kase]		etw. kaputt machen
	une **figure** [ynfigyʀ]	= un visage	ein Gesicht, eine Figur
	casser la figure à qn *(fam.)* [kaselafigyʀ]	Max dit qu'il va me ~ si je ne fais pas ce qu'il veut.	jdm. die Visage polieren *(ugs.)*
	se défendre [sədefɑ̃dʀ]	≠ attaquer	sich verteidigen

se défendre wird konjugiert wie **vendre**: je me défends, nous nous défendons; je me **suis défendu(e)**

	malgré [malgʀe]	≠ grâce à	trotz
	le **sang** [ləsɑ̃]	I sangue; SP sangre	das Blut
	couler [kule]	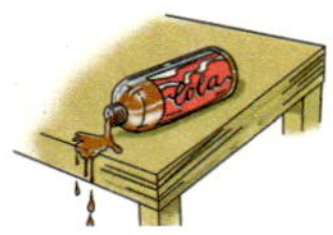	fließen, rinnen, strömen, tropfen
	une **menace** [ynmənas]		eine Drohung, eine Bedrohung
	tomber dans les pommes *(fam.)* [tɔ̃bedɑ̃lepɔm]		aus den Socken kippen *(ugs.)*; in Ohnmacht fallen
7	**rendre visite** à qn [ʀɑ̃dʀəvizit]	= venir voir qn	jdn. besuchen

rendre wird konjugiert wie **vendre**: je rends, nous rendons; j'ai **rendu**

	racketter qn [ʀakete]	= exiger de l'argent de qn	jdn. erpressen, von jdm. Schutzgeld erpressen
	capable/capable [kapabl/kapabl]	F ⟷ E	fähig
8	**se réveiller** [səʀeveje]		aufwachen
	sauf que [sofkə]	Les vacances étaient super ~ j'ai été malade.	abgesehen davon
	la **violence** [lavjɔlɑ̃s]	F ⟷ E	die Gewalt
	une **victime** [ynviktim]	F ~ ⟷ E victim	ein Opfer

[1] File

	à nouveau [anuvo]	= encore une fois	erneut, nochmals
9	**second/seconde** [səgõ/səgõd]	= deuxième/deuxième	zweiter/zweite/zweites
	interroger qn [ɛ̃teʀɔʒe]	La police ~[1] les victimes de l'accident.	jdn. befragen

interroger wird konjugiert wie **manger:** j'interroge, nous interro**ge**ons; j'ai interrogé

	promettre à qn de faire qc [pʀɔmɛtʀ]	[F] ~ ⟷ [E] to **promise**	jdm. versprechen, etw. zu tun

promettre wird konjugiert wie **mettre**: je promets, nous promettons; j'ai promis

Pratique

5	un **acte** [ɛ̃nakt]	[F] ~ ⟷ [E] act	eine Tat, eine Handlung
	un **auteur** [ɛ̃notœʀ]	[F] ~ ⟷ [E] an auth**o**r	ein Autor/eine Autorin; *(hier)* ein Verursacher/eine Verursacherin

	représenter qn/qc [ʀəpʀesɑ̃te]	Le tableau ~[2] la place de la Bastille.	jdn./etw. vertreten, jdn./etw. darstellen, jdn./etw. verkörpern
	un **vol** [ɛ̃vɔl]	un voleur	*(hier)* ein Diebstahl, ein Raub
	cela [s(ə)la]	= ça	das
	un **chiffre** [ɛ̃ʃifʀ]	[F] **un** ~ ⟷ [D] **eine** Ziffer	eine Ziffer, eine Zahl
8	un **exo** *(fam.)* [ɛ̃nɛgzo]	= un exercice	eine Übung; *(hier)* eine (Haus)Aufgabe *(ugs.)*
9	une **honte** [ynõt]	Je serais mort de ~ si on m'avait dit cela.	eine Schande
	Titeuf [titœf]		Titeuf *(Comicfigur)*
	des **pourparlers** *(m., pl.)* [depuʀpaʀle]	Après des longs ~ avec mes parents, je peux sortir ce soir.	Verhandlungen, Gespräche *(pl.)*
	abdiquer [abdike]		aufgeben, kapitulieren, abdanken

	une **semelle** [yns(ə)mɛl]		eine Sohle
	une **peau** [ynpo]	[I] pelle; [SP] piel	eine Haut
	un **accordéon** [ɛ̃nakɔʀdeõ]	les instruments de musique	eine Ziehharmonika
	neuf/neuve [nœf/nœv]	≠ vieux/vieil/vieille	neu
11	une **action** [ynaksjõ]	Bon, on a assez discuté: passons à l'~.	eine Handlung; *(hier)* eine Tat

[1] interroge – [2] représente

Révisions

„Anschlüsse" bei Infinitiven

*Anschlüsse **ohne** Präposition*

adorer faire qc	etw. sehr gern tun
aimer faire qc	etw. gerne tun
aller faire qc	etw. tun werden
désirer faire qc	wünschen, etw. zu tun
détester faire qc	verabscheuen, etw. zu tun
devoir faire qc	etw. tun müssen/sollen
espérer faire qc	hoffen, etw. zu tun
falloir faire qc	etw. tun müssen
partir faire qc	losgehen, um etw. zu tun
pouvoir faire qc	etw. tun können
préférer faire qc	etw. lieber tun
prétendre faire qc	behaupten, etw. zu tun
savoir faire qc	etw. tun können (wissen, wie)
souhaiter faire qc	wünschen, etw. zu tun
venir faire qc	kommen, um etw. tun
vouloir faire qc	etw. tun wollen

*Anschlüsse mit der Präposition **à***

aider qn à faire qc	jdm. helfen, etw. zu tun
s'amuser à faire qc	sich mit etw. die Zeit vertreiben
apprendre à faire qc	lernen, etw. zu tun
commencer à faire qc	anfangen, etw. zu tun
continuer à faire qc	fortfahren, etw. zu tun
inviter qn à faire qc	jdn. einladen, etw. zu tun
obliger qn à faire qc	jdn. zwingen, etw. zu tun
être le premier/ la première à faire qc	der erste / die erste sein, der/die etw. macht
être prêt(e) à faire qc	bereit sein, etw. zu tun
réussir à faire qc	jdm. gelingen, etw. zu tun, etw. fertigbringen

*Anschlüsse mit der Präposition **de***

accepter de faire qc	akzeptieren, etw. zu tun
arrêter de faire qc	aufhören, etw. zu tun
avoir besoin de (faire) qc	etw. tun müssen; etw. brauchen
être capable de faire qc	fähig sein, etw. zu tun
craindre de faire qc	fürchten, etw. zu tun
décider de faire qc	beschließen, etw. zu tun
essayer de faire qc	versuchen, etw. zu tun
avoir envie de faire qc	Lust haben, etw. zu tun
éviter de faire qc	vermeiden, etw. zu tun
interdire à qn de faire qc	jdm. verbieten, etw. zu tun
oublier de faire qc	vergessen, etw zu tun
permettre à qn de faire qc	jdm. erlauben, etw. zu tun
avoir/prendre le temps de faire qc	die Zeit haben / sich die Zeit nehmen, etw. zu tun
prier qn de faire qc	jdn. bitten, etw. zu tun
promettre à qn de faire qc	jdm. versprechen, etw. zu tun
proposer à qn de faire qc	jdm. vorschlagen, etw. zu tun
rêver de faire qc	davon träumen, etw. zu tun
être en train de faire qc	gerade etw. tun
venir de faire qc	gerade etw. getan haben
demander à qn de faire qc	jdn. bitten, etw. zu tun
dire à qn de faire qc	jdm. sagen (= jdn. auffordern), etw. zu tun
	Aber:
demander qc à qn	jdn. nach etw. fragen
dire qc à qn	jdm. etw. sagen

Révisions

Gesundheit und Krankheit

la santé	die Gesundheit
se sentir mieux	sich besser fühlen
Ça va bien/mal.	Es geht (mir) gut/schlecht.
avoir mal	Schmerzen haben
qc fait mal à qn	etw. tut jdm. weh
être/tomber* malade	krank sein/werden
une **maladie***	eine Krankheit
avoir la grippe	Grippe haben
être enrhumé,e*	Schnupfen haben
se moucher*	sich die Nase putzen
Atchoum!*	Hatschi!
un **docteur**	ein Doktor, ein Arzt
un **médecin**	ein Arzt / eine Ärztin
avoir rendez-vous chez le médecin	einen Termin beim Arzt haben
aller chez le médecin	zum Arzt gehen
un **médicament**	ein Medikament
faire une ordonnance	ein Rezept ausstellen
une **pharmacie**	eine Apotheke; ein Medizinschrank

Krankenhaus

blesser qn*	jdn. verletzen
casser la figure à qn *(fam.)*	jdm. die Visage polieren *(ugs.)*
la douleur	der Schmerz
appeler une ambulance	einen Krankenwagen rufen
un hôpital	ein Krankenhaus
examiner qn*	jdn. untersuchen
faire une prise* de sang	Blut abnehmen
le sang coule (du nez)	das Blut fließt (aus der Nase)
se casser (le bras etc.)	sich (den Arm usw.) brechen
avoir une jambe cassée	ein gebrochenes Bein haben
le **plâtre**	der Gips; der Gipsverband
une **béquille**	eine Krücke
une **infirmerie**	eine Krankenstation
un **infirmier*** / une **infirmière***	ein Krankenpfleger / eine -schwester
soigner qn/qc	jdn./etw. pflegen, versorgen
rendre visite à qn (à l'hôpital)	jdn. (im Krankenhaus) besuchen

*Wörter, die hier zur Vervollständigung zusätzlich erwähnt werden.

En France

La violence à l'école – le racket

Neben *menaces* (Drohungen) und *bagarres* (Prügeleien) nehmen in den letzten Jahren ***rackets*** (Erpressungen) als Ausdruck der Gewalt an Schulen zu. Dabei drohen die ***racketteurs*** (Erpresser) entweder mit **körperlicher Gewalt** («Donne-moi 20 euros, et demain, tu m'apporteras un portable. N'en parle pas à tes parents sinon on te casse la figure à la sortie du collège.») oder zunehmend auch mit **psychischem Druck** («Tu me donnes 50 euros, ton portable, ton lecteur mp3 … ou tu n'as plus de copains.»).

Verschiedene französische Internetseiten befassen sich mit dem Thema *racket* in der Schule, so z. B. www.momes.net/forum/racket.html. Dort können sich Schüler informieren oder auch für das Forum eigene Beiträge verfassen und sich mit anderen austauschen. Wer weitere Informationen zu dem Thema sucht, gibt z. B. unter www.google.fr einfach „racket" als Suchwort ein.

LEÇON 5

Entrée — Ateliers: Voyage dans les îles

un **atelier** [ɛ̃natəlje]	Un artiste travaille dans son ~.	eine Werkstatt *(hier)* eine Arbeitsgruppe

Vocabulaire général

la **Guadeloupe** [lagwadlup]		Guadeloupe

Guadeloupe ist seit 1946 ein französisches Überseedepartement im karibischen Meer. Das Departement besteht aus neun kleinen Inseln, die zu den kleinen Antillen gehören. Als Überseedepartement ist es – genau wie **Martinique** – ein integraler Bestandteil Frankreichs und somit auch der Europäischen Union.

un **volcan** [ɛ̃vɔlkɑ̃]		ein Vulkan
exotique/exotique [ɛgzɔtik/ɛgzɔtik]	En hiver, il n'y a presque pas de fruits ~[1].	exotisch
un **sportif**/une **sportive** [ɛ̃spɔʀtif/ynspɔʀtiv]	= qn qui fait du sport	ein Sportler/eine Sportlerin
une **rivière** [ynʀivjɛʀ]	F ~ ⟷ E river	ein Fluss
antillais/antillaise [ɑ̃tijɛ/ɑ̃tijɛz]		antillisch, westindisch

détruire qc [detʀɥiʀ]	≠ construire qc	etw. zerstören, etw. vernichten

détruire wird konjugiert wie **construire:** je détruis, nous détruisons; j'ai détruit

un **Africain**/une **Africaine** [ɛ̃nafʀikɛ̃/ynafʀikɛn]	l'Afrique *(f.)*	ein Afrikaner/eine Afrikanerin
africain/africaine [afʀikɛ̃/afʀikɛn]	L'Algérie est un pays ~.	afrikanisch
créole/créole [kʀeɔl/kʀeɔl]	Tu aimes la cuisine française? – Oui, mais je préfère la cuisine ~.	kreolisch
l'**esclavage** *(m.)* [lɛsklavaʒ]		die Sklaverei
fonder qc [fɔ̃de]	F ~ ⟷ E to found	etw. gründen
une **plantation** [ynplɑ̃tasjɔ̃]	→ D Pflanze	eine Plantage; eine (An)Pflanzung

[1] exotiques

un **colon** [ɛ̃kɔlɔ̃]		ein Siedler/eine Siedlerin; ein Kolonist/eine Kolonistin *(Bewohnerin einer Kolonie)*
	[!] **une colonne** [ynkɔlɔn]: eine Säule; eine Spalte	
un **esclave**/une **esclave** [ɛ̃nɛsklav/ynɛsklav]	[E] slave; [I] schiavo/schiava; [SP] esclavo/esclava	ein Sklave/eine Sklavin

Station 1 Sable noir et sable blanc

1 **Cuba** *(m.)* [kyba]		Kuba *(Inselstaat in der Karibik)*
magnifique/magnifique [maɲifik/maɲifik]	Nous avons eu un temps ~ pendant nos vacances.	wunderbar, herrlich
tropical/tropicale [tʀɔpikal/tʀɔpikal]	[F] ⟷ [E]	tropisch
une **forêt tropicale** [ynfɔʀɛtʀɔpikal]	une forêt	ein Regenwald
2 **couvrir** qn/qc [kuvʀiʀ]	[F] ~ ⟷ [E] to cover	jdn./etw. bedecken
	couvrir wird konjugiert wie **ouvrir:** je couv**re**, nous couvr**ons**; j'ai couv**ert**	
parmi [paʀmi]	~ tous mes amis, c'est Victor que je préfère.	unter
la **Montagne Pelée** [lamontaɲpəle]		der Mont Pelée *(Vulkan auf der Insel Martinique)*
créer qc [kʀee]	L'année dernière, nous avons ~[1] notre club de théâtre.	etw. schaffen, etw. kreieren
un **parc naturel** [ɛ̃paʀknatyʀɛl]	la nature	ein Naturschutzgebiet
régional/régionale [ʀeʒjɔnal/ʀeʒjɔnal]	une région	regional
un **kilomètre carré** [ɛ̃kilɔmɛtʀ(ə)kaʀe]	= 1 km^2	ein Quadratkilometer
observer qn/qc [ɔpsɛʀve]		jdn./etw. beobachten
un **climat** [ɛ̃klima]	A Cuba, il fait beau. Il y a un bon ~.	ein Klima
une **saison** [ynsɛzɔ̃]	Le printemps, l'été, l'automne et l'hiver sont les quatre ~[2] de l'année.	eine Jahreszeit, eine Saison
sec/sèche [sɛk/sɛʃ]	[I] secco/secca; [SP] seco/seca	trocken
une **saison sèche** [ynsɛzɔ̃sɛʃ]	= un temps de l'année où il ne pleut pas	eine Trockenzeit
varier [vaʀje]	En Guadeloupe, la température ~[3] énormément.	sich verändern; *(hier)* schwanken

[1] créé – [2] saisons – [3] varie

un **cyclone** [ɛ̃siklon]	E cyclone; I ciclone; SP ciclón	ein Wirbelsturm
3 **volcanique/volcanique** [vɔlkanik/vɔlkanik]	un volcan	vulkanisch
faire du cheval [fɛʀdyʃ(ə)val]		reiten
les **Caraïbes** *(f., pl.)* [lekaʀaib]	F ~ ⟷ E Car**ibbean**	die Karibik

Station 2 Le bleu de la mer

1 le **surf** [ləsœʀf]		das Surfen, das Wellenreiten
un **surfeur**/une **surfeuse** [ɛ̃sœʀfœʀ/ynsœʀføz]	le surf	ein Surfer/eine Surferin
souffler [sufle]	Je voulais faire du surf, mais le vent n'a pas ~[1].	wehen, blasen
atlantique/atlantique [atlɑ̃tik/atlɑ̃tik]	F -que ⟷ D -isch	atlantisch
une **baie** [ynbɛ]		eine Bucht
Fort-de-France [fɔʀdəfʀɑ̃s]		Fort-de-France *(Stadt auf der Insel Martinique)*
un **plaisir** [ɛ̃pleziʀ]	plaire	ein Vergnügen, eine Freude
ne … ni … ni [nə … ni … ni]	Je ~[2] ai ~ copain ~ copine.	weder … noch
clair/claire [klɛʀ/klɛʀ]	Tu as compris? – Non, ce n'est pas ~.	hell, klar
un **dauphin** [ɛ̃dofɛ̃]	les animaux	ein Delfin

> ! **un dauphin/une dauphine** [ɛ̃dofɛ̃/yndofin]: ein Kronprinz/eine Kronprinzessin

une **ombre** [ynɔ̃bʀ]	I ombra; SP sombra	ein Schatten
ne … aucun [nə … okɛ̃]	Je suis seul; je ~[3] ai ~ ami.	keiner/keine/keines
un **danger** [ɛ̃dɑ̃ʒe]	dangereux/dangereuse	eine Gefahr
l'**intérieur** *(m.)* [lɛ̃teʀjœʀ]	Il fait froid dehors; rentrons à l'~.	das Innere
un **requin** [ɛ̃ʀəkɛ̃]	les animaux	ein Hai
bronzer [bʀɔ̃ze]	Tu n'a pas ~[4] pendant tes vacances.	braun werden

Pratique 1 – 2

2 **naturel/naturelle** [natyʀɛl/natyʀɛl]	F ~ ⟷ E natur**al**	natürlich; *(hier)* Natur-
une **éruption** [yneʀypsjɔ̃]	I eruzione; SP erupción	ein (Vulkan)Ausbruch
inquiet/inquiète [ɛ̃kjɛ/ɛ̃kjɛt]	≠ calme	unruhig, beunruhigt
un **enfer** [ɛ̃nɑ̃fɛʀ]	≠ un paradis	eine Hölle
un **gaz** [ɛ̃gaz]	N'oublie pas de fermer le ~.	ein Gas
la **cendre** [lasɑ̃dʀ]	F **Cendr**illon ⟷ D **Asche**nputtel	die Asche

[1] soufflé – [2] n' – [3] n' – [4] bronzé

brûler qc [bʀyle]		etw. verbrennen

se brûler la main: sich die Hand verbrennen

un **mort**/une **morte** [ɛ̃mɔʀ/ynmɔʀt]	la mort, mourir	ein Toter/eine Tote
un **survivant**/une **survivante** [ɛ̃syʀvivɑ̃/ynsyʀvivɑ̃t]	vivre; → E to survive	ein Überlebender/eine Überlebende
une **prison** [ynpʀizɔ̃]	F ⟷ E	ein Gefängnis

Station 3 Les temps noirs des Antilles

1 les **Antilles** *(f., pl.)* [lezɑ̃tij]	Les ~ font partie des Caraïbes.	die Antillen
une **arrivée** [ynaʀive]	arriver	eine Ankunft
Christophe Colomb [kʀistɔfkɔlɔ̃]		Christoph Kolumbus *(Entdecker, 1451 – 1506)*
2 un **Anglais**/une **Anglaise** [ɛ̃nɑ̃glɛ/ynɑ̃glɛz]	l'anglais *(m.)*	ein Engländer/eine Engländerin
un **Espagnol**/une **Espagnole** [ɛ̃nɛspaɲɔl/ynɛspaɲɔl]	l'Espagne *(f.)*	ein Spanier/eine Spanierin
un **Néerlandais**/une **Néerlandaise** [ɛ̃neɛʀlɑ̃dɛ/ynneɛʀlɑ̃dɛz]	le néerlandais	ein Niederländer/eine Niederländerin
un **Portugais**/une **Portugaise** [ɛ̃pɔʀtygɛ/ynpɔʀtygɛz]	le Portugal	ein Portugiese/eine Portugiesin
occuper qc [ɔkype]	Je peux aller aux W.C.? – Non, ils sont ~[1].	*(hier)* etw. besetzen
une **colonie** [ynkɔlɔni]	un colon	eine Kolonie
obliger qn à faire qc [ɔbliʒe]	→ D obligatorisch	jdn. zwingen, etw. zu tun

obliger wird konjugiert wie **manger:** j'oblige, nous obli**ge**ons; j'ai obligé

le **cacao** [ləkakao]	une boisson comme le café ou le thé	der Kakao

! In einem Café bestellt man immer un **chocolat chaud** (eine heiße Schokolade) und keinen **cacao**.

suffire [syfiʀ]	Une bouteille de coca pour six personnes? Ça ne ~[2] pas.	ausreichen, genügen
interrompre qn/qc [ɛ̃teʀɔ̃pʀ]	Laisse-la donc parler, ne l'~[3] pas!	jdn./etw. unterbrechen

interrompre: j'interromps, tu interromps, il interromp, nous interrompons, vous interrompez, ils interrompent; j'ai interrompu

[1] occupés – [2] suffit – [3] interromps

fuir [fɥiʀ]		fliehen, flüchten

fuir: je fuis, tu fuis, il fuit, nous fuyons, vous fuyez, ils fuient; j'ai fui

tuer qn [tɥe]	Au 18e siècle, les colons européens ont ~[1] leurs esclaves.	jdn. töten, jdn. umbringen
4 une **métropole** [ynmetʀɔpɔl]	☺	eine Metropole

Une **métropole** (nur Singular): ein Mutterland

naître [nɛtʀ]	≠ mourir	geboren werden

naître: je nais, tu nais, il naît, nous naissons, vous naissez, ils naissent; je **suis né(e)**

la **France métropolitaine** [lafʀɑ̃smetʀɔpɔlitɛn]	= la partie de la France qui se trouve en Europe	das französische Mutterland, das französische Kernland

Station 4 La langue et les traditions

1 une **tradition** [yntʀadisjɔ̃]	E tradition; I tradizione; SP tradición	ein Brauch, eine Tradition
le **créole** [lekʀeɔl]		das Kreolische, die kreolische Sprache
une **langue officielle** [ynlɑ̃gɔfisjɛl]	Le français est la ~ de la Martinique.	eine Amtssprache
la **Guyane** [lagɥijan]		Guayana

La **Guyane française** (Französisch-Guyana) ist seit 1947 ein französisches Überseedepartement in Südamerika. Im Süden und Osten grenzt es an Brasilien, im Westen an Surinam (vormals Niederländisch-Guyana) und im Norden an den Atlantischen Ozean. Französisch-Guyana hat etwa die Größe von Portugal.

une **grammaire** [yngʀamɛʀ]	Quand on écrit, il faut observer les règles de la ~ française.	eine Grammatik
une **langue maternelle** [ynlɑ̃gmatɛʀnɛl]	Le créole est la ~ de la Martinique.	eine Muttersprache

[1] tué

4 un **défilé** [ɛ̃defile]		ein Umzug, eine Parade
fêter qc [fete]	une fête	etw. feiern

Pratique 3 – 4

1 un **Martiniquais**/une **Martiniquaise** [ɛ̃maʀtinikɛ/ ynmaʀtinikɛz]	la Martinique	ein Martinikaner/eine Martinikanerin
la **veille** [lavɛj]	= le jour d'hier	der Vortag
vers [vɛʀ]	Le cyclone s'est tourné ~ une autre île.	gegen, in Richtung
3 une **médaille** [ynmedaj]		eine Medaille, ein Orden
un **relais** [ɛ̃ʀəlɛ]	Le ~ quatre fois cent mètres a commencé.	eine Staffel, ein Staffellauf

Station 5 Manger, rire et danser

1 la **viande** [lavjɑ̃d]	On ne mange pas de ~ ce soir; on ne mange que des légumes.	das Fleisch
2 une **huile** [ynɥil]	Tu prépares le poisson au beurre ou à l'~.	ein Öl
plonger [plɔ̃ʒe]		tauchen

plonger wird konjugiert wie **manger:** je plonge, nous plong**e**ons; j'ai plongé

3 l'**humour** *(m.)* [lymuʀ]	Si tu aimes l'~ anglais, il faut voir ce film.	der Humor

[!] **l'humeur** *(f.)* [lymœʀ]: die Stimmung, die Laune

4 **grandir** [gʀɑ̃diʀ]		wachsen

grandir wird konjugiert wie **finir:** je grandis, nous grand**iss**ons; j'ai grandi

Pratique 5

1 un **préjugé** [ɛ̃pʀeʒyʒe]	[E] prejudice; [I] pregiudizio; [SP] prejudicio	ein Vorurteil
pour que *(+subj.)* [puʀkə]	Papa a lu le journal ce matin ~ maman puisse le lire ce soir.	damit

combiner qc [kɔ̃bine]	Pour trouver une solution, il faut ~ courage et motivation.	etw. kombinieren, etw. verbinden
2 un **exil** [ɛ̃nɛgzil]		ein Exil

Révisions

Präpositionen bei Inselnamen (→ hintere innere Umschlagseite)

Die meisten Inselnamen stehen im Französischen im **Femininum Singular**, einige Inseln bzw. Inselgruppen im **Femininum Plural**. Ferner gibt es Inselnamen, die **keinen Artikel** bei sich haben. Beispiele:

Femininum Singular	Femininum Plural	ohne Artikel
la Guadeloupe	**les** Antilles	Tahiti*
la Martinique	**les** Caraïbes	Madagascar*
la Réunion*	**les** Seychelles* (Seychellen)	Chypre* (Zypern)
la Corse* (Korsika)	**les** Baléares* (Baleraren)	Corfou* (Korfu)
la Crète* (Kreta)	**les** Canaries* (Kanaren)	Majorque* (Mallorca)
la Sardaigne* (Sardinien)	**les** Maldives* (Malediven)	Ténériffe*
la Sicile* (Sizilien)	**les** Açores* (Azoren)	Hawaï*

In Verbindung mit **Präpositionen** werden Inseln/Inselgruppen wie Ländernamen behandelt:

	la Guadeloupe	**les** Antilles	Tahiti
Wo? / Wohin?	**en** Guadeloupe	**aux** Antilles	**à** Tahiti*
Woher?	**de** Guadeloupe	**des** Antilles	**de** Tahiti*

[!] Il va à la Réunion./Il vient à la Réunion.

*Wörter, die hier zur Vervollständigung zusätzlich erwähnt werden.

En France

Spuren aus der Kolonialzeit: Les DOM-TOM

Frankreich hat aus der Kolonialzeit einige kleinere Gebiete überall in der Welt behalten, die auch heute noch auf unterschiedliche Weise ans „Mutterland" angebunden sind. Diese Gebiete umfassen insgesamt 120 000 km^2 und werden von ungefähr 2,2 Millionen Menschen bewohnt, die als französische Staatsbürger gelten.
Die Karibikinseln **Guadeloupe** *(la Guadeloupe)* und **Martinique** *(la Martinique)*, Französisch Guyana *(la Guyane française)* auf dem südamerikanischen Festland sowie **Réunion** *(la Réunion)* im Indischen Ozean bilden die so genannten ***DOM*** (départements d'outre-mer); diese Überseedepartements haben denselben Status wie die 95 Departements des Mutterlandes und sind daher Mitglieder der Europäischen Union.

Die anderen verbliebenen Gebiete genießen einen unterschiedlichen Status; sie sind entweder relativ autonom mit lediglich einem Repräsentanten der Regierung Frankreichs vor Ort oder organisiert wie die Departements des Mutterlandes mit weitestgehend unabhängiger Entscheidungsgewalt. Diese Gebiete sind unter den Bezeichnungen ***TOM*** (territoires d'outre-mer) und ***Collectivités territoriales*** zusammengefasst. Ihre geografische Lage ist der hinteren inneren Umschlagseite zu entnehmen.

En France

Le zouk

Der **Zouk** gilt seit den 1980er Jahren als die Musikrichtung schlechthin der Karibikinseln **Guadeloupe** und **Martinique**; „Zouk" bedeutet im Kreolischen, der Landessprache der Bewohner, „Party". Die Musik ist sehr rhythmisch und daher sehr gut zum Tanzen geeignet. Gruppen wie **Kassav**, **Zouk Machine** und **Malavoi** haben diese Musik in Frankreich populär gemacht. Sanfter Zouk wird auch „Zouk love" genannt, weil er von Liebe erzählt und sich durch einen langsamen Rhythmus auszeichnet; einer der bekanntesten Vertreter dieses Stils ist **Harry Diboula**.

MODULE 1

Entrée Le cinéma fait école.

1	**faire école** [fɛʀekɔl]	Cette idée super devrait ~.	Schule machen
	Clément [klemɑ̃]		Clément *(männl. Vorname)*
	Mathieu [matjø]		Mathieu *(hier: Familienname)*
	principal/principale [pʀɛ̃sipal/pʀɛ̃sipal]	Une jeune actrice a le rôle ~ dans ce nouveau film.	wichtigster/wichtigste/wichtigstes
	un **personnage principal** [ɛ̃pɛʀsɔnaʒpʀɛ̃sipal]	Louis de Funès est le ~ dans le film «Fantômas».	ein Hauptdarsteller
	un **choriste**/une **choriste** [ɛ̃kɔʀist/ynkɔʀist]		ein Chorsänger/eine Chorsängerin
	un **surveillant**/une **surveillante** [ɛ̃syʀvɛjɑ̃/ynsyʀvɛjɑ̃t]	= une personne qui contrôle les élèves à l'école	eine Aufsicht, ein Aufseher/eine Aufseherin
	un **internat** [ɛ̃nɛ̃tɛʀna]	= une école où les élèves peuvent habiter aussi	ein Internat
	faire faire qc [fɛʀfɛʀ]	Notre prof sait comment ~ travailler ses élèves.	etw. tun lassen
2	**Rachin** [ʀaʃɛ̃]		Rachin *(Familienname)*
	une **méthode** [ynmetɔd]	= une technique	eine Methode
3	**Maxence** [maksɑ̃s]		Maxence *(Familienname)*
	un **homme à tout faire** [ɛ̃nɔmatufɛʀ]		ein Mann für alles
4	**Pépinot** [pepino]		Pépinot *(männl. Vorname)*
5	**Morhange** [mɔʀɑ̃ʒ]		Morhange *(Familienname)*
	le **physique** [ləfizik]	Tu trouves ce mec beau? Moi, je n'aime pas son ~.	das Äußere

Texte A Les Choristes (scène 1)

la **neige** [lanɛʒ]	Pour faire du ski, il faut de ~.	der Schnee
jouer à cache-cache avec qn [ʒweakaʃkaʃ]		mit jdm. Versteck(en) spielen
un **brouillard** [ɛ̃bʀujaʀ]	Chez les Anglais, il y a souvent du ~.	ein Nebel
une **grille** [yngʀij]		eine Gittertür, ein Drahtzaun
se présenter [səpʀezɑ̃te]	une présentation	sich vorstellen
un **endroit** [ɛ̃nɑ̃dʀwa]	Où? A quel ~?	ein Ort, eine Stelle
une **clé** [ynkle]		ein Schlüssel
fermer qc **à clé** [fɛʀme … akle]	Avant de partir, on ~[1] toujours la porte ~[2].	etw. abschließen
laver qn/qc [lave]		jdn./etw. waschen
un **sol** [ɛ̃sɔl]	Christine nettoie le ~ de sa cuisine tous les jours.	ein (Fuß)Boden
une **interdiction** [ynɛ̃tɛʀdiksjɔ̃]	interdire qc à qn	ein Verbot
apparaître [apaʀɛtʀ]	Tout à coup, Marie ~[3] avec son vélo.	(plötzlich) erscheinen, auftauchen

apparaître wird konjugiert wie **connaître:** j'apparais, il apparaît nous apparaissons; je suis apparu(e)

Pratique A

2 **Jamel** [djamɛl]		Jamel *(männl. Vorname)*
Duchemin [dyʃmɛ̃]		Duchemin *(Familienname)*
le **Maroc** [ləmaʀɔk]		Marokko

Marokko ist ein Staat in Nordwest-Afrika. Im Osten grenzt er an Algerien. Französisch blieb nach dem Ende der Kolonialzeit weiterhin Bildungs- und Geschäftssprache in Marokko.

Texte B Les Choristes (scène 2)

faire la connaissance de qn/qc [fɛʀlakɔnɛsɑ̃s]		mit jdm./etw. Bekanntschaft machen
un **couloir** [ɛ̃kulwaʀ]	Leur appartement est très long, et il y a un grand ~.	ein Gang, ein Flur, ein Korridor
se donner du courage [sədɔnedykuʀaʒ]	F ~ ⟷ E to take heart	Mut fassen

[1] ferme – [2] à clé – [3] est apparue

un **bruit** [ɛ̃bʀɥi]	J'entends ~ bizarre. Y a-t-il quelqu'un dans la maison?	ein Geräusch, ein Lärm
se battre avec qn [səbatʀ]		sich mit jdm. prügeln, mit jdm. kämpfen
une **perspective** [ynpɛʀspɛktiv]	Regarde par la fenêtre, la ~ est jolie.	eine Perspektive, ein Blickwinkel
un **cartable** [ɛ̃kaʀtabl]		eine Schultasche

Texte C Les Choristes (scène 3)

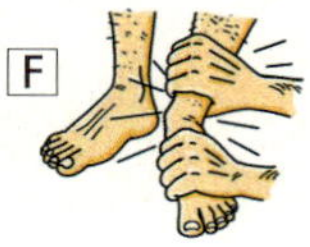

avoir un poil dans la main *(fam.)* [avwaʀɛ̃pwaldɑ̃lamɛ̃]	F ⟷ D	auf der faulen Haut liegen *(ugs.)*
casser les pieds à qn *(fam.)* [kaselepje]		jdm. auf den Wecker fallen *(ugs.)*
en secret [ɑ̃səkʀɛ]	Elle l'a fait ~; nous n'en avons rien su.	im Geheimen
un **comte**/une **comtesse** [ɛ̃kõt/ynkõtɛs]	F ~ ⟷ E count/countess	ein Graf/eine Gräfin
un **mécène** [ɛ̃mesɛn]	= une personne qui donne de l'argent à qn	ein Förderer/eine Förderin, ein Mäzen/eine Mäzenin
compréhensif/compréhensive [kõpʀeɑ̃sif/kõpʀeɑ̃siv]	comprendre qc	verständnisvoll
simple/simple [sɛ̃pl/sɛ̃pl]	→ D simpel	einfach

Pratique C

2 un **story-board** [ɛ̃stɔʀibɔʀd]		ein Ablaufplan
3 un **scénario** [ɛ̃senaʀjo]		ein Drehbuch, eine Story
4 **idiomatique/idiomatique** [idjɔmatik/idjɔmatik]	«Avoir un poil dans la main» est une expression ~ française.	idiomatisch
un **lapin**/une **lapine** [ɛ̃lapɛ/ynlapin]	une: les animaux	ein Kaninchen
poser un lapin à qn *(fam.)* [pozeɛ̃lapɛ̃]	Il n'est pas venu à notre rendez-vous. Il m'a ~[1].	jdn. versetzen *(ugs.)*
ne pas être dans son assiette *(fam.)* [nəpazɛtʀ(ə)dɑ̃sɔnasjɛt]	– Tu ne vas pas bien? – Non, je ~[2].	nicht auf dem Damm sein *(ugs.)*
un **château** [ɛ̃ʃato]	Si on allait visiter le ~ de Versailles?	ein Schloss
5 une **adaptation** [ynadaptasõ]	F _ _ _ _ **ta** _ _ _ _ ⟷ D Adaption	eine Anpassung, eine Adaption
sortir [sɔʀtiʀ]	Le film «Les choristes» est ~[3] en 2004.	*(hier)* herauskommen, erscheinen
un **premier rôle** [ɛ̃pʀəmjeʀol]		eine Hauptrolle
un **second rôle** [ɛ̃səgõʀol]		eine Nebenrolle
le **premier plan** [ləpʀəmjeplɑ̃]		der Vordergrund
l'**arrière-plan** *(m.)* [laʀjɛʀplɑ̃]		der Hintergrund

[1] posé un lapin – [2] ne suis pas dans mon assiette
[3] sorti

une **version originale** [ynvɛ̃ʀsjõɔʀiʒinal]	→ Abk. une VO [ynveo]	eine Originalfassung
sous-titrer qc [sutitʀe]	sous; un titre	etw. untertiteln
un **film policier** [ɛ̃filmpɔlisje]		ein Kriminalfilm
un **dessin animé** [ɛ̃dɛsɛ̃anime]		ein Zeichentrickfilm
un **court-métrage** [ɛ̃kuʀmetʀaʒ]		ein Kurzfilm
une **séquence** [ynsekɑ̃s]		eine Folge, eine Sequenz
se dérouler [sədeʀule]	= se passer	sich abspielen, spielen, stattfinden
s'agir de qn/qc [saʒiʀ]	Je ne sais pas de quoi vous parlez. De quoi est-ce qu'il ~[1]?	um jdn./etw. gehen, von jdm./etw. handeln
	s'agir wird konjugiert wie **finir:** il s'agit; il s'est agi	
durer [dyʀe]	Le film «Les choristes» ~[2] 1 heure et 35 minutes.	dauern
se terminer par qc [sətɛʀmine]	≠ commencer par qc	mit etw. (ab)schließen
6 un **genre** [ɛ̃ʒɑ̃ʀ]	C'est quel ~ de film? – Un film policier.	eine Gattung, eine Art
un **caméraman** [ɛ̃kameʀaman]	aussi: un **cameraman**	ein Kameramann
7 un **geste** [ɛ̃ʒɛst]	F ~ ⟷ E gest**ure**	eine (Hand)Bewegung, eine Geste

Révisions

Raconter une histoire – eine Geschichte erzählen (s. auch S. 130)

Wenn du einen eigenen Text schreiben oder etwas erzählen möchtest, dann solltest du auf folgende Dinge besonders achten:

- Wähle die richtige **grammatische Zeit** für deine Geschichte: Wenn du etwas erzählst, was du gemacht hast (also im *Passé composé*), dann müssen Beschreibungen, Erklärungen oder Kommentare immer im *Imparfait* stehen.
- Gebe deiner Geschichte ein **zeitliches Gerüst**: Wann und wo spielt sie? In welchem Jahr? In welcher Jahreszeit? An welchem Tag oder zu welcher Stunde?
- Beschreibe den **Ort**, wo die Handlung stattfindet: In welchem Land? In welcher Stadt? An welchem anderen Ort?
- Halte beim Erzählen eine **chronologische Reihenfolge** ein; dabei helfen dir Wörter wie *d'abord, puis, ensuite*; siehe auch S. 130.

[1] s'agit – [2] dure

En France

Les choristes

Der Film ***Les Choristes*** war 2004 der große Kassenschlager in den französischen Kinos. Mit mehr als 8,5 Millionen Besuchern war er der meist gesehene Film des Jahres.
Hintergrund des Filmes ist das Nachkriegs-Frankreich in den späten 1940er Jahren. Die vielen Waisen, Halbwaisen und traumatisierten Kinder waren damals in so genannten „Besserungsanstalten" untergebracht, in denen man versuchte, die „Problemkinder" mit neuen Therapieformen wieder in die Gesellschaft einzugliedern.

Zur Story: Der arbeitslose Musiklehrer Clément Mathieu bekommt eine Anstellung als Hilfslehrer an einem Internat für schwer erziehbare Jungen. Der autoritäre Schulleiter regiert mit eiserner Hand über seine Zöglinge. Ganz im Gegensatz dazu gelingt es dem warmherzigen Mathieu, die Schüler für Musik zu begeistern und sie mittels Gesang zu besseren Menschen zu machen.
Die nostalgische und sympathische Geschichte mit dem liebenswerten Antihelden als Hauptfigur machen den Film zu einem großen Erfolg.

MODULE 2

Entrée L'amour du risque?

un **risque** [ɛ̃ʀisk]	F ~ ⟷ E **risk**	ein Risiko
Bordeaux [bɔʀdo]		Bordeaux *(Stadt in Südwestfrankreich)*
une **vague** [ynvag]	La mer est calme; il n'y a pas de ~[1].	eine Welle
la **voile** [lavwal]		das Segel; das Segeln
ennuyeux/ennuyeuse [ɑ̃nɥijø/ ɑ̃nɥijøz]	Ce livre est si ~ que je ne l'ai même pas fini.	langweilig
une **poule mouillée** *(fam.)* [ynpulmuje]	F  ⟷ D 	ein Angsthase *(ugs.)*

Texte SUD-OUEST

Sud-Ouest [sydwɛst]		Sud-Ouest *(Name einer regionalen Tageszeitung)*
un **exploit** [ɛ̃nɛksplwa]		eine Leistung, eine (Helden)Tat, ein Kunststück
un **mascaret** [ɛ̃maskaʀɛ]		eine Flutwelle, eine Sprungwelle
un **lecteur**/une **lectrice** [ɛ̃lɛktœʀ/ynlɛktʀis]	= une personne qui lit	ein Leser/eine Leserin
la **Dordogne** [ladɔʀdɔɲ]		die Dordogne *(Fluss in Südwestfrankreich)*

[1] vagues

d'une part … d'autre part [dynpaʀ … dotʀəpaʀ]	On va au théâtre? – Non. ~ , il est trop tard, ~, je n'ai pas envie d'y aller.	einerseits … andererseits
surfer [sœʀfe]	= faire du surf	surfen
sauver qn/qc [sove]	F ~ ⟷ E to save	jdn./etw. retten
blessé/blessée [blese/blese]	Pendant cet accident, une personne a été gravement ~.	verletzt, verwundet
une **chute** [ynʃyt]		ein Sturz, ein Fall
un **effet** [ɛ̃nefɛ]	Je sens l'~ du médicament; je me sens déjà mieux.	eine Wirkung, ein Eindruck; ein Effekt
en effet [ɑ̃nefɛ]		tatsächlich, nämlich
la **lune** [lalyn]		der Mond
remonter qc [ʀəmɔ̃te]	= monter qc encore une fois	etw. (wieder) hinaufsteigen
un **fleuve** [ɛ̃flœv]	Quel est le ~ qui traverse Paris? – C'est la Seine.	ein Fluss

Un **fleuve** mündet immer ins Meer. Une **rivière** hingegen mündet immer in einen anderen Fluss.

un **champion**/une **championne** [ɛ̃ʃɑ̃pjɔ̃/ynʃɑ̃pjɔn]		ein Meister/eine Meisterin, ein Champion
incroyable/incroyable [ɛ̃kʀwajabl/ɛ̃kʀwajabl]	croire	unglaublich
réussir qc [ʀeysiʀ]	J'ai enfin ~[1] mon bac.	etw. gelingen, etw. schaffen

réussir wird konjugiert wie **finir:** je réussis, nous réus**siss**ons; j'ai réussi

cependant [s(ə)pɑ̃dɑ̃]	= mais	doch, jedoch
les **pompiers** *(m., pl.)* [lepɔ̃pje]		die Feuerwehr
mettre quatre heures pour faire qc [mɛtʀəkatʀœʀ]	J'ai ~[2] pour faire mes devoirs!	vier Stunden brauchen, um etw. zu tun
remarquer qn/qc [ʀ(ə)marke]	= voir qn/qc; observer qn/qc; apercevoir qn/qc	jdn./etw. bemerken
en fait [ɑ̃fɛt]		im Grunde genommen
un **poste de secours** [ɛ̃pɔstdəsəkuʀ]		eine Rettungsstation
se noyer [sənwaje]	Je n'arrivais plus à nager. Si tu n'avais pas m'aidé, je ~[3].	ertrinken; sich ertränken

se noyer: je me **noie**, tu te noies, il se noie, nous nous **noy**ons, vous vous noyez, ils se noient; il s'est **noyé**

une **planche** [ynplɑ̃ʃ]	Quand je suis tombée dans l'eau, j'ai perdu ma ~.	ein Brett; *(hier)* ein Surfbrett

[1] réussi – [2] mis quatre heures – [3] me serais noyé(e)

croire à qc [kʀwaʀ]	Je ne ~[1] pas à ce que tu dis; c'est impossible.	an etw. glauben
	! croire **en** Dieu: an Gott glauben	
s'accrocher à qc [sakʀɔʃe]		sich an etw. (fest)klammern
trembler [tʀɑ̃ble]	Pourquoi est-ce que tu ~[2]? Tu as froid?	zittern
léger/légère [leʒe/leʒɛʀ]	≠ lourd/lourde	leicht
une **branche** [ynbʀɑ̃ʃ]		ein Ast, ein Zweig
un **courant** [ɛ̃kuʀɑ̃]	Dans ce fleuve, il y a des ~[3] dangereux.	ein Strom, eine Strömung
en tout cas [ɑ̃tuka]	Fais ce que tu veux, mais, ~, laisse-moi tranquille.	jedenfalls, auf jeden Fall
un **témoin** [ɛ̃temwɛ̃]	La police cherche des ~[4] de l'accident.	ein Zeuge/eine Zeugin

Pratique

2 un **ascenseur** [ɛ̃nasɑ̃sœʀ]	Pour monter au vingtième étage, prenez l'~.	ein Aufzug
6 **S.O.S.** [ɛsoɛs]		SOS
le **SAMU** [ləsamy]		der Notarzt/die Notärztin
un **blessé**/une **blessée** [ɛ̃blese/ynblese]	blessé/blessée	ein Verletzter/eine Verletzte
un **incendie** [ɛ̃nɛ̃sɑ̃di]	= un très grand feu	ein Brand
un **bébé** [ɛ̃bebe]	= un enfant jusqu'à l'âge de deux ans	ein Baby
9 une **moto** [ynmoto]		ein Motorrad
10 une **introduction** [ynɛ̃tʀɔdyksjɔ̃]	F ⟷ E	eine Einführung, eine Einleitung
s'agir de qn/qc [saʒiʀ]	Je ne sais pas de quoi vous parlez. De quoi est-ce qu'il ~[5]?	um jdn./etw. gehen, von jdm./etw. handeln
	s'agir wird konjugiert wie **finir:** il s'agit; il s'est agi	
principal/principale [pʀɛ̃sipal/pʀɛ̃sipal]	Une jeune actrice joue le rôle ~ dans ce nouveau film.	wichtigster/wichtigste/wichtigstes

[1] crois – [2] trembles – [3] courants – [4] témoins – [5] s'agit

En France

La Dordogne

Die ***Dordogne*** durchfließt fünf Departements, darunter das 24. Departement gleichen Namens im Südwesten Frankreichs. Mit ihren 490 km Länge zählt sie zu den längeren Flüssen Frankreichs; im Vergleich dazu: *la Loire* (1020 km), *la Seine* (776 km), *le Rhône* (520 km in Frankreich), *la Garonne* (650 km). Sie entspringt in der *Auvergne* und mündet bei *Bordeaux* in die *Gironde.*

Die *Dordogne* gilt aufgrund ihres malerischen Flusstals, ihrer gut erhaltenen und restaurierten Dörfer und Burgen aus dem Mittelalter und des seichten Flusslaufes als beliebte Wassersportregion und bevorzugter Wasserwanderweg.

Révisions

Gewässer (siehe vordere und hintere Umschlagseite)

une rivière	**ein Fluss**	La Dordogne et l'Ardèche sont des rivières. (Une rivière se jette (mündet) dans un fleuve ou dans une autre rivière.)
un fleuve	**ein Fluss**	La Seine et la Garonne sont des fleuves. (Un fleuve se jette dans la mer ou dans l'océan.)
un lac	**ein Binnensee**	le Lac Majeur (Lago Maggiore), le Lac Léman* (Genfer See), le Lac de Constance* (Bodensee)
une mer	**ein Meer**	la Mer Méditerranée (Mittelmeer), la Mer du Nord (Nordsee)
un océan	**ein Ozean**	l'Océan Atlantique, l'Océan Indien, l'Océan Pacifique

*Wörter, die hier zur Vervollständigung zusätzlich erwähnt werden.

Révisions

Expressions et mots utiles pour bien écrire un texte – Nützliche Wörter für die Textproduktion

Texte, die du schreibst, sollen gut strukturiert sein (siehe auch S. 126 *Raconter une histoire*). Dazu ist die sichere Beherrschung von Wörtern und Ausdrücken erforderlich, mit denen du Ideen und Gedanken einleiten, entwickeln und zum Abschluss bringen kannst. Die folgende Liste kann dir eine Hilfe sein.

Für die Einleitung:

(tout) d'abord	zu(aller)erst	**au début**	am Anfang

Womit du deine Ideen und Gedanken strukturieren kannst:

premièrement	erstens	**alors**	nun, jetzt, dann
deuxièmement	zweitens	**à partir de**	von … an
ensuite	dann, danach	**en plus**	außerdem, zusätzlich
après (cela)	danach	**d'après**	nach, gemäß, zufolge
puis	dann	**suite à**	mit Bezug auf

Wenn du etwas erklären möchtest:

car	denn	**donc**	also
comme *(Satzanfang)*	da, weil	**pour que** *(+ subj.)*	damit
parce que *(im Satz)*	weil	**à cause de**	wegen
c'est pourquoi	deshalb	**malgré**	trotz
en effet	tatsächlich, nämlich		

Wie du Dinge miteinander vergleichst:

d'une part … d'autre part	einerseits … andererseits	**mais**	aber
au contraire	im Gegenteil	**pourtant**	dennoch, trotzdem
plutôt	eher, vielmehr, ziemlich	**quand même**	dennoch, trotzdem
		par contre	hingegen, dagegen

Wie du zum Ende kommst:

bref	kurzum, kurz gesagt	**finalement**	schließlich, zum Schluss
enfin	schließlich, endlich	**en résumé**	zusammenfassend
à la fin	schließlich, am Ende		

Weitere nützliche Begriffe:

quand	als *(zeitlich)*	**pendant**	während *(Präp.)*
souvent	oft	**pendant que**	während *(Konj.)*
encore	noch, schon wieder	**pendant ce temps**	währenddessen
à nouveau	erneut, nochmals	**avant de faire qc**	bevor man etwas tut
tout à coup	plötzlich	**après avoir fait qc**	nachdem man etw. getan hat
environ	ungefähr, etwa	**pour faire qc**	um etw. zu tun
depuis que	seit *(Konj.)*	**sans avoir fait qc**	ohne etw. getan zu haben
depuis	seit *(Präp.)*		

MODULE 3

Entrée Kilomètre zéro

Benjamin [bɑ̃ʒamɛ̃]		Benjamin *(männl. Vorname)*
se souvenir de qn/qc [səsuv(ə)niʀ]	Tu ~[1] de ta grand-mère? – Non, elle est morte quand j'avais deux ans.	sich an jdn./etw. erinnern

se souvenir wird konjugiert wie **venir:** je me souviens, nous nous souvenons; je me suis souvenu(e)

le **gruyère** [ləgʀyjɛʀ]		der Greyerzer *(Käsesorte)*
des **pâtes** *(f., pl.)* [depat]	I pasta; SP pasta	Nudeln
à peine [apɛn]	= presque pas	kaum
au moins [omwɛ̃]		wenigstens
une **tablette de chocolat** [yntablɛtdəʃɔkɔla]	I tavoletta di cioccolata; SP tableta de chocolate	eine Tafel Schokolade
un **poing** [ɛ̃pwɛ̃]	= une main fermée	eine Faust
s'approcher de qn/qc [apʀɔʃe]	prochain/prochaine	sich jdm./etw. nähern
une **épaule** [ynepol]	Tu es trop petite pour voir; monte sur mes ~[2].	eine Schulter

[1] te souviens – [2] épaules

Texte Kilomètre 80 …

1	un **étang** [ɛ̃netɑ̃]	[I] stagno; [SP] estanque	ein Teich
	au milieu de qc [aumiljø]	= entre, parmi; pendant	inmitten von etw.
2	une **tente** [yntɑ̃t]		ein Zelt
	camper [kɑ̃pe]	camping-car	campen, zelten
	marrant/marrante [maʀɑ̃/maʀɑ̃t]	= drôle/drôle	witzig
	dépasser [depase]		hervorragen, überrragen
	planter qc [plɑ̃te]	Si on ~[1] la tente au bord de la mer?	etw. pflanzen; *(hier)* etw. errichten
	une **croix** [ynkʀwa]	[F] ~ ⟷ [E] cross	ein Kreuz
	une **branche** [ynbʀɑ̃ʃ]		ein Ast, ein Zweig
	une **époque** [ynepɔk]	≈ un siècle; un moment; une date; une saison	eine Epoche, ein Zeitalter
	à l'époque [alepɔk]		damals, zu der Zeit
	amener qn/qc [am(ə)ne]	Si vous n'avez pas de voiture, je peux vous ~.	jdn./etw. mitbringen

amener wird konjugiert wie **(se) lever:** j'amène, nous amenons; j'ai amené

	retourner qc [ʀətuʀne]	~[2] la photo s'il te plaît et regarde ce qui est écrit derrière.	etw. umdrehen, etw. wenden
	déchirer qc [deʃiʀe]	Après avoir lu la lettre, je l'ai ~[3].	etw. zerreißen
	de temps en temps [dətɑ̃zɑ̃tɑ̃]	= pas souvent	von Zeit zu Zeit, manchmal
3	**de l'autre côté** [delotʀəkote]		auf der anderen Seite *(räumlich)*
	pêcher qc [peʃe]		etw. angeln, etw. fischen
	au bout de qc [obu]	On est parti ~[4] un quart d'heure.	am Ende von etw.
	une **boîte** [ynbwat]		eine Schachtel; *(hier)* eine Dose, eine Büchse

Pratique

1	une **relation** [ynʀəlasjõ]	[F] ~ ⟷ [E] relation**ship**	eine Beziehung, ein Verhältnis
2	un **château** [ɛ̃ʃato]	Si on allait visiter le ~ de Versailles?	ein Schloss
4	**être jumelé(e)** avec qn/qc [ɛtʀ(ə)ʒym(ə)le]	Notre collège ~[5] un collège à Paris.	mit jdm./etw. partnerschaftlich verbunden sein

[1] plantait – [2] Retourne – [3] déchirée – [4] au bout d' – [5] est jumelé avec

	un **joueur**/une **joueuse** [ɛ̃ʒwœʀ/ynʒwøz]	jouer	ein Spieler/eine Spielerin
5	une **identité** [ynidɑ̃tite]	Sur ma carte d'~, il y a mon nom, mon prénom et mon adresse.	eine Identität
	une date de naissance [yndatdənɛsɑ̃s]	Quelle est ta ~? – C'est le 29 février 1992.	ein Geburtstag
	célibataire/célibataire [selibatɛʀ/selibatɛʀ]	→ D Zölibat	ledig, unverheiratet
	marié/mariée [maʀje/maʀje]		verheiratet
	divorcé/divorcée [divɔʀse/divɔʀse]	= ne plus marié/ ne plus mariée	geschieden
	le **physique** [ləfizik]	Tu trouves ce mec beau? Moi, je n'aime pas son ~.	das Äußere
	un **style** [ɛ̃stil]	Vous écrivez bien; votre ~ est correct.	ein Stil
	gothique/gothique [gɔtik/gɔtik]		„gothic", grufti *(ugs.)*
	un **caractère** [ɛ̃kaʀaktɛʀ]	F ~ ⟷ D **Ch**_ _ _ _ _ _ _	ein Charakter
	une **qualité** [ynkalite]	Lis les étiquettes et fais attention à la ~ des produits.	eine Qualität, eine Eigenschaft
	un **défaut** [ɛ̃defo]	= une faute de caractère ou de matériel	ein (Charakter)Fehler; ein Mangel
	poli/polie [pɔli/pɔli]	F ~ ⟷ E polite	höflich
	impatient/impatiente [ɛ̃pasjɑ̃/ɛ̃pasjɑ̃t]	Jacques ne peut pas attendre; il est vraiment ~.	ungeduldig
	curieux/curieuse [kyʀjø/kyʀjøz]	C'est une histoire ~[1].	neugierig; *(hier)* merkwürdig
	un **hobby** [ɛ̃ɔbi]	→ des hobbys ou des hobb**ies**	ein Hobby
	un **désir** [ɛ̃deziʀ]	désirer qc	ein Wunsch, ein Verlangen
6	une **émission** [ynemisjɔ̃]	Qu'est-ce qu'il y a à la télé? – ~ sur la campagne.	eine (Fernseh)Sendung
	d'après qn/qc [dapʀɛ]	~ la radio, il fera beau demain.	nach jdm./etw.
7	**Louis Atangana** [lwiatɑ̃gana]		Louis Atangana *französischer Autor, *1965*
	marier qn à qn [maʀje]	marié/mariée	jdn. mit jdm. verheiraten
10	le **Maghreb** [ləmagʀɛb]		der Maghreb

Unter **Maghreb** (arabisch für „Westen") versteht man vor allem die drei nordafrikanischen Länder Tunesien, Algerien und Marokko, die aufgrund ihrer Geschichte viele Gemeinsamkeiten haben. Im Arabischen versteht man unter **Maghreb** in der Regel Marokko, weil es das westlichste arabische Land ist.

[1] curieuse

	le **Maroc** [ləmaʀɔk]		Marokko

Marokko ist ein Staat in Nordwest-Afrika. Im Osten grenzt er an Algerien. Französisch ist seit dem Ende der Kolonialzeit weiterhin Bildungs- und Geschäftssprache in Marokko.

	une **indépendance** [ynɛ̃depɑ̃dɑ̃s]	Le Maroc a reçu son ~ en 1956.	eine Unabhängigkeit
	un **royaume** [ɛʀwajɔm]	(Wortfamilie) un roi/une reine	ein Königreich
	la **Tunisie** [latynizi]	F _ _ _ i _ _ _ ⟷ D _ _ _ e _ _ _ _	Tunesien

Tunesien ist ein Staat in Nordafrika. Tunesien ist das östlichste der Maghreb-Länder.

	l'**enseignement** *(m.)* [lɑ̃sɛɲ(ə)mɑ̃]		der Unterricht; das Schulwesen
	les **medias** *(m., pl.)* [lemedja]	F ~ ⟷ E media *(pl.)*	die Medien
	un **accès** [ɛ̃naksɛ]	= les entrées et les sorties	ein Zugang, ein Zutritt
	une **curiosité** [ynkyʀjozite]	(Wortfamilie) curieux/curieuse	eine Neugier; *(hier)* eine Sehenswürdigkeit
	un **développement** [ɛ̃dev(ə)lɔpmɑ̃]	F ~ ⟷ E develop**p**ment	eine Entwicklung
11	une **carte d'identité** [ynkaʀtdidɑ̃tite]	A la frontière, il faut montre sa ~.	ein Personalausweis
12	**agréable/agréable** [agʀeabl/agʀeabl]	Le climat en Bretagne est très ~ en été.	angenehm
	la **disparition** [ladispaʀisjɔ̃]	(Wortfamilie) disparaître	das Verschwinden; das Aussterben

Révisions

Die Possessivpronomen – Les pronoms possessifs

Die **Possessivpronomen** vertreten Possessivbegleiter + Nomen. Im Gegensatz zum Deutschen stehen sie immer mit dem bestimmten Artikel. **Artikel** und **Possessivpronomen** richten sich in **Genus** und **Numerus** nach dem Nomen, das sie ersetzen (**mon** vélo → **le** mien, **ma** voiture → **la** mienne).

Übersicht über alle Possessivpronomen:

Besitzer	**Singular**		**Plural**	
	m.	*f.*	*m.*	*f.*
ich du er/sie	**le mien** **le tien** **le sien**	**la mienne** **la tienne** **la sienne**	**les miens** **les tiens** **les siens**	**les miennes** **les tiennes** **les siennes**
wir ihr sie	**le nôtre** **le vôtre** **le leur**	**la nôtre** **la vôtre** **la leur**	**les nôtres** **les vôtres** **les leurs**	

Révisions

La langue des jeunes

Beim Vokabellernen begegnen dir immer wieder Wörter, die fast nur von Jugendlichen benutzt werden, während Erwachsene dafür andere Begriffe verwenden; einige Beispiele: *un pote (= un copain), les fringues (les vêtements), dingue (fou), un boulot (un travail).*
Hier zusammengefasst einige weitere Besonderheiten der Jugendsprache:

	Jugendsprache	**Erwachsenen-, Standardsprache**
Vokale werden „verschluckt“.	• **T'as** creusé un trou dans la terre. • **m'man**	• **Tu as** creusé un trou dans la terre. • **maman**
Bei der Verneinung fällt das *ne* weg.	• **C'est pas** bon. • **Il a rien** répondu.	• **Ce n'est pas** bon. • **Il n'a rien** répondu.
Wörter werden abgekürzt.	• **d'acc** • C'est un mec **sympa**.	• **d'accord** • C'est un garçon **sympathique**.
Verwendung von Wörtern aus dem anglo-amerikanischen Sprachraum.	• Benjamin est le plus **cool** du groupe. • C'est **fun**. • C'est **cheap**.	• Benjamin est le plus **agréable** du groupe. • C'est **amusant**. • Ce **n'**est **pas cher**.
Einzelne Silben und Buchstaben werden vertauscht *(le verlan)*.	• **zarbi** • un **zomblou** • un **beur**	• **bizarre** • un **blouson** • un **Arabe**
Verwendung sog. „Mode“- Wörter.	Elle est **hyper** cool, cette nana.	Elle est **très** belle, cette fille.

Révisions

Pas facile, la négation!

Du hast schon viel über die Verneinung gelernt. Im Folgenden sind einige Besonderheiten mit Verneinungselementen aufgelistet, deren korrekte Anwendung und / oder Übersetzung Schwierigkeiten bereiten kann.

Französisch	**Deutsch**	**Beispiel**
sans rien **sans rien faire**	ohne (irgend)etwas ohne etwas zu machen	• Il a mangé la baguette **sans rien**. • Elle est partie **sans rien dire** *(… ohne etwas zu sagen).*
sans rien d'autre	ohne etwas anderes	• Juste un éclair, **sans rien d'autre**, sans vent, sans orage, sans pluie, sans rien.
ne pas d'autre + *nom* **que de** + *inf.*	kein(e) andere(r, s) … als zu …	• Il **n'**y avait **pas d'autre solution que de traverser** la rivière *(… keine andere Lösung als … zu überqueren).*
n'importe quoi	irgendetwas, egal was	• Euh, **n'importe quoi** *(egal was)*, ce n'est pas vrai.

En France

Quelques chiffres sur la France

Wenn man Frankreich zu Fuß durchqueren will, muss man über viel Ausdauer verfügen. Mit 551 600 km² ist Frankreich das **zweitgrößte Land Europas** (nach Russland). Für eine Nord-Süd- oder Ost-West-Durchquerung muss man jeweils 950 km zurücklegen. Im Hochgebirge *(la haute montagne)* kann man bis weit über 4000 m hoch klettern: der höchste Berg der **Alpen** *(les Alpes)* ist der *Mont-Blanc* mit 4807 m, in den **Pyrenäen** *(les Pyrénées)* misst der höchste Berg, der *Pic de Vignemale* 3298 m. Im Vergleich dazu sind die Höhenmeter des *Ballon de Guebwiller* in den **Vogesen** *(les Vosges)* mit 1426 m und des *Puy de Sancy* im **Zentralmassiv** *(le Massif central)* mit 1886 m geradezu bescheiden. Der **längste Fluss** ist die *Loire* mit 1020 km, gefolgt von der *Seine* mit 776 km.

Frankreich ist in 22 **Regionen** *(une région)* aufgeteilt, die wiederum insgesamt 95 **Departements** *(un département)* unterteilt sind. Die Nummern der Departements stehen auf den Nummernschildern *(une plaque minéralogique)* der Autos (01 = *l'Ain,* 75 = *Paris/la Seine,* 95 = *le Val-d'oise*), auch die Postleitzahl *(le code postal)* eines Ortes trägt die Nummer des jeweiligen Departements. Insgesamt zählt Frankreich 36 500 **Gemeinden** *(la commune)*.

In Frankreich leben etwa **60 Millionen Menschen,** von denen ca. 40 % in den großen Städten und Industriegebieten ihren Wohnsitz haben. Neben **Paris** gibt es in Frankreich drei weitere Millionenstädte: **Lyon**, **Marseille** und **Lille**. Von den 9500 km Autobahn sind 7300 **mautpflichtig** *(à péage)*. Aushängeschild des Schienenverkehrs ist der Hochgeschwindigkeitszug ***TGV*** (train à grande vitesse), der viele weit voneinander entfernte Städte leicht erreichbar gemacht hat (z. B. Paris-London: 3 Stunden, Paris-Lyon: 2 Stunden). Auch fliegen kann man in Frankreich sehr gut: Die Fluglinie ***Air France*** und einige kleinere Fluggesellschaften fliegen etwas 50 Städte im Inland an.

- Die *Liste des mots* führt die Wörter aus *Découvertes* Band 1–4 auf. Nicht enthalten ist der Wortschatz aus den ⟨*Album*⟩ und den ⟨*Plateau*⟩-*Teilen.*
- *Die Zahlen verweisen auf das erstmalige Vorkommen der Wörter, z. B.*
  une **forme I 3B,** 3 eine Form = Band **1**, Leçon **3**, Lektionsteil **B**, Übung **3**.
  A = Lektionsteil A; **B** = Lektionsteil B; **E** = Lektionsteil *Entrée;* **M** = Module
  Steht hinter der Lektionszahl kein Buchstabe, so wird das betreffende Wort im Textteil der Lektion eingeführt, z. B. **facile I 4** leicht = Band 1, Leçon 4, Text.
- In der Lektion **IV 5** (Stationenlernen) gibt es keinen genaueren Verweis auf die Fundstelle.
- Das Zeichen ⟨ ⟩ bedeutet, dass das Wort in den folgenden Lektionen nicht als bekannt vorausgesetzt wird.
- Grammatische Basiswörter wie z. B. die Subjektpronomen *je, tu,* ... usw. sowie die auf den Seiten selbst erklärten Wörter werden in der folgenden Liste nicht aufgeführt.

A

à deux [adø] zu zweit **I 4, 6**
à bientôt [abjɛ̃to] bis bald **I 8E**
abdiquer [abdike] aufgeben, kapitulieren, abdanken **IV 4, 9**
une **abréviation** [ynabʀevjasjõ] eine Abkürzung ⟨**III M1, 6**⟩
un **absent**/une **absente** [ɛ̃nabsɑ̃/ynabsɑ̃t] ein Abwesender/eine Abwesende **III 5, 6**
un **accent** [ɛ̃naksɑ̃] ein Akzent, einTonfall **II 2**
accepter qn/qc [aksɛpte] jdn./etw. akzeptieren, etw. annehmen **IV 1**
un **accès** [ɛ̃naksɛ] ein Zugang, ein Zutritt ⟨**IV M3, 10**⟩
un **accident** [ɛ̃naksidɑ̃] ein Unfall **II 7B**
accompagner qn [akõpaɲe] jdn. begleiten **I 8E**
un **accordéon** [ɛ̃nakɔʀdeõ] eine Ziehharmonika **IV 4, 9**
s'accrocher à qc [sakʀɔʃe] sich an etw. (fest)klammern ⟨**IV M2**⟩
un **accueil** [ɛ̃nakœj] ein Empfang; *(hier)* eine Auftaktseite **III 4**
acheter qc [aʃte] etw. kaufen **I 8**
un **acte** [ɛ̃nakt] eine Tat, eine Handlung **IV 4, 5**
un **acteur**/une **actrice** [ɛ̃naktœʀ/ynaktʀis] ein Schauspieler/eine Schauspielerin **I 5, 14**
une **action** [ynaksjõ] eine Handlung ⟨**II 8B,** 5⟩; *(hier)* eine Tat **IV 4, 11**
une **activité** [ynaktivite] eine Tätigkeit; *(hier)* eine Freizeitbeschäftigung **I 4E**
une **adaptation** [ynadaptasõ] eine Anpassung, eine Adaption ⟨**IV M1C,** 5⟩
un **adolescent**/une **adolescente** [ɛ̃nadɔlɛsɑ̃/ynadɔlɛsɑ̃t] ein Jugendlicher/eine Jugendliche ⟨**II 8B**⟩; **III 1**
adorer qc [adɔʀe] etw. sehr gerne mögen ⟨**I 9A**⟩; **II 1**
adorer faire qc [adɔʀe] etw. sehr gern tun **II 4, 12**
une **adresse** [ynadʀɛs] eine Adresse **I 3A**
un **aéroport** [ɛ̃naeʀɔpɔʀ] ein Flughafen ⟨**III M2**⟩; ⟨**III M3**⟩
une **affaire** [ynafɛʀ] eine Sache, eine Angelegenheit **I 8**
une **affiche** [ynafiʃ] ein Plakat, ein Poster **I 2**
un **Africain**/une **Africaine** [ɛ̃nafʀikɛ̃/ynafʀikɛn] ein Afrikaner/eine Afrikanerin **IV 5**
africain/africaine [afʀikɛ̃/afʀikɛn] afrikanisch **IV 5**
l'**âge** *(m.)* [laʒ] das Alter **I 4**
s'agir de qn/qc [saʒiʀ] um jdn./etw. gehen, von jdm./etw. handeln ⟨**IV M1C,** 5⟩; ⟨**IV M2,** 10⟩
agréable/agréable [agʀeabl/agʀeabl] angenehm ⟨**IV M3,** 12⟩
un **agriculteur**/une **agricultrice** [ɛ̃nagʀikyltœʀ/ynagʀikyltʀis] ein Landwirt/eine Landwirtin ⟨**III M1**⟩
Ah, bon? [abõ] Ach ja?, Wirklich? **I 3A**
une **aide** [ynɛd] eine Hilfe, eine Unterstützung **IV 1,** 3
aider qn [ede] jdm. helfen **I 6A**
aimer qc [eme] etw. lieben, etw. mögen **I 2**
aimer faire qc [emefɛʀ] etw. gerne tun **I 6B**
aimer mieux qc [ememjø] etw. lieber mögen **III 3**
l'**air** *(m.)* [lɛʀ] die Luft; *(hier)* das Aussehen ⟨**II 8A**⟩; **III 1E**
ajouter qc [aʒute] etw. hinzufügen **II 5**
un **album** [ɛ̃nalbɔm] ein Album; *(hier)* eine CD **II 3B**
allemand/allemande [almɑ̃/almɑ̃d] deutsch **I 1**
aller [ale] gehen, fahren **I 5E**
On y va! [õniva] Gehen wir!, Auf geht's! **I 6B**
aller chercher qc [aleʃɛʀʃe] etw. holen **I 6B**
aller faire qc [alefɛʀ] etw. tun werden **I 6E**
Allô? [alo] Hallo? *(am Telefon)* **I 3A**
s'allonger [salõʒe] sich hinlegen, sich ausstrecken **III 1**
alors [alɔʀ] nun, jetzt, dann **I 4**
un **alphabet** [ɛ̃nalfabɛ] ein Alphabet **IV 3**
alsacien/alsacienne [alzasjɛ̃/alzasjɛn] elsässisch **IV 3**
une **ambiance** [ynɑ̃bjɑ̃s] eine Stimmung, eine Atmosphäre **II 6,** 3
une **ambulance** [ynɑ̃bylɑ̃s] ein Krankenwagen **II 7B**
amener qn/qc [am(ə)ne] jdn./etw. mitbringen ⟨**IV M3**⟩
un **Américain**/une **Américaine** [ɛ̃nameʀikɛ̃/ynameʀikɛn] ein Amerikaner/eine Amerikanerin ⟨**III M3E**⟩
américain/américaine [ameʀikɛ̃/ameʀikɛn] amerikanisch ⟨**III M3E**⟩
un **ami**/une **amie** [ɛ̃nami/ynami] ein Freund/eine Freundin **I 5**
un faux ami [ɛ̃fozami] ein falscher Freund **I 8,** 3
Amicalement. [amikalmɑ̃] Herzliche Grüße. **II 4,** 2
l'**amour** *(m.)* [lamuʀ] die Liebe **II 3B**
Tu es un amour! *(fam.)* [tyɛzɛ̃namuʀ] Du bist ein Schatz! *(ugs.)* **II 3B**
un **amoureux**/une **amoureuse** [ɛ̃namuʀø/ynamuʀøz] ein Verliebter/eine Verliebte ⟨**III M2,** 6⟩
amoureux/amoureuse [amuʀø/amuʀøz] verliebt **II 3A**
amusant/amusante [amyzɑ̃/amyzɑ̃t] unterhaltsam **IV 3**
s'amuser [samyze] sich vergnügen, sich amüsieren **II 7B**

un **an** [ɛ̃nɑ̃] ein Jahr **I 4**
un **Anglais**/une **Anglaise** [ɛ̃nɑ̃glɛ/ ynɑ̃glɛz] ein Engländer/eine Engländerin **IV 5**
anglais/anglaise [ɑ̃glɛ/ɑ̃glɛz] englisch **III 3,** 2
un **animal**/des **animaux** [ɛ̃nanimal/ dezanimo] ein Tier/Tiere **I 4,** 8
un **animateur**/une **animatrice** [ɛ̃nanimatœʀ/ynanimatʀis] ein Betreuer/eine Betreuerin; ein Moderator/eine Moderatorin **IV 2**
une **année** [ynane] ein Jahr **I 8**
un **anniversaire** [ɛ̃nanivɛʀsɛʀ] ein Geburtstag **I 7E**
Bon anniversaire! [bɔnanivɛʀsɛʀ] Alles Gute zum Geburtstag! **I 7**
une **annonce** [ynanɔ̃s] eine Anzeige, eine Annonce **I 3E**
annoncer qc [anɔ̃se] etw. ankündigen **II 5**
anonyme/anonyme [anɔnim/anɔnim] anonym **IV 1**
antillais/antillaise [ɑ̃tijɛ/ɑ̃tijɛz] antillisch, westindisch **IV 5**
août *(m.)* [ut] August **I 7,** 6
s'apercevoir de qc [sapɛʀsəvwaʀ] etw. bemerken **IV 2**
apparaître [apaʀɛtʀ] (plötzlich) erscheinen, auftauchen ⟨**IV M1A**⟩
un **appareil** [ɛ̃napaʀɛj] ein Apparat, ein Gerät **I 8E**
un appareil photo [ɛ̃napaʀɛjfɔto] ein Fotoapparat **I 8**
un **appartement** [ɛ̃napaʀtəmɑ̃] eine Wohnung **I 3E**
appeler qn [apəle] jdn. (an)rufen **II 5**
s'appeler [sapəle] heißen **I 1E**
Bon appétit! [bɔnapeti] Guten Appetit! **II 5,** 6
applaudir qn [aplodiʀ] jdm. Beifall klatschen **II 4**
apporter qc à qn [apɔʀte] jdm. etw. (mit)bringen **II 6E**
apprendre qc par cœur [apʀɑ̃dʀ] etw. auswendig lernen **I 6B,** 10
s'approcher de qn/qc [sapʀɔʃe] sich jdm./etw. nähern, jdm./etw. näher kommen ⟨**IV M3E**⟩
après [apʀɛ] nach, danach **I 5**
après avoir fait qc [apʀɛzavwaʀ] nachdem man etw. getan hat **III 2**
un **après-midi** [ɛ̃napʀɛmidi] ein Nachmittag **I 4**
un **aquarium** [ɛ̃nakwaʀjɔm] ein Aquarium **II 1E**
l'**arabe** *(m.)* [laʀab] das Arabische ⟨**II 8B**⟩; **III 3**
un Arabe/une Arabe [ɛ̃naʀab/ynaʀab] ein Araber/eine Araberin **III 3**
arabe/arabe [aʀab/aʀab] arabisch ⟨**I 9A**⟩
une **araignée** [ynaʀeɲe] eine Spinne **II 4**
un **arbre** [ɛ̃naʀbʀ] ein Baum **I 2**
l'**archéologie** *(f.)* [laʀkeɔlɔʒi] die Archäologie **IV 2E**
archéologique/archéologique [aʀkeɔlɔʒik/aʀkeɔlɔʒik] archäologisch **IV 2E**
un **archéologue**/une **archéologue** [ɛ̃naʀkeɔlɔg/ynaʀkeɔlɔg] ein Archäologe/eine Archäologin **IV 2**
l'**argent** *(m.)* [laʀʒɑ̃] das Geld ⟨**I 9A**⟩; **II 6,** 6; *(hier)* das Silber **IV 2**
l'argent de poche *(m.)* [laʀʒɑ̃dəpɔʃ] das Taschengeld **III 1,** 7
un **argument** [ɛ̃naʀgymɑ̃] ein Argument **II 1,** 1
une **armée** [ynaʀme] eine Armee, ein Heer ⟨**II 9, 8**⟩
une **arobase** [ynaʀɔbaz] „at" **II 7E**
un **arrêt** [ɛ̃naʀɛ] ein Halt, eine Haltestelle **II 3A**
arrêter qn [aʀete] jdn. anhalten, jdn. festnehmen **I 5**
Arrêtez! [aʀɛte] Hört auf! **I 8**
arrêter de faire qc [aʀete] aufhören etw. zu tun **II 1,** 5
s'arrêter [saʀete] anhalten **III 2**
arrêter qn/qc [aʀete] jdn./etw. aufhalten, jdn./etw. stoppen ⟨**III M1**⟩
Arrête ton cinéma! *(fam.)* [aʀɛtɔ̃sinema] Hör auf mit dem Theater! *(ugs.)* **III 1**
l'**arrière-plan** *(m.)* [laʀjɛʀplɑ̃] der Hintergrund ⟨**IV M1C, 5**⟩
une **arrivée** [ynaʀive] eine Ankunft ⟨**III M2,** 1⟩; **IV 5**
arriver [aʀive] (an)kommen **I 4**
l'**art** *(m.)* [laʀ] die Kunst **IV 4E**
un **article** [ɛ̃naʀtikl] ein Artikel **II 4,** 12
un **artiste**/une **artiste** [ɛ̃naʀtist/ynaʀtist] ein Künstler/eine Künstlerin **III 4**
un **artiste peintre**/une **artiste peintre** [ɛ̃naʀtistpɛ̃tʀ/ynaʀtistpɛ̃tʀ] ein Kunstmaler/eine Kunstmalerin **IV 4E**
un **ascenseur** [ɛ̃nasɑ̃sœʀ] ein Aufzug ⟨**IV M2,** 2⟩
s'asseoir [saswaʀ] sich setzen **III 4**
assez de [ase] genug, genügend **I 8**
une **assiette** [ynasjɛt] ein Teller **I 3B**
une **association** [ynasɔsjasjɔ̃] ein (Sport)Verein, eine Vereinigung **IV 3,** 8
à ta place [ataplas] an deiner Stelle **IV 2E**
un **atelier** [ɛ̃natəlje] eine Werkstatt; *(hier)* eine Arbeitsgruppe **IV 5**
atlantique/atlantique [atlɑ̃tik/atlɑ̃tik] atlantisch **IV 5**
à tout prix [atupʀi] um jeden Preis **IV 3,** 9
attacher qc [ataʃe] etw. (fest)binden **I 4**
attaquer qn/qc [atake] jdn./etw. angreifen ⟨**II 9**⟩; **III 5**
attendre qn [atɑ̃dʀ] auf jdn. warten, jdn. erwarten **I 8**
l'**attention** [latɑ̃sjɔ̃] die Aufmerksamkeit **I 4**
Attention! [atɑ̃sjɔ̃] Achtung!, Vorsicht! **I 4**
faire attention [fɛʀatɑ̃sjɔ̃] aufpassen, Acht geben **I 5**
attraper qn/qc [atʀape] jdn./etw. (ein)fangen, jdn./etw. erwischen **I 5**
une **auberge de jeunesse** [ynobɛʀʒdəʒœnɛs] eine Jugendherberge **I 8E**
aucun/aucune [okɛ̃/okyn] keiner/keine/keines **IV 2**
aujourd'hui [oʒuʀdɥi] heute **I 4**
aussi [osi] auch **I 2E**
aussi sportif que [osispɔʀtifkə] ebenso sportlich wie **III 1E**
un **auteur** [ɛ̃notœʀ] ein Autor/eine Autorin; *(hier)* ein Verursacher/eine Verursacherin **IV 4,** 5
l'**automne** *(m.)* [lotɔn] der Herbst **I 7,** 6
une **autoroute** [ynotoʀut] eine Autobahn **III 2**
autre/autre [otʀ/otʀ] anderer/ander/anderes **I 6B**
autre chose [otʀəʃoz] etw. anderes **II 4,** 6
autrement [otʀəmɑ̃] anders ⟨**III M3**⟩
avancer [avɑ̃se] vorankommen ⟨**II 8B**⟩; ⟨**III M1**⟩
avant [avɑ̃] vor *(zeitlich)*, vorher **II 2**
avant de faire qc [avɑ̃də] bevor man etw. tut **III 2**
avec [avɛk] mit **I 1**
l'**avenir** *(m.)* [lavniʀ] die Zukunft **II 3B**

une **aventure** [ynavɑ̃tyʀ] ein Abenteuer ⟨**I 9B**, 2⟩; **II 7E**
un **avion** [ɛ̃navjɔ̃] ein Flugzeug **II 1**
un **avis** [ɛ̃navi] eine Meinung **II 6**
à mon avis [amɔnavi] meiner Meinung nach **II 6**
avoir [avwaʀ] haben **I 4**
N'aie pas peur! [nepapœʀ] Hab keine Angst! **III 5**
avoir un poil dans la main *(fam.)* [avwaʀɛ̃pwaldɑ̃lamɛ̃] auf der faulen Haut liegen *(ugs.)* ⟨**IV M1C**⟩
avoir besoin de qc [avwaʀbəswɛ̃] etw. brauchen **II 7A**
avoir besoin de faire qc [avwaʀbəswɛ̃] etw. tun müssen **III 3**
avoir confiance en qn/qc [avwaʀkɔ̃fjɑ̃ns] in jdn./etw. Vertrauen haben **IV 4**
avouer qc [avwe] etw. zugeben, etw. gestehen **III 1**
avril *(m.)* [avʀil] April **I 7**, 6

B

un **baba**/une **baba** [ɛ̃baba/ynbaba] ein Alternativler/eine Alternativlerin **IV 1**
un **baby-sitter**/une **baby-sitter** [ɛ̃bebisitœʀ/ynbebisitœʀ] ein Babysitter/eine Babysitterin ⟨**III M1**, 6⟩
le **baby-sitting** [ləbebisitiŋ] das Babysitting **IV 2**, 11
le **baccalauréat** [ləbakalɔʀea] das Abitur **III 4E**
une **bagarre** [ynbagaʀ] eine Schlägerei, eine Auseinandersetzung **IV 4E**
une **baguette** [ynbagɛt] ein Baguette **II 5**
une **baie** [ynbɛ] eine Bucht **IV 5**
se baigner [səbeɲe] baden **III 1**
se balader *(fam.)* [səbalade] spazieren gehen **III 1**
un **ballon** [ɛ̃balɔ̃] ein Ball **II 3B**
une **banane** [ynbanan] eine Banane **II 5E**
un **banc** [ɛ̃bɑ̃] eine (Sitz)Bank **I 2**
une **bande** [ynbɑ̃d] eine Bande, eine Clique **IV 4**
une **banlieue** [ynbɑ̃ljø] ein Vorort, ein Vorstadtbereich **I 3A**
baraqué/baraquée *(fam.)* [baʀake/baʀake] kräftig, breitschultrig *(ugs.)* **III 1E**
un **baratineur**/une **baratineuse** *(fam.)* [ɛ̃baʀatinœʀ/ynbaʀatinøz] ein Schwätzer, eine Quasselstrippe *(ugs.)* **III 1**
une **barbe** [ynbaʀb] ein Bart **II 6**
La barbe! *(fam.)* [labaʀb] Jetzt reicht's!, Das nervt! *(ugs.)* ⟨**II 9**⟩
Quelle barbe! *(fam.)* [kɛlbaʀb] Wie langweilig! *(ugs.)* **II 6**
une **barrière** [ynbaʀjɛʀ] ein Zaun; eine Barriere **IV 3**
en **bas** [ɑ̃ba] unten, nach unten **I 4**
bas/basse [ba/bas] niedrig **I 4**
une **basket** [ynbaskɛt] ein Turnschuh **IV 1**
un **bateau**/des **bateaux** [ɛ̃bato/debato] ein Boot, ein Schiff/Boote, Schiffe ⟨**I 9E**⟩; **II 2**
un **batteur** [ɛ̃batœʀ] ein Schlagzeuger/eine Schlagzeugerin **III 4E**
battre qn [batʀ] jdn. schlagen, jdn. besiegen **III 5**
se battre avec qn [səbatʀ] sich mit jdm. prügeln, mit jdm. kämpfen ⟨**IV M1B**⟩
une **BD**/des **BD** [ynbede/debede] ein Comic(Heft)/Comics **I 5**
beau/bel/belle [bo/bɛl/bɛl] schön **II 3B**
beaucoup [boku] viel, sehr **I 7**
beaucoup de [bokudə] viel(e) *(bei Mengen)* **I 7**
beaucoup de monde [bokudmɔ̃d] viele Leute **I 7**
un **bébé** [ɛ̃bebe] ein Baby ⟨**IV M2**, 6⟩
belge/belge [bɛlʒ/bɛlʒ] belgisch **I 8**, 5
un **Belge**/une **Belge** [ɛ̃bɛlʒ/ynbɛlʒ] ein Belgier/eine Belgierin **I 8**, 5
ben [bɛ̃] nun ja **I 2**
une **béquille** [ynbekij] eine Krücke **II 7B**
bête/bête [bɛt/bɛt] dumm **I 7**
une **bêtise** [ynbetiz] eine Dummheit **II 4**
le **béton** [ləbetɔ̃] der Beton **IV 4**
un **beur**/une **beur(ette)** *(fam.)* [ɛ̃bœʀ/ynbœʀ(ɛt)] ein „Beur"/eine „Beur" *(ugs.)* **III 3**
Beurk! *(fam.)* [bœʀk] Igitt! *(ugs.)* **II 2**, 3
le **beurre** [ləbœʀ] die Butter **II 5E**
une **bibliothèque** [ynbiblijɔtɛk] eine Bibliothek **I 6B**, 7
bien [bjɛ̃] *(hier)* wohl *(bei einer Nachfrage)* **I 6B**
bien *(Adv.)* [bjɛ̃] gut **I 2**, 3
bien sûr [bjɛ̃syʀ] sicherlich, na klar! **II 3B**
Bienvenue! [bjɛ̃vny] Willkommen! **I 1**
un **bijou**/des **bijoux** [ɛ̃biʒu/debiʒu] ein Schmuckstück, ein Schmuck ⟨**I 9A**⟩
un **bikini** [ɛ̃bikini] ein Bikini **III 4**
bilingue [bilɛ̃g] zweisprachig **I 8**
un **billet** [ɛ̃bijɛ] eine Fahrkarte **I 7**
une **bise** *(fam.)* [ynbiz] ein Kuss *(ugs.)* **I 8**
faire la bise à qn [fɛʀlabiz] jdn. mit Wangenkuss begrüßen, jdn. mit Wangenkuss verabschieden *(ugs.)* **I 8**
un **bisou** [ɛ̃bizu] ein Küsschen ⟨**I 9B**⟩
bizarre/bizarre [bizaʀ/bizaʀ] komisch, merkwürdig **I 1**
une **blague** [ynblag] ein Scherz, ein Streich ⟨**III M2**⟩
blanc/blanche [blɑ̃/blɑ̃ʃ] weiß **I 7**
un **blessé**/une **blessée** [ɛ̃blese/ynblese] ein Verletzter/eine Verletzte ⟨**IV M2**, 6⟩
blessé/blessée [blese/blese] verletzt, verwundet ⟨**IV M2**⟩
blesser qn [blese] jdn. verletzen ⟨**III M1**⟩
bleu/bleue [blø] blau **I 7**
un **bloc à dessin** [ɛ̃blɔkadesɛ̃] ein Zeichenblock **I 2**
blond/blonde [blɔ̃/blɔ̃d] blond ⟨**II 8B**, 9⟩
un **blouson** [ɛ̃bluzɔ̃] eine Jacke **IV 1**
Bof! [bɔf] Na ja!, Ach! *(ugs.)* **I 1**, 3
boire qc [bwaʀ] etw. trinken **I 7**
boire à qc [bwaʀ] auf etw. trinken, auf etw. anstoßen **I 7**
le **bois** [ləbwa] das Holz ⟨**II 9E**⟩
une **boisson** [ynbwasɔ̃] ein Getränk **II 5**
une **boîte** [ynbwat] eine Schachtel; *(hier)* eine Dose, eine Büchse ⟨**IV M3**⟩
une **bombe de peinture** [ynbɔ̃bdəpɛ̃tyʀ] eine (Farb)Sprühdose **IV 4E**
bon/bonne [bɔ̃/bɔn] gut **I 3B; I 7**
un **bonbon** [ɛ̃bɔ̃bɔ̃] ein Bonbon **III 2**
Bonjour! [bɔ̃ʒuʀ] Guten Tag! **I 1E**
un **bonnet** [ɛ̃bɔnɛ] eine Mütze ⟨**II 8A**⟩
Bonsoir. [bɔ̃swaʀ] Guten Abend. **I 8E**
au bord de qc [obɔʀdə] am Rande von etw., am Ufer von etw. ⟨**I 9A**⟩; **II 2**
bosser *(fam.)* [bɔse] schuften *(ugs.)* **IV 2**, 3
une **bouche** [ynbuʃ] ein Mund, ein Maul **IV 4**
un **bouchon** [ɛ̃buʃɔ̃] *(hier)* ein Verkehrsstau **I 5**

bouger [buʒe] sich bewegen **I 6A**
une **bougie** [ynbuʒi] eine Kerze **II 5**
une **boulangerie** [ynbulɑ̃ʒʀi] eine Bäckerei **II 5**
une **boule** [ynbul] eine Kugel **I 7**
un **boulevard** [ɛ̃bulvaʀ] ein Boulevard **II 1**, 2
un **boulot** *(fam.)* [ɛ̃bulo] ein Job *(ugs.)* **IV 2**
bousculer qn [buskyle] jdn. anrempeln **I 5**
au bout de qc [obu] am Ende von etw. ⟨**IV M3**⟩
une **bouteille** [ynbutɛj] eine Flasche **I 2**
une **branche** [ynbʀɑ̃ʃ] ein Ast, ein Zweig ⟨**IV M2**⟩; ⟨**IV M3**⟩
branché/branchée *(fam.)* [bʀɑ̃ʃe/bʀɑ̃ʃe] „in", „up to date" *(ugs.)* **III 1E**
un **bras** [ɛ̃bʀa] ein Arm **II 7B**, 4
une **brasserie** [ynbʀasʀi] eine Gaststätte **II 5**, 7
Bravo! [bʀavo] Bravo! **I 6B**
bref/brève [bʀɛf/bʀɛv] kurz **III 4**
le **breton** [ləbʀətõ] das Bretonische **III 5**, 8
breton/bretonne [bʀətõ/bʀətɔn] bretonisch ⟨**I 9A**⟩
un **bretzel** [ɛ̃bʀɛtzɛl] eine Brezel **IV 3**
bronzer [bʀõze] braun werden **IV 5**
un **brouillard** [ɛ̃bʀujaʀ] ein Nebel ⟨**IV M1A**⟩
un **bruit** [ɛ̃bʀɥi] ein Geräusch, ein Lärm ⟨**IV M1B**⟩
brûler qc [bʀyle] etw. verbrennen ⟨**III M1**⟩; **IV 5**
un **bureau** [ɛ̃byʀo] ein Arbeitszimmer; *(hier)* ein Schreibtisch **III 5E**
un bureau des objets trouvés [ɛ̃byʀodezɔbʒɛtʀuve] ein Fundbüro **II 3B**, 6
un **bus** [ɛ̃bys] ein Bus **I 5**

C

ça [sa] das **I 2**
Ça alors! [saalɔʀ] Na sowas! ⟨**I 9A**, 3⟩
Ça y est! [sajɛ] Das wär's!, Geschafft! **IV 2**
le **cacao** [ləkakao] der Kakao **IV 5**
se cacher [səkaʃe] sich verstecken **II 7B**
cacher qc [kaʃe] etw. verstecken ⟨**II 8A**⟩
un **cadeau**/des **cadeaux** [ɛ̃kado] ein Geschenk/Geschenke **I 7**
un **café** [ɛ̃kafe] ein Café **II 1**, 2
le **café** [ləkafe] der Kaffee **II 1**, 2
un **cahier** [ɛ̃kaje] ein Heft **I 2**, 3
une **caisse** [ynkɛs] eine Kasse **I 5**
un **calendrier** [ɛ̃kalɑ̃dʀije] ein Kalender **I 8**
le **calme** [ləkalm] die Ruhe, die Gelassenheit **III 5E**
calme/calme [kalm/kalm] ruhig, still **III 3**
un **camarade**/une **camarade** [ɛ̃kamaʀad/ynkamaʀad] ein Kamerad/eine Kameradin **IV 1**
une **caméra** [ynkameʀa] eine (Film)Kamera **I 6B**
un **caméraman** [ɛ̃kameʀaman] ein Kameramann ⟨**IV M1C**, 6⟩
camerounais/camerounaise [kamʀunɛ/kamʀunɛz] kamerunisch ⟨**III M3**, 6⟩
un **camion** [ɛ̃kamjõ] ein Lastwagen **II 2**, 12
la **campagne** [lakɑ̃paɲ] das Land *(im Gegensatz zur Stadt)* **I 7E**
camper [kɑ̃pe] campen, zelten ⟨**IV M3**⟩
un **camping-car** [ɛ̃kɑ̃piŋkaʀ] ein Wohnmobil **II 1**
un **Canadien**/une **Canadienne** [ɛkanadjɛ̃/ynkanadjɛn] ein Kanadier/eine Kanadierin ⟨**III M3E**⟩
canadien/canadienne [kanadjɛ̃/kanadjɛn] kanadisch ⟨**III M3E**⟩
un **canal** [ɛ̃kanal] ein Kanal **II 2**
un **canard** [ɛ̃kanaʀ] eine Ente **II 5**
un **candidat**/une **candidate** [ɛ̃kɑ̃dida/ynkɑ̃didat] ein Kandidat/eine Kandidatin ⟨**III M3**⟩
une **candidature** [ynkɑ̃didatyʀ] eine Kandidatur; *(hier)* eine Bewerbung **IV 2E**
canon *(inv.) (fam.)* [kanõ] abgefahren *(ugs.)* **III 1E**
une **cantine** [ynkɑ̃tin] eine Kantine **I 5E**
capable/capable [kapabl/kapabl] fähig **IV 4**
une **capitale** [ynkapital] eine Hauptstadt **II 1**
capituler [kapityle] sich ergeben, kapitulieren ⟨**II 9**, 8⟩
un **car** [ɛ̃kaʀ] ein Reisebus **III 2E**
car [kaʀ] denn **I 7**, 7
un **caractère** [ɛ̃kaʀaktɛʀ] ein Charakter ⟨**II 8B**, 9⟩; ⟨**IV M3**, 5⟩
caresser qn/qc [kaʀese] jdn./etw. streicheln **III 2**
un **carrefour** [ɛ̃kaʀfuʀ] eine Kreuzung **II 7A**, 6
un **cartable** [ɛ̃kaʀtabl] eine Schultasche ⟨**IV M1B**⟩
une **carte** [ynkaʀt] eine (Spiel)Karte **I 6A**, 2
une carte postale [ynkaʀt(ə)pɔstal] eine Postkarte ⟨**I 9A**⟩; **III 2**
une carte de séjour [ynkaʀtdəseʒuʀ] eine Aufenthaltserlaubnis ⟨**II 8B**⟩
une **carte d'identité** [ynkaʀtdidɑ̃tite] ein Personalausweis ⟨**IV M3**, 11⟩
un **carton** [ɛ̃kaʀtõ] ein Karton **I 2**
un **cas** [ɛ̃ka] ein Fall ⟨**III M2**⟩
en tout cas [ɑ̃tuka] jedenfalls, auf jeden Fall ⟨**III M2**⟩
un **casque** [ɛ̃kask] ein Sturzhelm, ein Schutzhelm **I 4**
cassé/cassée [kase] gebrochen, zerbrochen **II 7B**
casser qc [kase] etw. kaputt machen ⟨**III M1**⟩; **IV 4**
casser la figure à qn *(fam.)* [kaselafigyʀ] jdm. die Visage polieren *(ugs.)* **IV 4**
casser les pieds à qn *(fam.)* [kaselepje] jdm. auf den Wecker fallen *(ugs.)* ⟨**IV M1C**⟩
une **cassette** [ynkasɛt] eine Kassette **II 4**, 11
le **cassis** [ləkasis] die schwarze Johannisbeere **III 2E**
un **cassoulet** [ɛ̃kasulɛ] ein Cassoulet **II 2**, 3
une **catastrophe** [ynkatastʀɔf] eine Katastrophe **II 5**
une **cathédrale** [ynkatedʀal] eine Kathedrale ⟨**I 9B**⟩; **IV 3**
à cause de qn/qc [akos] (einer Person/einer Sache) wegen **IV 4**
une **cave** [ynkav] ein Keller **II 2**
un **CD**/des **CD** [ɛ̃sede/desede] eine CD/CDs **I 4**, 11
un **CDI** [ɛ̃sedei] ein CDI **I 6A**, 3
ce/cet/cette/ces [sə/sɛt/sɛt/se] dieser/diese/dieses ⟨**I 9B**⟩; **II 3B**
cela [səla] das **IV 4**, 5
célèbre/célèbre [selɛbʀ/selɛbʀ] berühmt ⟨**II 9E**⟩; ⟨**III M3**⟩
célibataire/célibataire [selibatɛʀ/selibatɛʀ] ledig, unverheiratet ⟨**IV M3**, 5⟩
celui/celle/ceux/celles [səlɥi/sɛl/sø/sɛl] jener/jene/jenes ⟨**III M2**⟩
la **cendre** [lasɑ̃dʀ] die Asche **IV 5**
un **centime** [ɛ̃sɑ̃tim] ein Cent **I 8**
un **centre-ville** [ɛ̃sɑ̃tʀəvil] ein Stadtzentrum **III 2**

cependant [s(ə)pɑ̃dɑ̃] doch, jedoch ⟨**IV M2**⟩
ce que [səkə] was *(Relativpronomen, Objekt)* **III 2**
ce qui [səki] was *(Relativpronomen, Subjekt)* **III 2**
certains/certaines *(pl.)* gewisse, bestimmte **IV 2**
chacun/chacune [ʃakɛ̃/ʃakyn] jeder/jede/jedes **III 4,** 6
une **chaîne de télévision** [ynʃɛndətelevizjõ] ein Fernsehsender **II 6**
une **chaise** [ynʃɛz] ein Stuhl ⟨**I 9B**⟩; **III 3**
un **chalet** [ɛ̃ʃalɛ] eine (Berg)Hütte ⟨**I 9E**⟩; **II 7A**
la **chaleur** [laʃalœʀ] die Hitze **II 6**
une **chambre** [ynʃɑ̃bʀ] ein Schlafzimmer **I 3E**
le **champagne** [ləʃɑ̃paɲ] der Champagner **I 7**
un **champion**/une **championne** [ɛ̃ʃɑ̃pjõ/ynʃɑ̃pjɔn] ein Meister/eine Meisterin, ein Champion ⟨**IV M2**⟩
la **chance** [laʃɑ̃s] das Glück, die Chance **I 5E**
un **chancelier**/une **chancelière** [ɛ̃ʃɑ̃səlje/ynʃɑ̃səljɛʀ] ein Kanzler/eine Kanzlerin **III 2**
changer [ʃɑ̃ʒe] wechseln; *(hier)* umsteigen **I 7**
changer de train [ʃɑ̃ʒedətʀɛ̃] den Zug wechseln, umsteigen **I 7**
une **chanson** [ynʃɑ̃sõ] ein Lied **I 7**
chanter [ʃɑ̃te] singen **I 7**
un **chanteur**/une **chanteuse** [ɛ̃ʃɑ̃tœʀ/ynʃɑ̃tøz] ein Sänger/eine Sängerin **II 2**
un **chantier** [ɛ̃ʃɑ̃tje] eine Baustelle; *(hier)* eine Ausgrabungsstätte **IV 2**
un **chapeau** [ɛ̃ʃapo] ein Hut ⟨**II 8B**⟩
chaque/chaque [ʃak/ʃak] jeder/jede/jedes + *Nomen* ⟨**I 9B**⟩; **II 4**
un **charabia** *(fam.)* [ɛ̃ʃaʀabja] ein Kauderwelsch *(ugs.)* **III 5,** 8
la **chasse** [laʃas] die Jagd **II 4,** 9
un **chat** [ɛ̃ʃa] eine Katze **I 1**
avoir un chat dans la gorge [avwaʀɛ̃ʃadɑ̃lagɔʀʒ] einen Frosch im Hals haben **I 6B**
châtain *(inv.)* [ʃatɛ̃] kastanienbraun ⟨**II 8B,** 9⟩
un **château** [ɛ̃ʃato] ein Schloss ⟨**IV M1C,** 4⟩; ⟨**IV M3,** 2⟩

chaud/chaude [ʃo/ʃod] warm, heiß ⟨**I 9A**⟩; **II 1**
une **chaussette** [ynʃosɛt] eine Socke, ein Strumpf **IV 1,** 6
une **chaussure** [ynʃosyʀ] ein Schuh **IV 1**
un **chef**/une **chef** [ɛ̃ʃɛf/ynʃɛf] ein Chef/eine Chefin **IV 1**
un **chemin** [ɛ̃ʃəmɛ̃] ein Weg **I 5,** 12
une **chemise** [ynʃəmiz] ein Hemd **I 7**
un **chemisier** [ɛ̃ʃ(ə)mizje] eine Bluse **IV 1,** 6
un **chèque** [ɛ̃ʃɛk] ein Scheck ⟨**I 9A**⟩
faire un chèque [fɛʀɛ̃ʃɛk] einen Scheck ausstellen ⟨**I 9A**⟩
cher/chère [ʃɛʀ] lieb, teuer **I 8E**
chercher qc [ʃɛʀʃe] etw. suchen **I 2E**
chéri/chérie [ʃeʀi] Liebling ⟨**I 9A,** 2⟩; **II 1E**
un **cheval**/des **chevaux** [ɛ̃ʃəval/deʃəvo] ein Pferd/Pferde ⟨**II 9**⟩; **III 5**
un **chevalier** [ɛ̃ʃəvalje] ein Ritter **III 5**
un **cheveu**/des **cheveux** [ɛ̃ʃ(ə)vø/deʃ(ə)vø] ein Haar/Haare ⟨**II 8A**⟩; **III 1E**
avoir les cheveux noirs [avwaʀleʃəvønwaʀ] schwarze Haare haben ⟨**II 8A**⟩
chez [ʃe] bei **I 5E**
chic/chic *(inv.)* [ʃik/ʃik] schick **IV 1**
un **chien** [ɛ̃ʃjɛ̃] ein Hund **I 1**
un **chiffre** [ɛ̃ʃifʀ] eine Ziffer, eine Zahl ⟨**II 9**⟩; **IV 4,** 5
la **chlorophylle** [laklɔʀɔfil] das Chlorophyll, das Blattgrün **II 7B**
le **chocolat** [ləʃɔkɔla] die Schokolade **II 5E**
choisir qc [ʃwaziʀ] etw. wählen, etw. aussuchen **II 4**
un **choriste**/une **choriste** [ɛ̃kɔʀist/ynkɔʀist] ein Chorsänger/eine Chorsängerin ⟨**IV M1E**⟩
une **chose** [ynʃoz] eine Sache **I 7**
quelque chose [kɛlkəʃoz] etwas **I 5**
les **choux de Bruxelles** *(m., pl.)* [leʃudəbʀy(k)sɛl] der Rosenkohl **II 4**
un chou à la crème [ɛ̃ʃualakʀɛm] ein Windbeutel **II 4**
la **choucroute** [laʃukʀut] das Sauerkraut **IV 3**
une **chouette** [ynʃwɛt] eine Eule **III 2**
chouette/chouette [ʃwɛt/ʃwɛt] nett, toll **III 2**
Chut! [ʃyt] Pst! **I 1**
une **chute** [ynʃyt] ein Sturz, ein Fall ⟨**IV M2**⟩
ci-dessus [sidəsy] (weiter) oben **II 2,** 9

une **cigarette** [ynsigaʀɛt] eine Zigarette **III 1,** 12
ci-joint [siʒwɛ̃] anbei, als Anlage **IV 2**
un **cinéma** [ɛ̃sinema] ein Kino **I 5E**
un **cirque** [ɛ̃siʀk] ein Zirkus **III 3E**
clair/claire [klɛʀ/klɛʀ] hell, klar **IV 5**
une **classe** [ynklas] eine Klasse **I 1,** 3
classer qc [klase] etw. einordnen **II 1,** 6
une **clé** [ynkle] ein Schlüssel ⟨**III M1**⟩; ⟨**IV M1A**⟩
fermer qc à clé [fɛʀme … akle] etw. abschließen ⟨**III M1**⟩; ⟨**IV M1A**⟩
un **climat** [ɛ̃klima] ein Klima **IV 5**
cliquer sur qc [klike] auf etw. klicken ⟨**III M2**⟩
un **clown** [ɛ̃klun] ein Clown **III 3E**
un **club** [ɛ̃klœb] ein Klub; *(hier)* eine Freizeitgruppe, eine AG **I 4E**
un club de dessin [ɛ̃klœbdədesɛ̃] AG Zeichnen, Arbeitsgemeinschaft Zeichnen **I 4E**
un club de lecture [ɛ̃klœbdəlɛktyʀ] eine Lesegruppe, eine Lese-AG **I 7,** 16
un **coca** [ɛ̃koka] eine Cola **I 8,** 13
un **cœur** [ɛ̃kœʀ] ein Herz **I 6B**
un **coiffeur**/une **coiffeuse** [ɛ̃kwafœʀ/ynkwaføz] ein Friseur/eine Friseurin **IV 2,** 2
la **colère** [lakɔlɛʀ] der Zorn, die Wut **I 3B**
être en colère [ɛtʀɑ̃kɔlɛʀ] wütend sein **I 3B**
la **colle** [lakɔl] das Nachsitzen **IV 1**
un **collège** [ɛ̃kɔlɛʒ] ein «Collège» **I 1**
coller qc [kɔle] etw. (an)kleben **I 2**
un **colon** [ɛ̃kɔlõ] ein Siedler/eine Siedlerin; ein Kolonist/eine Kolonistin **IV 5**
une **colonie** [ynkɔlɔni] eine Kolonie **IV 5**
une **colonie de vacances** [ynkɔlɔnid(ə)vakɑ̃s] ein Ferienlager ⟨**I 9E**⟩; **IV 2,** 11
combien (de) [kõbjɛ̃] wie viel **I 8**
combiner qc [kõbine] etw. kombinieren, etw. verbinden **IV 5**
une **comédie musicale** [ynkɔmedimysikal] ein Musical **III 4E**
comme [kɔm] als **I 6E;** wie *(beim Vergleich)* **I 8E**
comme [kɔm] da, weil **II 5**
comme ça [kɔmsa] so, auf diese Weise **II 1E**

commencer qc [komɑ̃se] etw. anfangen **I 8**
commencer à faire qc [komɑ̃se] anfangen etw. zu tun **II 2,** 3
commencer par qc [kɔmɑ̃se] mit etw. beginnen, mit etw. anfangen **III 5,** 5
comment [kɔmɑ̃] wie **I 1**
communiquer avec qn [kɔmynike] mit jdm. kommunizieren, Nachrichten austauschen **II 6E**
complet/complète [kõplɛ/kõplɛt] vollständig **III 3**
compléter qc [kõplete] etw. vervollständigen **IV 3E**
compréhensif/compréhensive [kõpʀeɑ̃sif/kõpʀeɑ̃siv] verständnisvoll **⟨IV M1C⟩**
comprendre qc [kõpʀɑ̃dʀ] etw. verstehen **I 8**
compter qc [kõte] etw. zählen **I 4,** 2
un **comte**/une **comtesse** [ɛ̃kõt/ynkõtɛs] ein Graf/eine Gräfin **⟨IV M1C⟩**
un **concert** [ɛ̃kõsɛʀ] ein Konzert **⟨I 9B⟩; II 2**
un **concours** [ɛ̃kõkuʀ] ein Wettbewerb **⟨III M3⟩**
une **condition** [ynkõdisjõ] eine Bedingung **IV 2,** 3
un **conducteur**/une **conductrice** [ɛ̃kõdyktœʀ/ynkõdyktʀis] ein Fahrer/eine Fahrerin **II 3A**
conduire qn/qc [kõdɥiʀ] jdn./etw. fahren; jdn./etw. führen **II 7B;** *(hier)* jdn. bringen **⟨III M3⟩**
conduire qn à bon port [kõdɥiʀ … abõpɔʀ] jdn. in den sicheren Hafen führen **⟨III M2⟩**
connaître qc [kɔnɛtʀ] etw. kennen **II 3A**
se connecter [səkɔnɛkte] sich einloggen **⟨III M2⟩**
un **conseil** [ɛ̃kõsɛj] ein Rat, ein Ratschlag **III 1,** 8
consoler qn [kõsɔle] jdn. trösten **III 5E**
construire qc [kõstʀɥiʀ] etw. bauen **II 7B**
contacter qn [kõtakte] mit jdm. in Verbindung treten **II 7E**
un **conte** [ɛ̃kõt] eine Erzählung **⟨III M3,** 6⟩
content/contente [kõtɑ̃/kõtɑ̃t] zufrieden, glücklich **I 7**
continuer [kõtinɥe] weitermachen, fortfahren **I 8**
continuer à faire qc [kõtinɥe] etw. weitermachen, fortfahren etw. zu tun **II 4**
le **contraire** (de) [ləkõtʀɛʀ] das Gegenteil (von) **I 8,** 14
un **contrat** [ɛ̃kõtʀa] ein Vertrag **III 4**
contre [kõtʀ] gegen **I 3A,** 3
contrôler qn/qc [kõtʀole] jdn./etw. kontrollieren **III 3**
un **contrôleur**/une **contrôleuse** [ɛ̃kõtʀolœʀ/ynkõtʀoløz] ein Kontrolleur/eine Kontrolleurin **III 3**
convoquer qn [kõvɔke] jdn. (ein)bestellen, jdn. kommen lassen **IV 1**
un **copain**/une **copine** *(fam.)* [ɛ̃kɔpɛ̃/ynkɔpin] ein Freund/eine Freundin *(ugs.)* **I 3E**
copier qc [kɔpje] etw. kopieren, etw. abschreiben **II 6,** 6
un **coq** [ɛ̃kɔk] ein Hahn **I 7E**
un **coquillage** [ɛ̃kɔkijaʒ] eine Muschel **⟨I 9E⟩; III 1,** 11
un **corbeau** [ɛ̃kɔʀbo] ein Rabe **⟨II 9,** 10⟩
une **corde** [ynkɔʀd] ein Seil **I 4**
cordial/cordiale [kɔʀdjal] herzlich **II 4,** 11
Cordialement. [kɔʀdjalmɑ̃] Herzliche Grüße. **I 8E**
correct/correcte [kɔʀɛkt/kɔʀɛkt] richtig, korrekt **I 8**
un **correspondant**/une **correspondante** [ɛ̃kɔʀɛspõdɑ̃/ynkɔʀɛspõdɑ̃t] ein Brieffreund/eine Brieffreundin; ein Austauschpartner/eine Austauschpartnerin **⟨I 9A,** 7⟩**; II 2,** 10
un **costume** [ɛ̃kɔstym] ein Anzug; ein Kostüm; eine Tracht **IV 1,** 6
une **côte** [ynkot] eine Küste **III 5E**
à côté [akote] daneben, nebenan **⟨I 9A⟩; II 3A**
à côté de [akotedə] neben **⟨I 9A⟩**
se coucher [səkuʃe] sich schlafen legen, sich hinlegen **III 5**
coucou [kuku] kuckuck **IV 1E**
couler [kule] fließen, rinnen, strömen, tropfen **IV 4**
une **couleur** [ynkulœʀ] eine Farbe **I 7,** 13
un **couloir** [ɛ̃kulwaʀ] ein Gang, ein Flur, ein Korridor **⟨IV M1B⟩**
un **coup de téléphone** [ɛ̃kudətelefɔn] ein (Telefon)Anruf **I 8E**
le coup de foudre [ləkudfudʀ] Liebe auf den ersten Blick **II 3A**
couper qc [kupe] etw. schneiden **I 6B;** etw. schneiden *(hier)* unterbrechen (die Verbindung) **II 6**
une **cour** [ynkuʀ] ein Hof **I 2**
le **courage** [ləkuʀaʒ] der Mut **III 4**
un **courant** [ɛ̃kuʀɑ̃] ein Strom, eine Strömung **⟨IV M2⟩**
courir [kuʀiʀ] laufen, rennen **II 2**
le **courrier** [ləkuʀje] die Post **IV 3,** 7
un **cours** [ɛ̃kuʀ] eine Unterrichtsstunde **II 4**
en cours [ɑ̃kuʀ] im Unterricht **II 4**
faire les courses *(f., pl.)* [fɛʀlekuʀs] einkaufen **II 5E**
court/courte [kuʀ/kuʀt] kurz **⟨II 8B,** 9⟩**; III 1E**
un **court-métrage** [ɛ̃kuʀmetʀaʒ] ein Kurzfilm **⟨IV M1C,** 5⟩
un **cousin**/une **cousine** [ɛ̃kuzɛ̃/ynkuzin] ein Cousin/eine Cousine **I 5E**
coûter qc [kute] etw. kosten **IV 4**
coûter cher [kuteʃɛʀ] teuer sein; *(hier)* teuer zu stehen kommen **IV 4**
couvrir qn/qc [kuvʀiʀ] jdn./etw. bedecken **IV 5**
crade/crade *(fam.)* [kʀad/kʀad] versifft *(ugs.)* **IV 2,** 3
craindre qn/qc [kʀɛ̃dʀ] jdn./etw. fürchten **III 5**
un **crayon** [ɛ̃kʀɛjõ] ein Bleistift **I 2**
créer qc [kʀee] etw. schaffen, etw. kreieren **IV 5**
la **crème chantilly** [lakʀɛmʃɑ̃tiji] die Schlagsahne **II 5E**
le **créole** [lekʀeɔl] das Kreolische, die kreolische Sprache **IV 5**
créole/créole [kʀeɔl/kʀeɔl] kreolisch **IV 5**
une **crêpe** [ynkʀɛp] ein Pfannkuchen **⟨I 9A,** 4⟩**; II 2E**
une **crêperie** [ynkʀɛpʀi] ein Crêpe-Restaurant **⟨I 9B⟩; III 5**
creuser qc [kʀøze] etw. (aus)graben **IV 2**
crier [kʀije] schreien **I 4**
une **crise** [ynkʀiz] eine Krise **IV 4**
croire qc [kʀwaʀ] etw. glauben **II 6**
croire à qc [kʀwaʀ] an etw. glauben **⟨IV M2⟩**
une **croix** [ynkʀwa] ein Kreuz **⟨IV M3⟩**
une **croquette** [ynkʀɔkɛt] eine Krokette; *(hier) Trockenfutter für Katzen* **I 6A**
une **cuisine** [ynkɥizin] eine Küche **I 3E**
un **cuisinier**/une **cuisinière** [ɛ̃kɥizinje/ynkɥizinjɛʀ] ein Koch/eine Köchin **I 5E**
une **culture** [ynkyltyʀ] eine Kultur **⟨III M3E⟩; IV 3**
curieux/curieuse [kyʀjø/kyʀjøz] neugierig; *(hier)* merkwürdig **⟨II 8A⟩; ⟨IV M3,** 5⟩

une **curiosité** [ynkyʀjozite] eine Neugier; *(hier)* eine Sehenswürdigkeit ⟨IV M3, 10⟩
un **curriculum vitæ** [ɛ̃kyʀikylɔmvite] ein Lebenslauf IV 2
un **cyberprojet** [ɛ̃sibɛʀpʀɔʒɛ] ein Internetprojekt, ein Online-Projekt ⟨III M2E⟩
un **cycliste**/une **cycliste** [ɛ̃siklist/ynsiklist] ein Radfahrer/eine Radfahrerin ⟨I 9A⟩
un **cyclone** [ɛ̃siklon] ein Wirbelsturm IV 5

D

d'abord [dabɔʀ] zuerst **I 3E**
d'accord [dakɔʀ] einverstanden, o.k. **I 2E**
une **dame** [yndam] eine Dame **I 5**
un **danger** [ɛ̃dɑ̃ʒe] eine Gefahr **IV 5**
dangereux/dangereuse [dɑ̃ʒʀø/dɑ̃ʒʀøz] gefährlich **II 4**
le **danois** [lədanwa] das Dänische, die dänische Sprache **IV 3E**
un Danois/une Danoise [ɛ̃danwa/yndanwaz] ein Däne/eine Dänin **IV 3E**
danois/danoise [danwa/danwaz] dänisch **IV 3E**
dans [dɑ̃] in **I 2E**
la **danse** [ladɑ̃s] das Tanzen; der Tanz **I 4**
danser [dɑ̃se] tanzen **II 2E**
un **danseur**/une **danseuse** [ɛ̃dɑ̃sœʀ/yndɑ̃søz] ein Tänzer/eine Tänzerin ⟨I 9A⟩
d'après [dapʀɛ] nach, zufolge, gemäß ⟨IV M3, 6⟩
une **date** [yndat] ein Datum **I 8,** 12
une date de naissance [yndatdənɛsɑ̃s] ein Geburtstag ⟨IV M3, 5
un **dauphin** [ɛ̃dofɛ̃] ein Delfin **IV 5**
de/d' [də/d] von, aus **I 1**
de ... à [də ... a] von ... bis **I 5E**
se débrouiller [sədebʀuje] zurecht kommen, sich zu helfen wissen **IV 1**
un **début** [ɛ̃deby] ein Anfang **III 5**
au début [odeby] zu Anfang **III 5**
débuter [debyte] anfangen, Anfänger sein **I 4**
décembre *(m.)* [desɑ̃bʀ] Dezember **I 7,** 6
déchirer qc [deʃiʀe] etw. zerreißen ⟨IV M3⟩
décider de faire qc [deside] beschließen, etw. zu tun; entscheiden, etw. zu tun **IV 1**
déclarer qc à qn [deklaʀe] jdm. etw. erklären **III 5**
une **découverte** [yndekuvɛʀt] eine Entdeckung ⟨I 9E⟩; **II 1E**
découvrir qc [dekuvʀiʀ] etw. entdecken **II 7B**
décrire qc [dekʀiʀ] etw. beschreiben **II 7A,** 5
déçu/déçue [desy/desy] enttäuscht **IV 2**
un **défaut** [ɛ̃defo] ein (Charakter)Fehler; ein Mangel ⟨IV M3, 5⟩
se défendre [sədefɑ̃dʀ] sich verteidigen **IV 4**
un **défilé** [ɛ̃defile] ein Umzug, eine Parade **IV 5**
une **définition** [yndefinisjɔ̃] eine Definition, eine Beschreibung **III 2,** 6
un **degré** [ɛ̃dəgʀe] ein Grad **II 1**
dehors [dəɔʀ] draußen, im Freien ⟨II 8B, 3⟩; **III 4**
déjà [deʒa] schon **I 3B**
de l'autre côté [delotʀəkote] auf der anderen Seite *(räumlich)* ⟨IV M3⟩
délicieux/délicieuse [delisjø/delisjøz] köstlich **II 5**
demain [dəmɛ̃] morgen **I 6A**
demander qc à qn [dəmɑ̃de] jdn. etw. fragen **I 6A**
demander à qn de faire qc [dəmɑ̃de] jdn. darum bitten, etwas zu tun **II 4,** 6
demander à qn si [dəmɑ̃de] jdn. fragen, ob **I 8**
demander pardon à qn [dəmɑ̃depaʀdɔ̃] sich bei jdm. entschuldigen **III 1**
un **déménagement** [ɛ̃demenaʒmɑ̃] ein Umzug, ein Wohnungswechsel **II 2**
déménager [demenaʒe] umziehen **II 1**
un **déménageur** [ɛ̃demenaʒœʀ] ein Möbelpacker **II 2,** 12
une **demi-heure** [ynd(ə)mijœʀ] eine halbe Stunde ⟨I 9A⟩; **III 2**
faire demi-tour [fɛʀdəmituʀ] wenden, umdrehen **II 7A,** 6
le **départ** [lədepaʀ] die Abfahrt, der Aufbruch **I 8**
un **département** [ɛ̃depaʀtəmɑ̃] ein Departement **III 2,** 5
dépasser [depase] hervorragen, überragen ⟨IV M3⟩
depuis [dəpɥi] seit **I 8,** 2
depuis que *(Konjunktion)* [dəpɥikə] seit **III 1**
dernier/dernière [dɛʀnje/dɛʀnjɛʀ] letzter/letzte/letztes **II 2,** 3
se dérouler [sədeʀule] sich abspielen, spielen, stattfinden ⟨IV M1C, 5⟩
derrière [dɛʀjɛʀ] hinter **I 2**
descendre [desɑ̃dʀ] hinuntergehen, aussteigen **II 2E**
un **désir** [ɛ̃deziʀ] ein Wunsch, ein Verlangen ⟨IV M3, 5⟩
désirer qc [deziʀe] etw. wünschen **I 8**
un **dessert** [ɛ̃desɛʀ] ein Nachtisch **II 4**
un **dessin** [ɛ̃desɛ̃] eine Zeichnung **I 2**
un **dessin animé** [ɛ̃dɛsɛ̃anime] ein Zeichentrickfilm ⟨IV M1C, 5⟩
un **dessinateur**/une **dessinatrice** [ɛ̃desinatœʀ/yndesinatʀis] ein Zeichner/eine Zeichnerin **I 6E**
dessiner qc [desine] etw. zeichnen **I 2**
un **détail** [ɛ̃detaj] eine Einzelheit, ein Detail **IV 1**
détester qc [detɛste] etw. verabscheuen, etw. überhaupt nicht mögen **II 4**
de toute façon [dətutfasɔ̃] in jedem Fall **IV 1**
détruire qc [detʀɥiʀ] etw. zerstören, etw. vernichten ⟨III M1⟩; **IV 5**
le **deuxième**/la **deuxième** [lədøzjɛm/ladøzjɛm] der zweite/die zweite/das zweite **II 5,** 11
devant [dəvɑ̃] vor *(örtlich)* **I 2**
un **développement** [ɛ̃dev(ə)lɔpmɑ̃] eine Entwicklung ⟨IV M3, 10⟩
devenir qn/qc [dəvəniʀ] jd./etw. werden ⟨II 8A⟩; **III 4**
deviner qc [dəvine] etw. erraten ⟨II 8A, 8⟩; **III 4E**
une **devinette** [yndəvinɛt] ein Rätsel **II 3A,** 5
un **devoir** [ɛ̃dəvwaʀ] eine (Haus)Aufgabe **I 7,** 15
devoir faire qc [devwaʀ] etw. tun müssen **II 2**
un **dialogue** [ɛ̃djalɔg] ein Dialog **I 1,** 3
une **dictature** [yndiktatyʀ] eine Diktatur, eine Gewaltherrschaft **IV 1**
une **dictée** [yndikte] ein Diktat ⟨III M3⟩
un **dictionnaire** [ɛ̃diksjɔnɛʀ] ein Wörterbuch ⟨I 9B⟩; **II 7E**
dieu *(m.)* [djø] Gott **I 6A**
Mon Dieu! [mɔ̃djø] Mein Gott! **I 6A**
une **différence** [yndifeʀɑ̃s] ein Unterschied **II 6,** 10

différent/différente [diferɑ̃/diferɑ̃t] anders I 7, 15
difficile/difficile [difisil/difisil] schwierig II 5
digne/digne de qc [diɲ/diɲ] etw. (einer Sache) würdig IV 2, 3
dimanche *(m.)* [dimɑ̃ʃ] Sonntag I 6E
dingue/dingue *(fam.)* [dɛ̃g/dɛ̃g] bekloppt *(ugs.)* III 1
un **dinosaure** [ɛ̃dinozɔʀ] ein Dinosaurier IV 2
dire qc à qn [diʀ] jdm. etw. sagen I 8
dire qc dans sa barbe [dɑ̃sabaʀb] etw. undeutlich sagen II 7A
Dis donc! *(fam.)* [didɔ̃k] Sag bloß! *(ugs.)* ⟨III M3⟩
dire à qn que … [diʀ] jdm. sagen, dass … I 8
direct/directe [diʀɛkt/diʀɛkt] direkt ⟨III M1⟩; IV 2, 10
un **directeur**/une **directrice** [ɛ̃diʀɛktœʀ/yndiʀɛktʀis] ein Direktor/eine Direktorin II 3A, 3
une **discussion** [yndiskysjɔ̃] eine Unterhaltung, ein Gespräch IV 1E
discuter [diskyte] sich unterhalten, diskutieren I 3A
disparaître [dispaʀɛtʀ] verschwinden IV 4
la **disparition** [ladispaʀisjɔ̃] das Verschwinden; das Aussterben ⟨IV M3, 12⟩
une **dispute** [yndispyt] ein Streit III 1, 1
se disputer avec qn [sədispyte] sich mit jdm. streiten II 7B
divorcé/divorcée [divɔʀse/divɔʀse] geschieden ⟨IV M3, 5⟩
un **dixième** [ɛ̃dizjɛm] ein Zehntel III 3
un **docteur** [ɛ̃dɔktœʀ] ein Doktor, ein Arzt II 7B, 4
un **domaine** [ɛ̃dɔmɛn] ein Gebiet, ein Bereich, eine Domäne IV 2
Dommage! [dɔmaʒ] Schade! III 1
donc [dɔ̃k] also III 1
donner qc à qn [dɔne] jdm. etw. geben I 6A
se donner du courage [sədɔnedykuʀaʒ] Mut fassen ⟨IV M1B⟩
donner rendez-vous à qn [dɔneʀɑ̃devu] sich mit jdm. verabreden IV 2, 4
dont [dɔ̃] dessen/deren, von dem/von der/von denen *(Relativpronomen)* III 2; *(hier)* darunter ⟨III M1⟩
dormir [dɔʀmiʀ] schlafen ⟨I 9A⟩; II 1
le **dos** [lədo] der Rücken II 1E
une **douche** [ynduʃ] eine Dusche IV 1, 4
une **douleur** [yndulœʀ] ein Schmerz II 7B
draguer qn *(fam.)* [dʀage] jdn. anbaggern, jdn. anmachen *(ugs.)* III 1
un **drapeau** [ɛ̃dʀapo] eine Fahne, eine Flagge IV 3
une **drogue** [yndʀɔg] eine Droge IV 4
à droite [adʀwat] (nach) rechts I 5
droit *(Adv.)* [dʀwa] geradewegs; *(hier)* direkt III 5E
drôle/drôle [dʀol/dʀol] lustig I 8
un drôle de nom [ɛ̃dʀoldənɔ̃] ein komischer Name ⟨II 8A⟩
un **duc**/une **duchesse** [ɛ̃dyk/yndyʃɛs] ein Herzog/eine Herzogin III 2
d'une part … d'autre part [dynpaʀ … dotʀəpaʀ] einerseits … andererseits ⟨IV M2⟩
dur/dure [dyʀ/dyʀ] hart II 4, 7
durer [dyʀe] dauern ⟨IV M1C, 5⟩
un **DVD** [ɛ̃devede] eine DVD II 3B

E

l'**eau** *(f.)* [lo] das Wasser I 7
une eau minérale [ynomineʀal] ein Mineralwasser II 5
un **échange** [ɛ̃neʃɑ̃ʒ] ein (Aus)Tausch IV 3, 4
un **éclair** [ɛ̃neklɛʀ] ein Blitz II 7B
une **école** [ynekɔl] eine Schule I 4E
l'**écoute** *(f.)* [lekut] das (Zu)Hören II 7B, 6
écouter qn [ekute] jdm. zuhören I 3B
un **écran** [ɛ̃nekʀɑ̃] ein Bildschirm, eine Leinwand II 6
écrire qc [ekʀiʀ] etw. schreiben I 7
un **écrivain**/une **femme écrivain** [ɛ̃nekʀivɛ̃/ynfamekʀivɛ̃] ein Schriftsteller/eine Schriftstellerin ⟨III M3⟩
un **effet** [ɛ̃nefɛ] eine Wirkung, ein Eindruck; ein Effekt ⟨IV M2⟩
en effet [ɑ̃nefɛ] tatsächlich, nämlich ⟨IV M2⟩
égal/égale [egal/egal] gleich; gleichgültig ⟨II 9, 9⟩; IV 4
une **église** [ynegliz] eine Kirche ⟨II 9⟩; III 2E
élégant/élégante [elegɑ̃/elegɑ̃t] elegant, fein, geschmackvoll IV 1, 6
un **élève**/une **élève** [ɛ̃nelɛv/ynelɛv] ein Schüler/eine Schülerin I 4
s'éloigner [selwaɲe] sich entfernen II 7B
un **e-mail** [ɛ̃nimɛl] eine E-Mail I 4, 8
embrasser qn [ɑ̃bʀase] jdn. küssen, jdn. umarmen ⟨I 9A⟩; II 1E
une **émission** [ynemisjɔ̃] eine (Fernseh)Sendung ⟨III M1, 5⟩; ⟨III M3⟩; ⟨IV M3, 6⟩
un **emploi du temps** [ɛ̃nɑ̃plwadytɑ̃] ein Stundenplan III 3, 1
emporter qc [ɑ̃pɔʀte] etw. mitnehmen ⟨I 9B⟩
en [ɑ̃] *(verschiedene Bedeutungen)* I 1
en plus [ɑ̃plys] außerdem, zusätzlich I 4
encore [ɑ̃kɔʀ] noch, schon wieder I 4, 11
s'endormir [sɑ̃dɔʀmiʀ] einschlafen III 3
un **endroit** [ɛ̃nɑ̃dʀwa] ein Ort, eine Stelle ⟨II 9, 8⟩; ⟨IV M1A⟩
énerver qn [enɛʀve] jdn. aufregen II 2
un **enfant** [ɛ̃nɑ̃fɑ̃] ein Kind I 3A, 3
un **enfer** [ɛ̃nɑ̃fɛʀ] eine Hölle ⟨III M3⟩; IV 5
d'enfer [dɑ̃fɛʀ] Höllen-, Riesen- ⟨III M3⟩
enfin [ɑ̃fɛ̃] schließlich, endlich I 5
engagé/engagée [ɑ̃gaʒe/ɑ̃gaʒe] engagiert III 4
s'engager pour qc [sɑ̃gaʒe] sich für etw. einsetzen IV 2, 8
enlever qn/qc [ɑ̃l(ə)ve] etw. ausziehen; etw. abräumen; jdn. entführen IV 1, 4
l'**ennui** *(m.)* [lɑ̃nɥi] die Langeweile IV 4
ennuyeux/ennuyeuse [ɑ̃nɥijø/ɑ̃nɥijøz] langweilig ⟨IV M2E⟩
énormément [enɔʀmemɑ̃] sehr; unheimlich viel III 5
enregistrer qc [ɑ̃ʀəʒistʀe] etw. aufnehmen, etw. aufzeichnen III 4
l'**enseignement** *(m.)* [lɑ̃sɛɲ(ə)mɑ̃] der Unterricht; das Schulwesen ⟨IV M3, 10⟩
ensemble [ɑ̃sɑ̃bl] zusammen I 1
ensuite [ɑ̃sɥit] dann, danach II 5
entendre qc [ɑ̃tɑ̃dʀ] etw. hören I 8
en tout cas [ɑ̃tuka] jedenfalls, auf jeden Fall ⟨IV M2⟩
s'entraîner [sɑ̃tʀene] trainieren, üben III 3
entre [ɑ̃tʀ] zwischen ⟨I 9A⟩; II 3A, 9
une **entrée** [ynɑ̃tʀe] ein Eingang I 1E; *(hier)* eine Vorspeise II 5

entrer [ɑ̃tʀe] eintreten, betreten, hereinkommen **I 2**
un **entretien** [ɛ̃nɑ̃tʀətjɛ̃] ein (Vorstellungs)Gespräch **IV 2,** 11
avoir **envie** [avwaʀɑ̃vi] Lust haben **I 4**
avoir envie de faire qc [avwaʀɑ̃vi] Lust haben, etw. zu tun **I 6B**
faire envie à qn [fɛʀɑ̃vi] jdn. neidisch machen **III 2**
environ [ɑ̃viʀɔ̃] ungefähr, etwa **IV 4**
un **environnement** [ɛ̃nɑ̃viʀɔnmɑ̃] eine Umwelt; eine Umgebung **IV 3**
envoyer qc à qn [ɑ̃vwaje] jdm. etw. schicken **II 2**
une **épaule** [ynepol] eine Schulter ⟨**IV M3E**⟩
une **épice** [ynepis] ein Gewürz **III 2**
une **époque** [ynepɔk] eine Epoche, ein Zeitalter ⟨**IV M3**⟩
à l'époque [alepɔk] damals, zu der Zeit ⟨**IV M3**⟩
une **équipe** [ynekip] eine Mannschaft, ein Team **II 3E**
une **éruption** [yneʀypsjɔ̃] ein (Vulkan)-Ausbruch **IV 5**
l'**escalade** *(f.)* [lɛskalad] das Klettern **I 4E**
un **escalier** [ɛ̃nɛskalje] eine Treppe **II 2**
un **escargot** [ɛ̃nɛskaʀgo] eine Schnecke **III 2E**
l'**esclavage** *(m.)* [lɛsklavaʒ] die Sklaverei **IV 5**
un **esclave**/une **esclave** [ɛ̃nɛsklav/ynɛsklav] ein Sklave/eine Sklavin **IV 5**
un **Espagnol**/une **Espagnole** [ɛ̃nɛspaɲɔl/ynɛspaɲɔl] ein Spanier/eine Spanierin **IV 5**
espagnol/espagnole [ɛspaɲɔl/ɛspaɲɔl] spanisch **I 7E**
espérer qc [ɛspeʀe] etw. hoffen ⟨**II 9**⟩; **III 4**
un **espoir** [ɛ̃nɛspwaʀ] eine Hoffnung **IV 2**
essayer qc [eseje] etw. versuchen, etw. ausprobieren, etw. anprobieren ⟨**III M2**⟩
essayer de faire qc [eseje] versuchen, etw. zu tun **IV 4**
l'**est** *(m.)* [lɛst] der Osten **III 2E**
est-ce que [ɛskə] *Frageformel* **I 5**
et [e] und **I 1E**
un **étage** [ɛ̃netaʒ] ein Stockwerk, eine Etage **I 3E**
une **étagère** [ynetaʒɛʀ] ein Regal **I 2**
un **étang** [ɛ̃netɑ̃] ein Teich ⟨**IV M3**⟩
une **étape** [ynetap] eine Etappe ⟨**II 9**⟩
l'**été** *(m.)* [lete] der Sommer **I 7,** 6
éteindre qc [etɛ̃dʀ] etw. ausmachen, etw. ausschalten **III 5**
une **étiquette** [ynetikɛt] ein Etikett, ein Aufkleber **IV 1**
une **étoile** [ynetwal] ein Stern **II 1E**
un **étranger**/une **étrangère** [ɛ̃netʀɑ̃ʒe/ynetʀɑ̃ʒɛʀ] ein Ausländer/eine Ausländerin **III 3**
étranger/étrangère [etʀɑ̃ʒe/etʀɑ̃ʒɛʀ] fremd, ausländisch **IV 3E**
être [ɛtʀ] sein **I 3A**
être désolé(e) [ɛtʀədezɔle] jdm. Leid tun **II 2**
être enterré(e) [ɛtʀɑ̃tɛʀe] begraben sein **IV 2**
être en train de faire qc [ɛtʀɑ̃tʀɛ̃dəfɛʀ] gerade etw. tun **II 4**
être mort(e) [ɛtʀəmɔʀ(t)] gestorben sein, tot sein **III 2,** 7
être né(e) [ɛtʀəne] geboren werden **II 5**
ne pas être dans son assiette *(fam.)* [nəpazɛtʀ(ə)dɑ̃sɔnasjɛt] nicht auf dem Damm sein *(ugs.)* ⟨**IV M1,** 4⟩
être jumelé(e) avec qn/qc [ɛtʀ(ə)ʒym(ə)le] mit jdm./etw. partnerschaftlich verbunden sein ⟨**IV M3,** 4⟩
les **études** *(f., pl.)* [lezetyd] das Studium **IV 2**
étudier qc [etydje] etw. studieren **IV 3E**
euh ... [ø] äh ... *(Ausdruck des Zögerns)* **I 1**
un **euro**/des **euros** [ɛ̃nøʀo/dezøʀo] ein Euro/Euros **I 7,** 8
un **Européen**/une **Européenne** [ɛ̃nøʀɔpeɛ̃/ynøʀɔpeɛn] ein Europäer/eine Europäerin **IV 2**
européen/européenne [øʀɔpeɛ̃/øʀɔpeɛn] europäisch **IV 2**
évident/évidente [evidɑ̃/evidɑ̃t] klar, offensichtlich **III 5**
éviter qc [evite] etw. vermeiden **I 7,** 17
exact/exacte [ɛgza(kt)/ɛgzakt] genau **III 3**
une **excursion** [ynɛkskyʀsjɔ̃] ein Ausflug **III 2**
s'excuser [sɛkskyze] sich entschuldigen **III 1,** 9
un **exemple** [ɛ̃nɛgzɑ̃pl] ein Beispiel **I 1,** 1
par exemple [paʀɛgzɑ̃pl] zum Beispiel **II 3B**
un **exercice** [ɛ̃nɛgzɛʀsis] eine Übung **I 4**
exiger qc [ɛgziʒe] etw. verlangen, etw. fordern **IV 1**
un **exil** [ɛ̃nɛgzil] ein Exil **IV 5**
un **exo** *(fam.)* [ɛ̃nɛgzo] eine Übung; *(hier)* eine (Haus)Aufgabe *(ugs.)* **IV 4,** 8
exotique/exotique [ɛgzɔtik/ɛgzɔtik] exotisch **IV 5**
une **expérience** [ynɛkspeʀjɑ̃s] eine Erfahrung **IV 2**
une **explication** [ynɛksplikasjɔ̃] eine Erklärung **III 1,** 9
expliquer qc à qn [ɛksplike] jdm. etw. erklären **I 8**
un **exploit** [ɛ̃nɛksplwa] eine Leistung, eine (Helden)Tat, ein Kunststück ⟨**IV M2**⟩
un **exposé** [ɛ̃nɛkspoze] ein Referat **II 4**
une **exposition** [ynɛkspozisjɔ̃] eine Ausstellung ⟨**III M2**⟩; **IV 1**
une **expression** [ynɛkspʀesjɔ̃] ein Ausdruck **III 2,** 6

F

fabriquer qc [fabʀike] etw. herstellen ⟨**II 9E**⟩
en face de qn/qc [ɑ̃fas] gegenüber von jdm./etw. ⟨**II 8A**⟩; **III 5**
facile/facile [fasil/fasil] leicht **I 4**
une **façon** [ynfasɔ̃] eine Art und Weise **IV 1**
avoir **faim** *(f.)* [avwaʀfɛ̃] Hunger haben **I 8**
faire qc [fɛʀ] etw. machen **I 4E;** *(hier)* messen ⟨**III M1**⟩
faire venir qn [fɛʀvəniʀ] jdn. kommen lassen **IV 1**
faire faire qc [fɛʀfɛʀ] etw. tun lassen ⟨**IV M1E**⟩
faire un rêve [fɛʀɛ̃ʀɛv] träumen **I 6B,** 8
faire qc au noir [fɛʀ ... onwaʀ] etw. „schwarz" machen *(ohne Berechtigung)* **III 3**
s'en faire [sɑ̃fɛʀ] sich Sorgen machen **IV 4**
faire du cheval [fɛʀdyʃ(ə)val] reiten **IV 5**
faire école [fɛʀekɔl] Schule machen ⟨**IV M1E**⟩
faire la connaissance de qn/qc [fɛʀlakɔnɛsɑ̃s] mit jdm./etw. Bekanntschaft machen ⟨**IV M1B**⟩
en fait [ɑ̃fɛt] im Grunde genommen ⟨**IV M2**⟩

falloir [falwaʀ] brauchen, müssen **II 5**
une **famille** [ynfamij] eine Familie **I 3A**
un **fan**/une **fan** [ɛ̃fan/ynfan] ein Fan **II 3E**
la **farine** [lafaʀin] das Mehl **II 5E**
fatigué/fatiguée [fatige/fatige] müde **II 6**
une **faute** [ynfot] ein Fehler **I 7**, 17
C'est (de) sa faute. [sɛdəsafot] Das ist seine/ihre Schuld. **II 7B**
faux/fausse [fo/fos] falsch **I 2**, 1
une **fée** [ynfe] eine Fee **III 5**
une **femme** [ynfam] eine Frau, eine Ehefrau **I 3B**
une **fenêtre** [ynfənɛtʀ] ein Fenster **III 5**
fermer qc [fɛʀme] etw. schließen ⟨**II 8A**⟩; **III 5E**
un **festival** [ɛ̃fɛstival] Festspiele, ein Festival ⟨**II 9E**⟩
une **fête** [ynfɛt] ein Fest **I 4**, 11
fêter qc [fete] etw. feiern ⟨**II 9**⟩; ⟨**III M2**⟩; **IV 5**
un **feu**/des **feux** [ɛ̃fø/defø] ein Feuer; *(hier)* Ampel **II 7A**, 6
Au feu! [ofø] Es brennt! ⟨**III M1**⟩
un **feu d'artifice** [ɛ̃fødaʀtifis] ein Feuerwerk ⟨**I 9B**⟩
une **feuille** [ynfœj] ein Blatt **II 7B**
février *(m.)* [fevʀije] Februar **I 7**, 6
une **figure** [ynfigyʀ] ein Gesicht, eine Figur **IV 4**
un **fil** [ɛ̃fil] eine Schnur, ein Faden **II 7B**
filer qc *(fam.)* [file] etw. rüberwachsen lassen *(ugs.)* **IV 4**
un **filet à mots** [ɛ̃filɛamo] ein Vokabelnetz **III 1**, 5
une **fille** [ynfij] ein Mädchen **I 1**
un **film** [ɛ̃film] ein Film **I 5**, 13
un film policier [ɛ̃filmpɔlisje] ein Kriminalfilm ⟨**IV M1C**, 5⟩
filmer qn/qc [filme] jdn./etw. filmen **III 4**
un **fils** [ɛ̃fis] ein Sohn **II 6**, 11
la **fin** [lafɛ̃] das Ende, der Schluss **II 1**, 7
une fin de semaine [ynfɛ̃dəsəmɛn] ein Wochenende ⟨**III M3**⟩
à la fin [alafɛ̃] schließlich, am Ende **II 1**, 7
une **finale** [ynfinal] ein Finale ⟨**III M3**⟩
finalement [finalmɑ̃] schließlich, zum Schluss ⟨**II 9**⟩; **III 5**
finir qc [finiʀ] etw. beenden **II 4**
finir par qc [finiʀ] mit. etw. aufhören **III 5**, 5
le **finnois** [ləfinwa] das Finnische, die finnische Sprache **IV 3**

le **flamand** [ləflamɑ̃] das Flämische ⟨**II 9**, 5⟩; ⟨**III M3E**⟩
une **flamme** [ynflam] eine Flamme ⟨**III M1**⟩
flasher sur qn *(fam.)* [flaʃe] auf jdn./etw. abfahren *(ugs.)* **III 1**
une **fleur** [ynflœʀ] eine Blume **IV 1E**
un **fleuve** [ɛ̃flœv] ein Fluss ⟨**IV M2**⟩
une **flûte** [ynflyt] eine Flöte **I 3B**
une **fois** [ynfwa] einmal **I 4**, 11
36 fois *(fam.)* [tʀɑ̃tsifwa] zig Mal *(ugs.)* **I 6B**
pour une fois que [puʀynfwakə] wenn … (schon) einmal **II 6**
au fond de qc [ofɔ̃] hinten in etw. **IV 4**
fonder qc [fɔ̃de] etw. gründen **IV 5**
le **foot(ball)** [ləfut(bɔl)] der Fußball *(als Sportart)* **I 4E**
une **forêt** [ynfɔʀɛ] ein Wald **II 7A**
une forêt tropicale [ynfɔʀɛtʀɔpikal] ein Regenwald **IV 5**
une **forme** [ynfɔʀm] eine Form **I 3A**, 3
former qc [fɔʀme] etw. gründen **III 4**
fort/forte [fɔʀ/fɔʀt] stark **III 1E**
un **forum de discussion** [ɛ̃fɔʀɔmdədiskysjɔ̃] ein (Diskussions)-Forum *(im Internet)* **III 4**
un **fou**/une **folle** [ɛ̃fu/ynfɔl] ein Verrückter/eine Verrückte **II 7B**
fou/fol/folle [fu/fɔl/fɔl] verrückt **I 6B**
une **foule** [ynful] eine (Menschen)-Menge **II 6**
Je m'en fous! *(fam.)* [ʒəmɑ̃fu] Das ist mir schnuppe! *(ugs.)* **III 3**
un **Franc** [ɛ̃fʀɑ̃] ein Franke ⟨**II 9**⟩
le **français** [ləfʀɑ̃sɛ] das Französische ⟨**I 9A**⟩; **II 2**, 7
un Français/une Française [ɛ̃fʀɑ̃sɛ/ynfʀɑ̃sɛz] ein Franzose/eine Französin **II 4**, 4
le français standard [ləfʀɑ̃sɛstɑ̃daʀ] das Standardfranzösisch **III 1**, 10
la France métropolitaine [lafʀɑ̃smetʀɔpɔlitɛn] das französische Mutterland, das französische Kernland **IV 5**
français/française [fʀɑ̃sɛ/fʀɑ̃sɛz] französisch **I 7E**
franco-allemand/franco-allemande [fʀɑ̃koalmɑ̃/fʀɑ̃koalmɑ̃d] deutsch-französisch ⟨**III M2**, 9⟩; **IV 3**, 8
francophone/francophone [fʀɑ̃kɔfɔn/fʀɑ̃kɔfɔn] französischsprachig ⟨**III M3E**⟩
un **frère** [ɛ̃fʀɛʀ] ein Bruder **I 3A**, 4

un **frigidaire** [ɛ̃fʀiʒidɛʀ] ein Kühlschrank **IV 2**, 3
des **fringues** *(f., pl.) (fam.)* [defʀɛ̃g] Klamotten *(ugs.)* **IV 1**
des **frites** *(f., pl.)* [defʀit] Pommes frites **I 8**
froid/froide [fʀwa/fʀwad] kalt **II 1**
un froid de canard *(fam.)* [ɛ̃fʀwadəkanaʀ] eine Hundekälte *(ugs.)* ⟨**III M3**⟩
le **fromage** [ləfʀɔmaʒ] der Käse **II 5**
une **frontière** [ynfʀɔ̃tjɛʀ] eine Grenze **IV 3**
un **fruit** [ɛ̃fʀɥi] eine Frucht, eine Obstsorte **II 5**
fuir [fɥiʀ] fliehen, flüchten **IV 5**
fumer [fyme] rauchen **III 1**, 12

G

un **gag** [ɛ̃gag] ein Gag ⟨**II 9**⟩
gagner qc [gaɲe] etw. gewinnen **II 6**; *(hier)* etw. verdienen **II 6**, 6
un **garage** [ɛ̃gaʀaʒ] eine Garage, eine Autowerkstatt **II 3A**
un **garçon** [ɛ̃gaʀsɔ̃] ein Junge **I 1**
garder qc [gaʀde] etw. behalten ⟨**II 8B**⟩; **IV 1**, 3; etw. bewachen; *(hier)* etw. bewahren ⟨**III M3E**⟩
une **gare** [yngaʀ] ein Bahnhof **I 7**
un **gâteau**/des **gâteaux** [ɛ̃gato/degato] ein Kuchen/Kuchen **I 7**
à **gauche** [agoʃ] (nach) links **I 5**
un **Gaulois**/une **Gauloise** [ɛ̃golwa/yngolwaz] ein Gallier/eine Gallierin ⟨**II 9**, 8⟩
gaulois/gauloise [golwa/golwaz] gallisch ⟨**II 9**, 8⟩
un **gaz** [ɛ̃gaz] ein Gas **IV 5**
géant/géante [ʒeɑ̃/ʒeɑ̃t] riesig, riesengroß **IV 2**, 3
une **gendarmerie** [ynʒɑ̃daʀməʀi] eine Polizeiwache ⟨**III M1**⟩
génial/géniale *(fam.)* [ʒenjal/ʒenjal] genial, super, toll *(ugs.)* **I 6B**
un **genre** [ɛ̃ʒɑ̃ʀ] eine Gattung, eine Art ⟨**IV M1C**, 6⟩
les **gens** *(m., pl.)* [leʒɑ̃] die Leute **II 1**, 7
gentil/gentille [ʒɑ̃ti/ʒɑ̃tij] nett **III 1E**
la **géographie** [laʒeɔgʀafi] die Geographie, die Erdkunde **II 4**
un **geste** [ɛ̃ʒɛst] eine (Hand)Bewegung, eine Geste ⟨**IV M1C**, 7⟩
une **girly** [yngœʀli] ein Girlie **IV 1**
une **glace** [ynglas] ein Eis **II 5**, 1

une **gomme** [yngɔm] ein Radiergummi I 2
la **gorge** [lagɔʀʒ] die Kehle, der Hals II 7B, 4
gothique/gothique [gɔtik/gɔtik] „gothic", grufti *(ugs.)* ⟨IV M3, 5⟩
un **gouffre** [ɛ̃gufʀ] ein Abgrund IV 4
goûter qc [gute] etw. probieren, kosten II 5
goûter à qc [gute] etw. probieren, etw. kosten IV 3
grâce à qn/qc [gʀas] durch jdn./etw. III 4
une **grammaire** [yngʀamɛʀ] eine Grammatik IV 5
un **gramme** [ɛ̃gʀam] ein Gramm II 5, 5
grand/grande [gʀɑ̃/gʀɑ̃d] groß I 7E
grandir [gʀɑ̃diʀ] wachsen IV 5
une **grand-mère** [yngʀɑ̃mɛʀ] eine Großmutter I 7
un **grand-père** [ɛ̃gʀɑ̃pɛʀ] ein Großvater ⟨I 9A⟩; II 5
des **grands-parents** *(m., pl.)* [degʀɑ̃paʀɑ̃] Großeltern I 7
un **gratin** [ɛ̃gʀatɛ̃] ein Auflauf II 4
gratuit/gratuite [gʀatɥi/gʀatɥit] kostenlos, gratis II 3A
Ce n'est pas grave. [sənɛpagʀav] Das ist nicht schlimm. I 4
le **grec** [ləgʀɛk] das Griechische, die griechische Sprache IV 3
une **grille** [yngʀij] eine Gittertür, ein Drahtzaun ⟨IV M1A⟩
grimper [gʀɛ̃pe] klettern I 4
la **grippe** [lagʀip] die Grippe II 7B, 4
gris/grise [gʀi/gʀiz] grau I 7, 4
gros/grosse [gʀo/gʀos] dick II 4
un **groupe** [ɛ̃gʀup] eine Gruppe I 4
le **gruyère** [ləgʀyjɛʀ] der Greyerzer *(Käsesorte)* ⟨IV M3E⟩
une **guerre** [yngɛʀ] ein Krieg III 5
un **guide**/une **guide** [ɛ̃gid/yngid] ein Führer/eine Führerin II 7A
une **guitare** [yngitaʀ] eine Gitarre I 3A
une guitare électrique [yngitaʀelɛktʀik] eine elektrische Gitarre I 3A
un **guitariste**/une **guitariste** [gitaʀist] ein Gitarrist/eine Gitarristin ⟨II 8B⟩
un **gymnase** [ɛ̃ʒimnaz] eine Turnhalle I 4

H

s'habiller [sabije] sich anziehen, sich kleiden IV 1
un **habitant**/une **habitante** [ɛ̃nabitɑ̃/ynabitɑ̃t] ein Einwohner/eine Einwohnerin IV 3E
habiter [abite] wohnen I 3E
s'habituer à qn/qc [sabitɥe] sich an jdn./etw. gewöhnen III 3
halluciner *(fam.)* [alysine] völlig abdrehen *(ugs.)* III 4
une **halte** [ynəalt] ein Halt, eine Rast II 7A
en haut [ɑ̃o] oben, nach oben I 4
hé [e] he, du da III 5
Hein? *(fam.)* [ɛ̃] Wie? *(ugs.)* I 2
…, hein? [ɛ̃] … ja?, … nicht wahr? I 4
l'**herbe** *(f.)* [lɛʀb] das Gras; *(hier)* das Kraut III 2
des herbes de Provence *(f.)* Kräuter der Provence II 5
une **heure** [ynœʀ] eine Stunde I 5
heureusement [øʀøzmɑ̃] glücklicherweise *(Adv.)* ⟨II 9⟩; III 3E
heureux/heureuse [øʀø/øʀøz] glücklich ⟨II 8A, 2⟩; III 3E
hier [jɛʀ] gestern II 1E
une **histoire** [ynistwaʀ] eine Geschichte I 3B
l'**histoire-géographie** [listwaʀʒeɔgʀafi] Geschichte und Erdkunde III 3
l'**hiver** *(m.)* [livɛʀ] der Winter I 7, 6
un **hobby** [ɛ̃ɔbi] ein Hobby ⟨IV M3, 5⟩
le **hockey sur glace** *(m.)* [ləɔkɛsyʀglas] das Eishockey ⟨III M3⟩
un **homme** [ɛ̃nɔm] ein Mann I 5
un homme à tout faire [ɛ̃nɔmatufɛʀ] ein Mann für alles ⟨IV M1E⟩
une **honte** [ynɔ̃t] eine Schande IV 4, 9
hop [ɔp] schwupp IV 4
un **hôpital** [ɛ̃nɔpital] ein Krankenhaus II 7B
un **horaire** [ɛ̃nɔʀɛʀ] ein Fahrplan, ein Stundenplan I 7, 8
C'est l'horreur! [sɛlɔʀœʀ] Es ist schrecklich! I 3A, 6
avoir horreur de qc [avwaʀɔʀœʀ] etw. verabscheuen, etw. nicht ausstehen können II 4
un **hôtel** [ɛ̃notɛl] ein Hotel I 5, 12
un **hôtel de ville** [ɛ̃notɛldəvil] ein Rathaus I 5, 12
une **huile** [ynɥil] ein Öl IV 5
l'**humour** *(m.)* [lymuʀ] der Humor IV 5
un **hymne** [ɛ̃nimn] eine Hymne IV 3
hyper [ipɛʀ] hyper-, über- III 1

I

ici [isi] hier I 2
une **idée** [ynide] eine Idee I 3A
des idées noires *(f., pl,)* [dezidenwaʀ] düstere Gedanken II 2
une **identité** [ynidɑ̃tite] eine Identität ⟨IV M3, 5⟩
idiomatique/idiomatique [idjɔmatik/idjɔmatik] idiomatisch ⟨IV M1C, 4⟩
une **île** [ynil] eine Insel III 5E
il y a [ilja] es gibt, es ist, es sind I 3E
une **image** [ynimaʒ] ein Bild I 5, 15
imaginer qc [imaʒine] sich etw. (aus-)denken II 1, 1
imiter qc [imite] etw. nachahmen II 3A
impatient/impatiente [ɛ̃pasjɑ̃/ɛ̃pasjɑ̃t] ungeduldig ⟨IV M3, 5⟩
important/importante [ɛ̃pɔʀtɑ̃/ɛ̃pɔʀtɑ̃t] wichtig II 3B
un **incendie** [ɛ̃nɛ̃sɑ̃di] ein Brand ⟨IV M2, 6⟩
incroyable/incroyable [ɛ̃kʀwajabl/ɛ̃kʀwajabl] unglaublich ⟨IV M2⟩
une **indépendence** [ynɛ̃depɑ̃dɑ̃s] eine Unabhängigkeit ⟨IV M3, 10⟩
un **Indien**/une **Indienne** [ɛ̃nɛ̃djɛ̃/ynɛ̃djɛn] ein Inder/eine Inderin; ein Indianer/eine Indianerin ⟨III M3⟩
indien/indienne [ɛ̃djɛ̃/ɛ̃djɛn] indisch; indianisch ⟨III M3⟩
indiquer qc à qn [ɛ̃dike] jdm. etw. anzeigen, jdm. eine Angabe machen II 4, 5
une **infirmerie** [ynɛ̃fiʀməʀi] eine Krankenstation III 3
un **informaticien**/une **informaticienne** [ɛ̃nɛ̃fɔʀmatisjɛ̃/ynɛ̃fɔʀmatisjɛn] ein Informatiker/eine Informatikerin IV 2, 2
une **information** [ynɛ̃fɔʀmasjɔ̃] eine Information I 8E
un **ingénieur**/une **femme ingénieur** [ɛ̃nɛ̃ʒenjœʀ/ynfamɛ̃ʒenjœʀ] ein Ingenieur/eine Ingenieurin IV 2, 2
inquiet/inquiète [ɛ̃kjɛ/ɛ̃kjɛt] unruhig, beunruhigt IV 5
installer qc [ɛ̃stale] etw. aufstellen, etw. installieren II 6

un **instrument** [ɛ̃nɛ̃stʀymɑ̃] ein Instrument **III 4E**
une **interdiction** [ynɛ̃tɛʀdiksjɔ̃] ein Verbot **⟨IV M1A⟩**
interdire à qn de faire qc [ɛ̃tɛʀdiʀ] jdm. verbieten etw. zu tun **III 1,** 9
intéressant/intéressante [ɛ̃teʀɛsɑ̃/ɛ̃teʀɛsɑ̃t] interessant **II 4,** 9
intéresser qn [ɛ̃teʀɛse] jdn. interessieren **II 2**
s'intéresser à qc [sɛ̃teʀɛse] sich für etw. interessieren **⟨II 8A⟩; ⟨III M3,** 2⟩
l'**intérieur** *(m.)* [lɛ̃teʀjœʀ] das Innere **IV 5**
un **internat** [ɛ̃nɛ̃tɛʀna] ein Internat **⟨IV M1E⟩**
international/internationale [ɛ̃tɛʀnasjɔnal/ɛ̃tɛʀnasjɔnal] international **IV 2E**
Internet *(m.)* [ɛ̃tɛʀnɛt] Internet *(n.)* **I 3B**
un **interprète**/une **interprète** [ɛ̃nɛ̃tɛʀpʀɛt/ynɛ̃tɛʀpʀɛt] ein Dolmetscher/eine Dolmetscherin; ein Interpret/eine Interpretin **IV 3,** 1
interroger qn [ɛ̃teʀɔʒe] jdn. befragen **IV 4**
interrompre qn/qc [ɛ̃teʀɔ̃pʀ] jdn./etw. unterbrechen **IV 5**
une **interview** [ynɛ̃tɛʀvju] ein Interview **I 3A,** 4
une **introduction** [ynɛ̃tʀɔdyksjɔ̃] eine Einführung, eine Einleitung **⟨IV M2,** 10⟩
un **intrus**/une **intruse** [ɛ̃nɛ̃tʀy/ynɛ̃tʀyz] ein Eindringling **II 5,** 1
inventer qc [ɛ̃vɑ̃te] etw. erfinden **⟨II 9E⟩; III 2,** 7
inviter qn [ɛ̃vite] jdn. einladen **I 6B,** 4
un **Italien**/une **Italienne** [ɛ̃nitaljɛ̃/ynitaljɛn] ein Italiener/eine Italienerin **II 3A**
italien/italienne [italjɛ̃/italjɛn] italienisch **II 1,** 8

J

jaloux/jalouse de qn [ʒalu/ʒaluz] eifersüchtig auf jdn. **II 7B**
une **jambe** [ynʒɑ̃b] ein Bein **II 7B**
un **jambon** [ɛ̃ʒɑ̃bɔ̃] ein Schinken **III 2**
janvier *(m.)* [ʒɑ̃vje] Januar **I 7,** 6
un **jardin** [ɛ̃ʒaʀdɛ̃] ein Garten **II 1**
jaune/jaune [ʒon/ʒon] gelb **I 7,** 4
le **jazz** [lədʒaz] der Jazz *(Musikstil)* **II 2**
un **jean** [ɛ̃dʒin] eine Jeans, ein Paar Jeans **⟨I 9A⟩; ⟨II 8B,** 9⟩; **III 1**
jeter qc [ʒ(ə)te] etw. werfen **⟨III M1⟩**
un **jeu** [ɛ̃ʒø] ein Spiel **I 1,** 4
un jeu vidéo/des jeux vidéo [ɛ̃ʒøvideo/deʒøvideo] ein Videospiel/Videospiele **I 4E**
jeudi *(m.)* [ʒødi] Donnerstag **I 7**
un **jeune**/une **jeune** [ɛ̃ʒœn/ynʒœn] ein Jugendlicher/eine Jugendliche **II 3A,** 9
jeune/jeune [ʒœn/ʒœn] jung **II 3A,** 9
la **jeunesse** [laʒœnɛs] die Jugend **I 8E**
un **job** *(fam.)* [ɛ̃dʒɔb] ein Job *(ugs.)* **IV 2E**
un **jogging** [ɛ̃(d)ʒɔgiŋ] ein Jogginganzug **IV 1,** 6
une **joie** [ynʒwa] eine Freude **IV 3**
joli/jolie [ʒoli/ʒɔli] hübsch **I 7**
jouer [ʒwe] spielen **I 3A**
jouer à qc [ʒwea] etw. spielen *(Spiel)* **I 7**
jouer de qc [ʒwedə] etw. spielen *(Instrument)* **I 7**
jouer à cache-cache avec qn [ʒweakaʃkaʃ] mit jdm. Versteck(en) spielen **⟨IV M1A⟩**
un **joueur**/une **joueuse** [ɛ̃ʒwœʀ/ynʒwøz] ein Spieler/eine Spielerin **⟨IV M3,** 4⟩
un **jour** [ɛ̃ʒuʀ] ein Tag **I 3A**
un jour [ɛ̃ʒuʀ] eines Tages **I 3A**
un **journal**/des **journaux** [ɛ̃ʒuʀnal/deʒuʀno] eine Zeitung/Zeitungen; *(hier)* ein Tagebuch **I 7;** *(hier)* eine Nachrichtensendung **⟨III M1⟩**
un journal de bord [ɛ̃juʀnaldəbɔʀ] ein Logbuch; *(hier)* ein Reisebericht **III 2E**
un **journaliste**/une **journaliste** [ɛ̃ʒuʀnalist/ynʒuʀnalist] ein Journalist/eine Journalistin **⟨I 9B,** 6⟩; **II 7B,** 6
une **journée** [ynʒuʀne] ein Tag, ein Tagesablauf **I 5,** 4
juillet *(m.)* [ʒɥijɛ] Juli **I 7,** 6
juin *(m.)* [ʒɥɛ̃] Juni **I 7,** 6
un **jumelage** [ʒym(ə)laʒ] eine (Städte)-Partnerschaft **IV 3,** 4
une **jupe** [ynʒyp] ein Rock **IV 1E**
un **jus** [ɛ̃ʒy] ein Saft **II 5**
un jus d'orange [ɛ̃ʒydɔʀɑ̃ʒ] ein Orangensaft **II 5**
jusque [ʒysk] bis **⟨I 9A⟩; II 6**
juste/juste [ʒyst/ʒyst] gerecht **II 4,** 7
justement [ʒystəmɑ̃] genau; *(hier)* gerade **IV 3**

K

un **kilo** [ɛ̃kilo] ein Kilo **II 5**
un **kilomètre** [ɛ̃kilɔmɛtʀ] ein Kilometer **⟨I 9A⟩; II 2**
un **kilomètre carré** [ɛ̃kilɔmɛtʀkaʀe] ein Quadratkilometer **IV 5**
un **kir** [ɛ̃kiʀ] ein Kir **III 2,** 4
un **kouglof** [ɛ̃kuglɔf] ein Gugelhupf **IV 3**

L

là [la] da, dort **I 2**
là-bas [laba] dort(hin), da(hin) **II 1**
un **laboratoire** [ɛ̃labɔʀatwaʀ] ein Labor(atorium) **III 3,** 6
laisser qc [lɛse] etw. (zurück)lassen **III 5**
laisser qn faire qc [lesefɛʀ] jdn. etw. machen lassen **IV 1**
le **lait** [ləlɛ] die Milch **II 5E**
une **lampe** [ynlɑ̃p] eine Lampe **III 5**
une **langue** [ynlɑ̃g] eine Sprache **I 8**
une langue officielle [ynlɑ̃gɔfisjɛl] eine Amtssprache **IV 5**
une langue maternelle [ynlɑ̃gmatɛʀnɛl] eine Muttersprache **IV 5**
un **lapin**/une **lapine** [ɛ̃lapɛ/ynlapin] ein Kaninchen **⟨IV M1C,** 4⟩
latin/latine [latɛ̃/latin] lateinisch **IV 3**
laver qn/qc [lave] jdn./etw. waschen **⟨IV M1A⟩**
une **leçon** [ynləsɔ̃] eine Lektion **III 1**
un **lecteur**/une **lectrice** [ɛ̃lɛktœʀ/ynlɛktʀis] ein Leser/eine Leserin **⟨IV M2⟩**
un **lecteur mp3** [ɛ̃lɛktœʀɛmpetʀwa] ein MP3-Player **IV 2,** 10
la **lecture** [lalɛktyʀ] die Lektüre, das Lesen **I 7,** 16
léger/légère [leʒe/leʒɛʀ] leicht **⟨IV M2⟩**
un **légume** [ɛ̃legym] ein Gemüse **II 5**
le **lendemain** [ləlɑ̃dmɛ̃] am darauf folgenden Tag **I 8**
lequel/laquelle/lesquels/lesquelles [ləkɛl/lakɛl/lekɛl/lekɛl] welcher/welche/welches *(Relativpronomen)* **III 2**
une **lettre** [ynlɛtʀ] ein Brief **I 8E;** *(hier)* ein Buchstabe **III 4,** 2
une lettre de candidature [ynlɛtʀ(ə)dəkɑ̃didatyʀ] ein Bewerbungsschreiben **IV 2E**
une lettre de motivation [ynlɛtʀ(ə)dəmɔtivasjɔ̃] ein Bewerbungsschreiben **IV 2,** 11

se lever [səlәve] aufstehen; *(hier)* sich erheben, (Wind) aufkommen **II 7B**
une **libération** [ynlibeʀasjɔ̃] eine Befreiung **II 4,** 11
une **librairie** [ynlibʀɛʀi] eine Buchhandlung **I 5**
libre/libre [libʀ/libʀ] frei **III 3**
un **lieu**/des **lieux** [ɛ̃ljø] ein Ort ⟨**III M1,** 1⟩
une **ligne** [ynliɲ] eine (Verkehrs)Linie **I 5**
linguistique/linguistique [lɛ̃gɥistik/lɛ̃gɥistik] Sprach- **IV 3,** 8
lire qc [liʀ] etw. lesen **I 7**
une **liste** [ynlist] eine Liste **I 2,** 12
un **lit** [ɛ̃li] ein Bett **I 3A**
un **livre** [ɛ̃livʀ] ein Buch **I 5**
un livre de cuisine [ɛ̃livʀdəkɥizin] ein Kochbuch **I 5**
un **logiciel** [ɛ̃lɔʒisjɛl] eine Software, ein (Computer)Programm ⟨**III M2**⟩
un **logo** [ɛ̃lɔgo] ein Logo, ein Markenzeichen **IV 1E**
loin [lwɛ̃] weit **II 1**
long/longue [lɔ̃/lɔ̃g] lang **I 7**
longtemps [lɔ̃tɑ̃] lange *(Adv.)* **III 3**
le **look** [ləluk] das Aussehen, der Look, die Aufmachung **IV 1E**
le **loto** [ləloto] das Lotto ⟨**II 9**⟩
lourd/lourde [luʀ/luʀd] schwer; *(hier)* umfangreich **III 2**
une **lumière** [ynlymjɛʀ] ein Licht **III 5**
lundi *(m.)* [lɛ̃di] Montag **I 7,** 6
la **lune** [lalyn] der Mond ⟨**IV M2**⟩
des **lunettes** *(f., pl.)* [delynɛt] eine Brille ⟨**II 8A**⟩; **III 1E**
des lunettes de soleil *(f., pl.)* [delynɛtdəsɔlɛj] eine Sonnenbrille **III 1E**
un **lutin** [ɛ̃lytɛ̃] ein Lausejunge; *(hier)* ein Kobold **III 5**
le **luxembourgeois** [ləlyksɑ̃buʀʒwa] das Luxemburgische ⟨**II 9,** 5⟩
un **lycée** [ɛ̃lise] ein Gymnasium **III 2E**

M

une **machine** [ynmaʃin] eine Maschine **I 6A,** 5
madame … [madam] Frau … **I 1**
mademoiselle … [madmwazɛl] Fräulein … **I 1,** 3
un **magasin** [ɛ̃magazɛ̃] ein Geschäft, ein Laden **I 2**
faire les magasins *(fam.)* [fɛʀlemagazɛ̃] die Geschäfte abklappern *(ugs.)* **II 3B**
la **magie** [lamaʒi] die Zauberei **III 5**
magique/magique [maʒik/maʒik] magisch, zauberhaft **III 5**
magnifique/magnifique [maɲifik/maɲifik] wunderbar, herrlich **IV 5**
le **magret de canard** [ləmagʀɛdəkanaʀ] die Entenbrust **II 5,** 1
mai *(m.)* [mɛ] Mai **I 7**
un **maillot de bain** [ɛ̃majodbɛ̃] ein Badeanzug ⟨**I 9A**⟩
une **main** [ynmɛ̃] eine Hand **III 5**
maintenant [mɛ̃tnɑ̃] jetzt **I 2**
mais [mɛ] aber **I 1**
une **maison** [ynmɛzɔ̃] ein Haus **I 3E**
mal [mal] schlecht *(Adv.)* **I 1,** 3
avoir mal [avwaʀmal] Schmerzen haben **II 3B**
malade/malade [malad/malad] krank **II 4E**
tomber malade [tɔ̃bemalad] krank werden ⟨**II 8A**⟩
malgré [malgʀe] trotz **IV 4**
malheureusement [maløʀøzmɑ̃] unglücklicherweise, leider *(Adv.)* ⟨**II 9**⟩; **III 2,** 3
malheureux/malheureuse [maløʀø/maløʀøz] unglücklich **III 3**
maman *(f.)* [mamɑ̃] Mama, Mutti **I 3E**
mamie *(f.)* *(fam.)* [mami] Oma *(ugs.)* **I 7**
manger qc [mɑ̃ʒe] etw. essen **I 6A**
une **manifestation** [ynmanifɛstasjɔ̃] eine Demonstration, eine Demo *(ugs.)* **IV 1**
manquer [mɑ̃ke] fehlen, versäumen **II 5**
manqué/manquée [mɑ̃ke] verpasst, fehlgeschlagen **II 6**
maquiller qn [makije] jdn. schminken **IV 1**
un **marchand**/une **marchande** [ɛ̃maʀʃɑ̃/ynmaʀʃɑ̃d] ein Händler/eine Händlerin **II 5**
un **marché** [ɛ̃maʀʃe] ein Markt ⟨**I 9A**⟩; **II 5**
marcher [maʀʃe] gehen, laufen; *(hier)* funktionieren **II 2**
mardi *(m.)* [maʀdi] Dienstag **I 7,** 6
la **marée** [lamaʀe] die Gezeiten *(pl.)* **III 5**
un **mari** [ɛ̃maʀi] ein Ehemann **I 3B**
un **mariage** [ɛ̃maʀjaʒ] eine Hochzeit ⟨**II 9**⟩
un **marié**/une **mariée** [maʀje] ein Bräutigam/eine Braut ⟨**II 9**⟩
marié/mariée [maʀje/maʀje] verheiratet ⟨**IV M3,** 5⟩
se marier [səmaʀje] jdn. heiraten ⟨**II 9**⟩
marier qn à qn [maʀje] jdn. mit jdm. verheiraten ⟨**IV M3,** 7⟩
un **Marocain**/une **Marocaine** [ɛ̃maʀɔkɛ̃/ynmaʀɔkɛn] ein Marokkaner/eine Marokkanerin ⟨**III M3E**⟩
marocain/marocaine [maʀɔkɛ̃/maʀɔkɛn] marokkanisch ⟨**I 9A**⟩; ⟨**III M3E**⟩
une **marque** [ynmaʀk] eine Marke **IV 1E**
marquer qc [maʀke] etw. markieren, etw. anzeigen; *(hier)* schreiben **I 2**
marrant/marrante [maʀɑ̃/maʀɑ̃t] witzig ⟨**IV M3**⟩
en **avoir marre** de qc [ɑ̃navwaʀmaʀ] von etw. die Nase voll haben *(ugs.)* **II 4**
marron *(inv.)* [maʀɔ̃] (kastanien)-braun **I 7,** 4
mars *(m.)* [maʀs] März **I 7,** 6
un **Martiniquais**/une **Martiniquaise** [ɛ̃maʀtinikɛ/ynmaʀtinikɛz] ein Martinikaner/eine Martinikanerin ⟨**III M3E**⟩; **IV 5**
un **mascaret** [ɛ̃maskaʀɛ] eine Flutwelle, eine Sprungwelle ⟨**IV M2**⟩
un **match** [ɛ̃matʃ] ein Wettkampf, ein Spiel **II 3E**
le **matériel** [ləmateʀiɛl] das Material, die Ausrüstung **II 4,** 8
les **maths** *(f., pl.)* *(fam.)* [lemat] Mathe *(ugs.)* **II 4**
une **matière** [ynmatjɛʀ] ein Unterrichtsfach **III 3**
un **matin** [ɛ̃matɛ̃] ein Morgen ⟨**I 9A**⟩; **II 1E**
le matin [ləmatɛ̃] morgens ⟨**I 9A**⟩; **II 1E**
mauvais/mauvaise [movɛ/movɛz] schlecht **I 7**
un **mec** *(fam.)* [ɛ̃mɛk] ein Kerl *(ugs.)* **III 1E**
un **mécanicien**/une **mécanicienne** [ɛ̃mekanisjɛ̃/ynmekanisjɛn] ein Mechaniker/eine Mechanikerin **II 1**
un **mécène** [ɛ̃mesɛn] ein Förderer/eine Förderin, ein Mäzen/eine Mäzenin ⟨**IV M1C**⟩
méchant/méchante [meʃɑ̃/meʃɑ̃t] gemein, böse **III 5**
une **médaille** [ynmedaj] eine Medaille, ein Orden **IV 5**

un **médecin**/une **femme médecin** [ɛ̃medsɛ̃/ynfamedsɛ̃] ein Arzt/eine Ärztin **I 6E**
les **médias** *(m., pl.)* [lemedja] die Medien **⟨IV M3, 10⟩**
une **médiathèque** [ynmedjatɛk] eine Mediathek **II 3A**
un **médicament** [ɛ̃medikamɑ̃] ein Arzneimittel, ein Medikament **IV 4**
meilleur/meilleure [mɛjœʀ/mɛjœʀ] besser **III 1**
mélanger qc [melɑ̃ʒe] etw. mischen **⟨II 8B⟩**
mêler qn à qc [mele] jdn. in etw. verwickeln **IV 4**
le **même**/la **même** [ləmɛm/lamɛm] derselbe/dieselbe/dasselbe **⟨I 9B⟩; II 4, 2**
même [mɛm] sogar **⟨I 9A⟩; II 1E**
une **menace** [ynmənas] eine Drohung, eine Bedrohung **IV 4**
mener qn/qc [m(ə)ne] jdn./etw. führen, jdn./etw. leiten **IV 2, 11**
un **menhir** [ɛ̃meniʀ] ein Menir, ein Hinkelstein **III 5E**
mentir [mɑ̃tiʀ] lügen **IV 4**
un **menu** [ɛ̃məny] ein Menü **II 5**
la **mer** [lamɛʀ] das Meer **⟨I 9E⟩; II 7E**
merci [mɛʀsi] danke **I 1**
mercredi *(m.)* [mɛʀkʀədi] Mittwoch **I 4**
une **mère** [ynmɛʀ] eine Mutter **I 6A, 5**
Mesdames, Messieurs, ... [medammesjø] Sehr geehrte Damen und Herren, ... **II 4, 11**
un **message** [ɛ̃mesaʒ] eine Mitteilung, eine Nachricht **II 6**
une **météorologie** [lameteɔʀɔlɔʒi] die Wettervorhersage **II 1, 9**
une **méthode** [ynmetɔd] eine Methode **⟨IV M1E⟩**
un **métier** [ɛ̃metje] ein Beruf **I 6E**
un métier de rêve [ɛ̃metjedəʀɛv] ein Traumberuf **III 4E**
un **mètre** [ɛ̃mɛtʀ] ein Meter **II 6, 8**
le **métro** [ləmetʀo] die Metro, die U-Bahn **I 5**
une **métropole** [ynmetʀɔpɔl] eine Metropole **IV 5**
mettre qc [mɛtʀ] etw. legen, setzen, stellen; etw. anziehen **⟨I 9B⟩; II 1**
mettre la table [mɛtʀlatabl] den Tisch decken **II 1**
mettre qc en relief [mɛtʀɑ̃ʀəljɛf] etw. hervorheben **II 7A, 4**
mettre quatre heures pour faire qc [mɛtʀəkatʀœʀ] vier Stunden brauchen, um etw. zu tun **⟨IV M2⟩**
le **midi** [ləmidi] der Mittag **I 5E**
le **Midi** [ləmidi] der Süden *(Frankreichs)* **⟨III M1E⟩; IV 4**
mieux [mjø] besser *(Adv.)* **III 3**
mignon/mignonne [miɲɔ̃/miɲɔn] süß, niedlich **II 3B**
au milieu de qc [aumiljø] inmitten von etw. **⟨IV M3⟩**
mille [mil] tausend **⟨I 9B⟩; II 2**
un **million** [ɛ̃miljɔ̃] eine Million **III 3**
mince/mince [mɛ̃s/mɛ̃s] dünn **⟨II 8A⟩**
minuit *(m.)* [minɥi] Mitternacht, 12 Uhr nachts **I 5E**
une **minute** [ynminyt] eine Minute **II 2**
le **mistral** [ləmistʀal] der Mistral **⟨III M2⟩**
la **mode** [lamɔd] die Mode **II 3A**
moi [mwa] ich *(betont)* **I 1E**
moins [mwɛ̃] weniger **⟨II 8A⟩; III 1E**
moins beau que [mwɛ̃bokə] weniger schön als **III 1E**
au moins [omwɛ̃] wenigstens **⟨IV M3E⟩**
un **mois** [ɛ̃mwa] ein Monat **I 3A**
une **moitié** [ynmwatje] eine Hälfte **III 3**
à moitié [amwatje] zur Hälfte **III 3**
un **moment** [ɛ̃mɔmɑ̃] ein Moment **IV 2, 10**
en ce moment [ɑ̃səmɔmɑ̃] im Augenblick, zur Zeit **⟨III M1E⟩; IV 3**
un **monde** [ɛ̃mɔ̃d] eine Welt **III 2**
beaucoup de monde [bokudmɔ̃d] viele Leute **I 7**
monsieur ... [məsjø] Herr ... **I 1**
une **montagne** [ynmɔ̃taɲ] ein Berg, ein Gebirge **⟨I 9E⟩; II 1**
monter [mɔ̃te] steigen, einsteigen **I 5**
une **montre** [ynmɔ̃tʀ] eine Armbanduhr **⟨II 9E⟩**
montrer qc à qn [mɔ̃tʀe] jdm. etw. zeigen **II 4E**
se moquer de qn [səmɔke] sich über jdn. lustig machen **III 1**
le **moral** [ləmɔʀal] die Stimmung, die innere Verfassung **II 2**
la **mort** [lamɔʀ] der Tod **III 5**
un mort/une morte [ɛ̃mɔʀ/ynmɔʀt] ein Toter/eine Tote **IV 5**
un **mot** [ɛ̃mo] ein Wort **I 1, 4**
un mot-clé [ɛ̃mokle] ein Schlüsselwort **I 7, 10**
motiver qn [mɔtive] jdn. motivieren **IV 3, 3**
une **moto** [ynmoto] ein Motorrad **⟨IV M2, 9⟩**
mourir [muʀiʀ] sterben **III 4**
la **moutarde** [lamutaʀd] der Senf **III 2E**
un **moyen** [ɛ̃mwajɛ̃] ein Mittel; *(hier)* ein Geldmittel **IV 1**
un moyen de transport [ɛ̃mwajɛ̃dətʀɑ̃spɔʀ] ein Verkehrsmittel **⟨I 5, 2⟩**
le **Moyen Age** [ləmwajɛnaʒ] das Mittelalter **III 2**
en moyenne [ɑ̃mwajɛn] durchschnittlich, im Durchschnitt **IV 4**
un **mur** [ɛ̃myʀ] eine Mauer, eine Wand **I 4**
un mur d'escalade [ɛ̃myʀdɛskalad] eine Kletterwand **I 4**
un **musée** [ɛ̃myze] ein Museum **II 1**
un **musicien**/une **musicienne** [ɛ̃myzisjɛ̃/ynmyzisjɛn] ein Musiker/eine Musikerin **II 6**
la **musique** [lamyzik] die Musik **I 3A**
la musique rock [lamyzikʀɔk] die Rockmusik **I 3A**

N

naître [nɛtʀ] geboren werden **IV 5**
la **natation** [lanatasjɔ̃] das Schwimmen **I 4E**
une **nationalité** [ynasjɔnalite] eine Nationalität **⟨III M3E⟩; IV 3, 8**
la **nature** [lanatyʀ] die Natur **I 2**
naturel/naturelle [natyʀɛl/natyʀɛl] natürlich; *(hier)* Natur- **IV 5**
ne ... aucun [nə ... okɛ̃] keiner/keine/keines **IV 5**
nécessaire/nécessaire [nesesɛʀ/nesesɛʀ] notwendig, erforderlich **⟨III M2⟩; IV 1, 2**
le **néerlandais** [ləneɛʀlɑ̃dɛ] das Niederländische, die niederländische Sprache **IV 3E**
un Néerlandais/une Néerlandaise [ɛ̃neɛʀlɑ̃dɛ/ynneɛʀlɑ̃dɛz] ein Niederländer/eine Niederländerin **IV 5**
la **neige** [lanɛʒ] der Schnee **⟨III M3⟩; ⟨IV M1A⟩**
ne ... jamais [nə ... ʒamɛ] nie, niemals **I 6A**
ne ... ni ... ni [nə ... ni ... ni] weder ... noch **IV 5**
ne ... pas [nə ... pa] nicht **I 4**
ne ... pas de [nə ... padə] kein/keine *(bei Mengen)* **I 7**

ne ... pas du tout [nə ... padytu] überhaupt nicht **II 1**
ne ... pas encore [nə ... pazɑ̃kɔʀ] noch nicht **II 1**
ne ... pas non plus [nə ... panɔ̃ply] auch nicht **II 1**
ne ... personne [nə ... pɛʀsɔn] niemand **II 5**
ne ... plus [nə ... ply] nicht mehr **I 6A**
ne ... plus jamais [nə ... plyʒamɛ] nie mehr **III 1**
ne ... que [nə ... kə] nur **II 2**
ne ... rien [nə...ʀjɛ̃] nichts **I 6A**
nerveux/nerveuse [nɛʀvø/nɛʀvøz] nervös ⟨**III M3**⟩
nettoyer qc [nɛtwaje] etw. reinigen, etw. säubern **IV 2**
neuf/neuve [nœf/nœv] neu **IV 4,** 9
un **nez** [ɛ̃ne] eine Nase **III 2**
N'importe quoi! [nɛ̃mpɔʀtəkwa] So ein Quatsch! **IV 2**
un **niveau** [ɛ̃nivo] ein Niveau **III 4**
noir/noire [nwaʀ/nwaʀ] schwarz **I 7**
un **nom** [ɛ̃nɔ̃] ein Name **I 7,** 14
un **nombre** [ɛ̃nɔ̃bʀ] eine Zahl ⟨**I 9B,** 5⟩; **II 2,** 11
non [nɔ̃] nein **I 1**
le **nord** [lənɔʀ] der Norden **III 2E**
normal/normale [nɔʀmal/nɔʀmal] normal **III 3**
une **note** [ynnɔt] eine Note **I 8**
une **nouille** [ynnuj] eine Nudel **II 4;** *(hier)* eine Tranfunzel *(ugs.)* **III 1**
un **nouveau** [ɛ̃nuvo] ein Neuer **I 1**
nouveau/nouvel/nouvelle [nuvo/nuvɛl/nuvɛl] neu **II 3B**
à nouveau [anuvo] erneut, nochmals **IV 4**
une **nouvelle** [ynnuvɛl] eine Nachricht, eine Neuigkeit **II 2**
novembre *(m.)* [nɔvɑ̃bʀ] November **I 7,** 6
se noyer [sənwaje] ertrinken; sich ertränken ⟨**IV M2**⟩
un **nuage** [ɛ̃nyaʒ] eine Wolke **II 1,** 9
une **nuit** [ynnɥi] eine Nacht **II 4**
une nuit blanche [ynnɥiblɑ̃ʃ] eine schlaflose Nacht **III 2**
qc est **nul/nulle** *(fam.)* [nyl/nyl] etw. ist blöd, bringt's nicht *(ugs.)* **II 2**
numérique/numérique [nymeʀik/nymeʀik] digital **III 2**
un **numéro de téléphone** [ɛ̃nymeʀodətelefɔn] eine Telefonnummer **I 6B,** 4

O

un **objet** [ɛ̃nɔbʒɛ] ein Gegenstand; ein Betreff **II 4,** 11
obliger qn à faire qc [ɔbliʒe] jdn. zwingen, etw. zu tun **IV 5**
observer qn/qc [ɔpsɛʀve] jdn./etw. beobachten **IV 5**
s'occuper de qn/qc [sɔkype] sich mit jdm./etw. beschäftigen; sich um jdn./etw. kümmern **III 3**
occuper qc [ɔkype] *(hier)* etw. besetzen **IV 5**
octobre *(m.)* [ɔktɔbʀ] Oktober **I 7,** 6
une **ode** [ynɔd] eine Ode **IV 3**
un **œil**/des **yeux** [ɛ̃nœj/dezjø] ein Auge/Augen ⟨**II 8A**⟩; **III 1E**
un **œuf**/des **œufs** [ɛ̃nœf/dezø] ein Ei/Eier **II 5E**
un **office de tourisme** [ɛ̃nɔfisdətuʀism] ein Fremdenverkehrsamt **II 7E**
officiel/officielle [ɔfisjɛl/ɔfisjɛl] offiziell **IV 2,** 13
offrir qc à qn [ɔfʀiʀ] jdm. etw. anbieten; jdm. etw. schenken **III 4**
un **oiseau**/des **oiseaux** [ɛ̃nwazo/dezwazo] ein Vogel/Vögel **I 7E**
une **ombre** [ynɔ̃bʀ] ein Schatten **IV 5**
un **oncle** [ɛ̃nɔ̃kl] ein Onkel **I 7**
l'**or** *(m.)* [lɔʀ] das Gold **IV 2**
un **orage** [ɛ̃nɔʀaʒ] ein Gewitter **II 7B**
une **orange** [ynɔʀɑ̃ʒ] eine Orange **II 5E**
orange *(inv.)* [ɔʀɑ̃ʒ] orange **I 7,** 4
un **ordinateur** [ɛ̃nɔʀdinatœʀ] ein Computer **I 3A**
une **ordonnance** [ynɔʀdɔnɑ̃s] ein Rezept *(vom Arzt)* **II 7B,** 4
un **ordre** [ɛ̃nɔʀdʀ] eine Reihenfolge **I 3A,** 4
une **oreille** [ynɔʀɛj] ein Ohr ⟨**II 9E**⟩; **III 1,** 11
organiser qc [ɔʀganise] etw. organisieren **I 8E**
une **origine** [ynɔʀiʒin] ein Ursprung; eine Herkunft ⟨**II 8B**⟩; **III 5,** 5
un **os**/des **os** [ɛ̃nɔs/dezo] ein Knochen/Knochen **IV 2**
ou [u] oder **I 4**
ou bien ... ou bien [ubjɛ̃ ... ubjɛ̃] entweder ... oder **III 1**
où [u] wo **I 2**
où [u] wo *(Relativpronomen)* **II 3A**
oublier qc [ublije] etw. vergessen **I 6B**
l'**ouest** *(m.)* [lwɛst] der Westen **III 2E**
Ouf! [uf] Uff! **II 4**
oui [wi] ja **I 1**
un **ours** [ɛ̃nuʀs] ein Bär **II 7E**
un **outil** [ɛ̃nuti] ein Werkzeug **IV 2**
ouvrir qc [uvʀiʀ] etw. öffnen **I 7**

P

une **page** [ynpaʒ] eine Seite **I 2,** 12
le **pain** [ləpɛ̃] das Brot **II 5**
un pain d'épice [ɛ̃pɛ̃depis] ein Gewürzbrot **III 2**
un **palais** [ɛ̃palɛ] ein Palast **III 2**
une **panique** [ynpanik] eine Panik **II 7B**
un **pantalon** [ɛ̃pɑ̃talɔ̃] eine Hose **I 7**
papa *(m.)* [papa] Papa, Vati **I 1**
une **papeterie** [ynpapɛtʀi] ein Schreibwarengeschäft **I 2**
papi *(m.) (fam.)* [papi] Opa *(ugs.)* **I 7**
un **papier** [ɛ̃papje] ein Papier **I 2**
un **paquet** [ɛ̃pakɛ] ein Paket **II 2**
par cœur [paʀkœʀ] auswendig **I 6B**
par exemple [paʀɛgzɑ̃pl] zum Beispiel **II 3B**
par contre [paʀkɔ̃tʀ] hingegen, dagegen **III 2**
un **paradis** [ɛ̃paʀadi] ein Paradies **I 2**
un **parapluie** [ɛ̃paʀaplɥi] ein Regenschirm **II 1,** 10
un **parc** [ɛ̃paʀk] ein Park **II 1E**
parce que [paʀskə] weil **I 5E**
un **parc national** [ɛ̃paʀknasjɔnal] ein Nationalpark **II 4,** 11
un parc naturel [ɛ̃paʀknatyʀɛl] ein Naturschutzgebiet **IV 5**
un **parcours** [ɛ̃paʀkuʀ] eine Strecke; ein Durchgang **II 7B**
Pardon. [paʀdɔ̃] Verzeihung., Entschuldigung. **I 4,** 12
les **parents** *(m., pl.)* [lepaʀɑ̃] die Eltern **I 3A**
parfait/parfaite [paʀfɛ/paʀfɛt] perfekt, tadellos **III 5,** 8
un **parlement** [ɛ̃paʀləmɑ̃] ein Parlament **IV 3E**
parler à qn [paʀle] mit jdm. sprechen, zu jdm. sprechen **I 6A**
parler de qc [paʀle] über etw. sprechen **II 3B**
Tu parles! *(fam.)* [typaʀl] Von wegen! *(ugs.)* **II 6**
parmi [paʀmi] unter **IV 5**
un **partenaire**/une **partenaire** [ɛ̃paʀtənɛʀ/ynpaʀtənɛʀ] ein Partner/eine Partnerin **IV 3**

participer à qc [paʀtisipe] an etw. teilnehmen ⟨**III M3**⟩; **IV 2**
une **partie** [ynpaʀti] ein Teil **I 2**, 7
partir [paʀtiʀ] weggehen, abfahren ⟨**I 9A**⟩; **II 1**
à partir de [apaʀtiʀdə] von … an **III 1**
partout [paʀtu] überall **II 3A**
passer qc [pase] *(hier)* etw. verbringen *(einen Tag)* **II 1**
passer [pase] vorbeigehen, -fahren, -kommen **II 3A**; *(hier)* laufen, spielen (im Radio) ⟨**II 8A**, 5⟩
se passer [səpase] geschehen, sich ereignen **II 7B**
passer à la télé [pasealatele] einen Fernsehauftritt haben **III 4**
passer un entretien [paseɛ̃nɑ̃tʀətjɛ̃] ein Bewerbungsgespräch führen **IV 2**, 11
une **passerelle** [ynpasʀɛl] eine Fußgängerbrücke **IV 3**, 4
des **pâtes** *(f., pl.)* [depat] Nudeln ⟨**IV M3E**⟩
un **pâtissier**/une **pâtissière** [ɛ̃patisje/ynpatisjɛʀ] ein Konditor/eine Konditorin ⟨**II 9**⟩
pauvre/pauvre [povʀ/povʀ] arm **II 3B**
payer qc [peje] etw. bezahlen **I 8**
un **pays** [ɛ̃pei] ein Land **II 4E**
un **paysan**/une **paysanne** [ɛ̃peizɑ̃/ynpeizan] ein Bauer/eine Bäuerin ⟨**II 8B**, 3⟩
le **péage** [ləpeaʒ] die Mautstelle **III 2**
une **peau** [ynpo] eine Haut **IV 4**, 9
la **pêche** [lapɛʃ] die Fischerei **III 5E**
pêcher qc [peʃe] etw. angeln, etw. fischen ⟨**IV M3**⟩
peindre qc [pɛ̃dʀ] etw. anmalen, etw. anstreichen **III 5**
à peine [apɛn] kaum ⟨**IV M3E**⟩
un **peintre**/une **femme peintre** [ɛ̃pɛ̃tʀ/ynfampɛ̃tʀ] ein Maler/eine Malerin **IV 4E**
un peintre en bâtiment [ɛ̃pɛ̃tʀɑ̃batimɑ̃] ein Anstreicher/eine Anstreicherin **IV 4E**
la **peinture** [lapɛ̃tyʀ] die Malerei, die Farbe *(zum Anmalen)* **II 3A**
une **pellicule** [ynpelikyl] ein Film **I 8**
pendant [pɑ̃dɑ̃] während **I 6B**
pendant ce temps [pɑ̃dɑ̃sətɑ̃] währenddessen, während dieser Zeit **II 5**
pendant que *(Konjunktion)* [pɑ̃dɑ̃kə] während ⟨**II 8B**⟩; **III 1**
penser à qn [pɑ̃se] an jdn. denken **II 3B**
perdre qc [pɛʀdʀ] etw. verlieren **II 2**
un **père** [ɛ̃pɛʀ] ein Vater **I 4**
la **permanence** [lapɛʀmanɑ̃s] die beaufsichtigte Freistunde **II 4**
permettre à qn de faire qc [pɛʀmɛtʀ] jdm. erlauben, etw. zu tun **IV 2**
un **personnage** [ɛ̃pɛʀsɔnaʒ] eine Figur, eine Persönlichkeit, eine Person **II 4**, 3
un personnage principal [ɛ̃pɛʀsɔnaʒpʀɛ̃sipal] ein Hauptdarsteller ⟨**IV M1E**⟩
une **personne** [ynpɛʀsɔn] eine Person **II 3E**
une **perspective** [ynpɛʀspɛktiv] eine Perspektive, ein Blickwinkel ⟨**IV M1B**⟩
petit/petite [pəti/pətit] klein **I 7E**
un **petit-déjeuner** [ɛ̃pətideʒœne] ein Frühstück **II 4**
peu [pø] wenig **I 7**
un peu de [ɛ̃pødə] ein wenig **I 7**
la **peur** [lapœʀ] die Angst **I 4**
avoir peur de faire qc [avwaʀpœʀ] Angst haben etw. zu tun **I 6B**
faire peur à qn [fɛʀpœʀ] jdm. Angst machen **II 5**
N'aie pas peur! [nepapœʀ] Hab keine Angst! **III 5**
peut-être [pøtɛtʀ] vielleicht **I 8**
une **pharmacie** [ynfaʀmasi] eine Apotheke, ein Medizinschrank, eine Hausapotheke **III 2**
une **photo** [ynfoto] ein Foto **I 2E**
une **photographie** [ynfɔtɔgʀafi] eine Fotografie **III 2**
photographier qn/qc [fɔtɔgʀafje] jdn./etw. fotografieren ⟨**III M2**⟩
une **phrase** [ynfʀaz] ein Satz **I 2**, 10
le **physique** [ləfizik] das Äußere ⟨**IV M1E**⟩; ⟨**IV M3**, 5⟩
un **piano** [ɛ̃pjano] ein Klavier, ein Piano **I 4E**
une **pièce** [ynpjɛs] ein Zimmer **I 3E**; *(hier)* ein Stück **IV 4**
un **pied** [ɛ̃pje] ein Fuß **II 7B**
C'est le pied! *(fam.)* [sɛləpje] Das ist der Hammer! *(ugs.)* **III 2**
un **piéton**/une **piétonne** [ɛ̃pjetɔ̃/ynpjetɔn] ein Fußgänger/eine Fußgängerin **IV 3**, 4
un **pilote**/une **pilote** [ɛ̃pilɔt/ynpilɔt] ein Pilot/eine Pilotin **II 3A**, 3
un **pinceau** [ɛ̃pɛ̃so] ein Pinsel **IV 4E**
un **pion** [ɛ̃pjɔ̃] eine Aufsichtsperson **II 4**
un **pique-nique** [ɛ̃piknik] ein Picknick **II 5**, 12
une **piscine** [ynpisin] ein Schwimmbad, ein Schwimmbecken **II 2**
un **pistolet** [ɛ̃pistɔlɛ] eine Pistole **III 5E**
une **place** [ynplas] ein Platz **I 2**
une **plage** [ynplaʒ] ein Strand ⟨**I 9E**⟩; ⟨**II 9**⟩; **III 1E**
se plaindre de qn/qc [səplɛ̃dʀ] sich über jdn./etw. beschweren, sich über jdn./etw. beklagen **III 5**
plaire à qn [plɛʀ] jdm. gefallen **II 3A**
un **plaisir** [ɛ̃plezir] ein Vergnügen, eine Freude ⟨**II 9**⟩; **IV 5**
un **plan** [ɛ̃plɑ̃] ein Plan *(hier)* ein Stadtplan **I 5**
une **planche** [ynplɑ̃ʃ] ein Brett; *(hier)* ein Surfbrett ⟨**IV M2**⟩
un **planétarium** [ɛ̃planetaʀjɔm] ein Planetarium **II 1E**
une **plantation** [ynplɑ̃tasjɔ̃] eine Plantage; eine (An)Pflanzung **IV 5**
se planter *(fam.)* [səplɑ̃te] abstürzen *(ugs.)* ⟨**III M2**⟩
planter qc [plɑ̃te] etw. pflanzen; *(hier)* etw. errichten ⟨**IV M3**⟩
un **plat principal** [ɛ̃plapʀɛ̃sipal] ein Hauptgericht **II 5**
le **plâtre** [ləplatʀ] der Gips; der Gipsverband **II 7B**
plein/pleine de [plɛ̃/plɛn] voll mit **III 2**
pleurer [plœʀe] weinen **II 7A**
pleuvoir [pløvwaʀ] regnen **II 1**
plonger [plɔ̃ʒe] tauchen **IV 5**
la **pluie** [laplɥi] der Regen ⟨**I 9B**⟩; **II 7A**
plus [ply/plys] mehr ⟨**II 8A**⟩; **III 1E**
le plus … possible [ləply … pɔsibl] möglichst, so … wie möglich **III 3**
plusieurs *(inv.)* [plyzjœʀ] einige ⟨**III M1**⟩; **IV 2**
plutôt [plyto] eher, vielmehr, ziemlich ⟨**III M2**⟩; **IV 4E**
une **poche** [ynpɔʃ] eine Tasche, eine Hosentasche **III 1**, 7
un **poème** [ɛ̃pɔɛm] ein Gedicht **II 2**, 4
un **poète** [ɛ̃pɔɛt] ein Dichter/eine Dichterin **II 6**, 2
un **poing** [ɛ̃pwɛ̃] eine Faust ⟨**IV M3E**⟩
un **point** [ɛ̃pwɛ̃] ein Punkt **II 7A**, 6
la **pointure** [lapwɛ̃tyʀ] die Schuhgröße **IV 1**, 7
un **poisson** [ɛ̃pwasɔ̃] ein Fisch **II 1E**
le **poivre** [ləpwavʀ] der Pfeffer **II 5E**
poli/polie [pɔli/pɔli] höflich ⟨**IV M3**, 5⟩

la **police** [lapɔlis] die Polizei **I 4,** 12
un **policier**/une **femme policier** [ɛ̃pɔlisje/ynfampɔlisje] ein Polizist/eine Polizistin **I 4,** 12
un **Polonais**/une **Polonaise** [ɛ̃pɔlɔnɛ/ynpɔlɔnɛz] ein Pole/eine Polin **IV 2**
polonais/polonaise [pɔlɔnɛ/pɔlɔnɛz] polnisch **IV 2**
une **pomme** [ynpɔm] ein Apfel **II 5**
une **pomme de terre** [ynpɔmdətɛʀ] eine Kartoffel **II 5**
un **pompier**/une **femme pompier** [ɛ̃pɔ̃pje/ynfampɔ̃pje] ein Feuerwehrmann/eine Feuerwehrfrau **⟨III M1E⟩**
les pompiers *(m., pl.)* [lepɔ̃pje] die Feuerwehr **⟨III M1E⟩; ⟨IV M2⟩**
un **pont** [ɛ̃pɔ̃] eine Brücke **II 7B**
le **pop** [ləpɔp] der Pop **⟨II 8B⟩; III 4**
un **port** [ɛ̃pɔʀ] ein Hafen **III 1**
un **portable** [ɛ̃pɔʀtabl] *(hier)* ein Mobiltelefon, ein Handy **I 5**
une **porte** [ynpɔʀt] eine Tür **I 2**
un **porte-bonheur**/des **porte-bonheurs** [ɛ̃pɔʀt(ə)bɔnœʀ/depɔʀt(ə)bɔnœʀ] ein Glücksbringer **⟨II 9⟩; III 2**
un **porte-monnaie**/des **porte-monnaies** [ɛ̃pɔʀt(ə)mɔnɛ/depɔʀt(ə)mɔnɛ] ein Geldbeutel **I 5**
porter qc [pɔʀte] etw. tragen **I 7**
un **portrait** [ɛ̃pɔʀtʀɛ] ein Porträt, ein Abbild **I 7,** 15
un **Portugais**/une **Portugaise** [ɛ̃pɔʀtygɛ/ynpɔʀtygɛz] ein Portugiese/eine Portugiesin **IV 5**
poser qc [poze] etw. stellen, setzen, legen **I 2**
poser sa candidature à qc [pozesakɑ̃didatyʀ] sich auf etw. bewerben **IV 2**
poser un lapin à qn *(fam.)* [pozeɛ̃lapɛ̃] jdn. versetzen *(ugs.)* **⟨IV M1C,** 4**⟩**
positif/positive [pɔzitif/pɔzitiv] positiv **IV 2**
une **position** [ynpozisjɔ̃] die Stellung **III 3,** 7
possible/possible [pɔsibl/pɔsibl] möglich **⟨II 9,** 9**⟩; III 2,** 8
le plus … possible [ləply … pɔsibl] möglichst, so … wie möglich **III 3**
la **poste** [lapɔst] die Post **II 2**
un **poste de secours** [ɛ̃pɔstdəsəkuʀ] eine Rettungsstation **⟨IV M2⟩**
un **pote**/une **pote** *(fam.)* [ɛ̃pɔt/ynpɔt] ein Kumpel *(ugs.)* **III 4**
une **poubelle** [ynpubɛl] ein Mülleimer **I 2**
une **poule** [ynpul] ein Huhn, eine Henne **I 7E**
une poule mouillée *(fam.)* [ynpulmuje] ein Angsthase *(ugs.)* **⟨IV M2E⟩**
un **poulet** [ɛ̃pulɛ] ein Huhn, ein Hühnchen **III 2**
pour [puʀ] für **I 2E;** wegen **I 3A;** *(hier)* nach **I 7**
un **pour cent** *(inv.)* [ɛ̃puʀsɑ̃] ein Prozent **III 3**
pour faire qc [puʀfɛʀ] um etw. zu tun **I 5**
des **pourparlers** *(m., pl.)* [depuʀpaʀle] Verhandlungen, Gespräche *(pl.)* **IV 4,** 9
pour que *(+subj.)* [puʀkə] damit **IV 5**
pourquoi [puʀkwa] warum **I 5E**
c'est pourquoi [sɛpuʀkwa] deshalb **⟨II 9⟩; III 1**
pourtant [puʀtɑ̃] dennoch, trotzdem **III 1**
pouvoir [puvwaʀ] können **I 6B**
pouvoir faire qc [puvwaʀfɛʀ] etw. tun können **I 6B**
la **pratique** [lapʀatik] die Praxis/die Ausübung **I 1**
pratique/pratique [pʀatik/pʀatik] praktisch **II 3B,** 2
préféré/préférée [pʀefeʀe] bevorzugt, Lieblings- **II 6,** 3
préférer qc [pʀefeʀe] etw. vorziehen, lieber mögen **II 5**
préférer faire qc [pʀefeʀefɛʀ] etw. lieber tun **II 5**
préhistorique/préhistorique [pʀeistɔʀik/pʀeistɔʀik] vorgeschichtlich, prähistorisch **IV 2**
un **préjugé** [ɛ̃pʀeʒyʒe] ein Vorurteil **IV 5**
le **premier**/la **première** [ləpʀəmje/lapʀəmjɛʀ] der erste/die erste/das erste **I 7,** 6; *(hier)* als Erster/als Erste/als Erstes **II 2E**
le **premier plan** [ləpʀəmjeplɑ̃] der Vordergrund **⟨IV M1C,** 5**⟩**
un **premier rôle** [ɛ̃pʀəmjeʀol] eine Hauptrolle **⟨IV M1C,** 5**⟩**
prendre qc [pʀɑ̃dʀ] etw. nehmen **I 7**
prendre des notes [pʀɑ̃dʀdenɔt] Notizen machen **II 2,** 2
prendre une photo de qn/qc [pʀɑ̃dʀynfoto] ein Foto von jdm./etw. machen **I 8**
prendre qc en photo [pʀɑ̃dʀɑ̃foto] etw. fotografieren **⟨I 9A,** 11**⟩**
prendre position sur qn/qc [pʀɑ̃ndʀəpozisjɔ̃] zu jdm./etw. Stellung beziehen **III 3,** 7
prendre peur [pʀɑ̃dʀəpœʀ] Angst bekommen **IV 1**
un **prénom** [ɛ̃pʀenɔ̃] ein Vorname **I 1**
préparer qc [pʀepaʀe] etw. vorbereiten **I 4**
près de qn/qc [pʀɛdə] nahe bei jdm./etw., neben jdm./etw. **I 8E**
une **présentation** [ynpʀesɑ̃tasjɔ̃] eine Vorstellung **IV 3**
présenter qc à qn [pʀezɑ̃te] jdm. etw. vorstellen **II 4**
se présenter [səpʀezɑ̃te] sich vorstellen **⟨IV M1A⟩**
presque [pʀɛsk] fast, beinahe **IV 3**
prêt/prête [pʀɛ/pʀɛt] fertig, bereit **II 2**
prétendre qc [pʀetɑ̃dʀ] etw. behaupten **IV 4**
prier qn de faire qc [pʀije] jdn. bitten, etw. zu tun **IV 2**
un **principal**/une **principale** [pʀɛ̃sipal] ein Schuldirektor/eine Schuldirektorin **⟨II 8B⟩**
principal/principale [pʀɛ̃sipal/pʀɛ̃sipal] wichtigster/wichtigste/wichtigstes **⟨IV M1E⟩; ⟨IV M2,** 10**⟩**
le **printemps** [ləpʀɛ̃tɑ̃] der Frühling **I 7**
une **prison** [ynpʀizɔ̃] ein Gefängnis **⟨III M1⟩; IV 5**
un **prix** [ɛ̃pʀi] ein Preis **II 6**
un **problème** [ɛ̃pʀɔblɛm] ein Problem **I 3A**
un **procès-verbal** [ɛ̃pʀɔsɛvɛʀbal] ein Strafzettel **III 3**
prochain/prochaine [pʀɔʃɛ̃/pʀɔʃɛn] nächster/nächste/nächstes **II 7B,** 2
un **professeur** [ɛ̃pʀɔfɛsœʀ] ein Lehrer/eine Lehrerin **I 1**
profiter de qn/qc [pʀofite] jdn./etw. (aus)nutzen **⟨III M3⟩**
un **programme** [ɛ̃pʀɔgʀam] ein Programm **II 3B**
un **projet** [ɛ̃pʀɔʒɛ] ein Projekt, ein Vorhaben **I 8E**
se promener [səpʀɔmne] spazieren gehen **II 7B**
promettre à qn de faire qc [pʀɔmɛtʀ] jdm. versprechen, etw. zu tun **IV 4**
à propos [apʀɔpo] übrigens **I 2E**
à propos de [apʀɔpodə] bezüglich, in Bezug auf **I 2E**
proposer qc [pʀɔpoze] etw. vorschlagen **⟨II 8B⟩**
proposer à qn de faire qc [pʀɔpoze] jdm. vorschlagen, etw. zu tun **III 1**

un **propriétaire**/une **propriétaire** [ɛ̃pʀɔpʀijetɛʀ/ynpʀɔpʀijetɛʀ] ein Eigentümer/eine Eigentümerin **I 3A**
un **proverbe** [ɛ̃pʀɔvɛʀb] ein Sprichwort **II 4,** 9
une **province** [ynpʀɔvɛ̃s] eine Provinz ⟨**III M3,** 3⟩; **IV 4**
un **proviseur**/une **femme proviseur** [ɛ̃pʀɔvizœʀ/ynfampʀɔvisœʀ] ein Schulleiter/eine Schulleiterin **IV 1**
la **proximité** [lapʀɔksimite] die Nähe **IV 2,** 3
à proximité de qn/qc [apʀɔksimite] in der Nähe von jdm./etw. **IV 2,** 3
une **publicité** [ynpyblisite] eine Werbung, ein Werbespot **I 6A**
puis [pɥi] dann **I 4**
un **pull-over** [ɛ̃pylovɛʀ] ein Pullover ⟨**I 9A**⟩; **IV 1**

Q

une **qualité** [ynkalite] eine Qualität, eine Eigenschaft ⟨**IV M3,** 5⟩
quand [kɑ̃] wann **I 5**
quand [kɑ̃] wenn, als *(zeitlich)* ⟨**I 9A**⟩; **II 1**
quand même [kɑ̃mɛm] trotzdem; doch **IV 3**
un **quart** [ɛ̃kaʀ] ein Viertel **III 3**
un **quartier** [ɛ̃kaʀtje] ein Stadtviertel **I 2E**
que [kə] den/die/das *(Relativpronomen, Objekt)* **I 8; II 3A**
Que … ? *(Fragepronomen)* [kə] Was … ? **I 2**
que [kə] dass *(Konjunktion)* **I 8**
un **Québécois**/une **Québécoise** [ɛ̃kebekwa/ynkebekwaz] ein Quebecer/eine Quebecerin ⟨**III M3E**⟩
québécois/québécoise [kebekwa/kebekwaz] aus Quebec ⟨**III M3**⟩
quel/quels/quelle/quelles [kɛl/kɛl/kɛl/kɛl] welcher/welche/welches *(Fragebegleiter)* **II 3B**
Quelle horreur! *(fam.)* [kɛlɔʀœʀ] Wie grässlich!, Wie schrecklich! *(ugs.)* **I 3A**
Quelle chance! [kɛlʃɑ̃s] Welch ein Glück! **I 5E**
Quelle histoire! [kɛlistwaʀ] Was für eine Geschichte! **I 4**
quelques *(pl.)* [kɛlk(ə)] einige, wenige **III 4**
quelque chose [kɛlkəʃoz] etwas **I 5**
quelqu'un [kɛlkɛ̃] jemand **II 4,** 6
Qu'est-ce que [kɛskə] Was … ? **I 5**
Qu'est-ce que c'est? [kɛskəsɛ] Was ist das? **I 2E**
Qu'est-ce qui [kɛski] Was … ? *(Fragepronomen, Subjekt ist eine Sache)* **II 7E**
Qu'est-ce qu'il y a? [kɛskilja] Was gibt es? **I 3A,** 6
une **question** [ynkɛstjɔ̃] eine Frage **I 1,** 1
qui [ki] der/die/das *(Relativpronomen, Subjekt)* **I 8**
Qui … ? [ki] Wer … ? **I 1**
Qui est-ce? [kiɛs] Wer ist das? **I 1**
Qui est-ce qui … ? [kiɛski] Wer … ? *(Fragepronomen, Subjekt ist eine Person)* **II 7E**
Qui est-ce que … ? [kiɛskə] Wer … ? *(Fragepronomen, Objekt ist eine Person)* **II 7E**
quitter qc [kite] etw. verlassen **I 2**
un **quiz** [ɛ̃kwiz] ein Quiz ⟨**III M3,** 3⟩
Quoi? [kwa] Was? **I 3E**

R

le **racket** [ləʀakɛt] die (Schutzgeld)Erpressung **IV 1**
racketter qn [ʀakete] jdn. erpressen, von jdm. Schutzgeld erpressen **IV 4**
raconter qc [ʀakɔ̃te] etw. erzählen **I 3A**
la **radio** [laʀadjo] das Radio, der Rundfunk **I 6A**
une **raison** [ynʀɛsɔ̃] ein Grund, eine Vernunft **III 2**
avoir raison [avwaʀʀɛzɔ̃] Recht haben ⟨**II 9**⟩
ramasser qc [ʀamase] etw. einsammeln **I 2**
ranger qc [ʀɑ̃ʒe] etw. aufräumen **II 5E**
le **rap** [ləʀap] der Rap *(Musikstil)* **I 7,** 15
rapide/rapide [ʀapid/ʀapid] schnell **III 3**
rater qc [ʀate] etw. verpassen **II 4**
rattraper qn/qc [ʀatʀape] jdn./etw. (wieder) einholen **III 5,** 7
une **réaction** [ynʀeaksjɔ̃] eine Reaktion **II 4,** 10
un **réalisateur**/une **réalisatrice** [ɛ̃ʀealizatœʀ/ynʀealizatʀis] ein (Film)-Regisseur **I 6E**
réaliser qc [ʀealize] etw. verwirklichen **IV 2,** 12
un **rebelle**/une **rebelle** [ɛ̃ʀəbɛl/ynʀəbɛl] ein Rebell/eine Rebellin **III 3**
rebelle/rebelle [ʀəbɛl/ʀəbɛl] aufrührerisch **III 4**
une **recette** [ynʀəsɛt] ein Rezept *(Küche)* **II 5E**
recevoir qc [ʀəsəvwaʀ] etw. empfangen **II 2**
reconnaître qc [ʀəkɔnɛtʀ] etw. wieder erkennen **II 3A**
la **récréation** [laʀekʀeasjɔ̃] die Pause **II 4**
refaire qc [ʀəfɛʀ] etw. erneuern, etw. neu machen, etw. noch einmal machen **II 3A**
réfléchir [ʀefleʃiʀ] nachdenken, überlegen **II 4**
regarder qc [ʀəgaʀde] etw. sehen, etw. ansehen, etw. betrachten **I 2E**
une **région** [ynʀeʒjɔ̃] eine Region **II 1**
régional/régionale [ʀeʒjɔnal/ʀeʒjɔnal] regional **IV 5**
une **règle** [ynʀɛgl] eine Regel ⟨**I 6A,** 10⟩; ⟨**III M2,** 2⟩
regretter qc [ʀ(ə)gʀete] etw. bedauern **IV 3,** 6
une **reine** [ynʀɛn] eine Königin ⟨**III M2**⟩
un **relais** [ɛ̃ʀəlɛ] eine Staffel, ein Staffellauf **IV 5**
une **relation** [ynʀəlasjɔ̃] eine Beziehung, ein Verhältnis ⟨**IV M3,** 1⟩
remarquer qn/qc [ʀ(ə)marke] jdn./etw. bemerken ⟨**IV M2**⟩
remercier qn [ʀəmɛʀsje] sich bei jdm. bedanken ⟨**I 9A**⟩; ⟨**II 9**⟩
remercier qn de qc [ʀəmɛʀsje] jdm. für etw. danken, sich bei jdm. für etw. bedanken **IV 2**
remonter qc [ʀəmɔ̃te] etw. (wieder) hinaufsteigen ⟨**IV M2**⟩
un **renard** [ɛ̃ʀənaʀ] ein Fuchs ⟨**II 9,** 10⟩
une **rencontre** [ynʀɑ̃kɔ̃tʀ] eine Begegnung, ein Treffen **I 8E**
rencontrer qn [ʀɑ̃kɔ̃tʀe] jdn. treffen, jdm. begegnen **I 8E**
un **rendez-vous** [ɛ̃ʀɑ̃devu] eine Verabredung, ein Termin **I 4,** 3
avoir rendez-vous [avwaʀʀɑ̃devu] eine Verabredung haben, einen Termin haben **I 4,** 3
rendre visite à qn [ʀɑ̃dʀəvisit] jdn. besuchen **IV 4**
la **rentrée** [laʀɑ̃tʀe] der Schul(jahres)-beginn **III 3**
rentrer [ʀɑ̃tʀe] heimgehen, heimkommen **II 1,** 2

renvoyer qn de qc [rɑ̃vwaje] jdn. von etw. verweisen **IV 1**
une **réparation** [ynreparasjɔ̃] eine Reparatur **II 3A**
repartir [rəpartir] (wieder) weggehen; *(hier)* wegfahren **III 5**
un **repas** [ɛ̃rəpa] ein Essen, eine Mahlzeit **I 7**
répéter qc [repete] etw. wiederholen **II 5**, 2
une **répétition** [ynrepetisjɔ̃] eine Probe; eine Wiederholung **III 4**
répondre à qn [repɔ̃dr] jdm. antworten **I 8**
une **réponse** [ynrepɔ̃s] eine Antwort **I 2**, 8
un **reportage** [ɛ̃rəpɔrtaʒ] eine Reportage **II 2**, 5
représenter qn/qc [rəprezɑ̃te] jdn./etw. vertreten, jdn./etw. darstellen, jdn./etw. verkörpern **⟨III M3⟩**; **IV 4**, 5
un **requin** [ɛ̃rəkɛ̃] ein Hai **IV 5**
réserver qc [rezɛrve] etw. reservieren **⟨II 9⟩**
respecter qc [rɛspɛkte] etw. achten **I 2**
un **restaurant** [ɛ̃rɛstɔrɑ̃] ein Restaurant **I 5E**
un **reste** [ɛ̃rɛst] ein Rest **II 2**
rester [rɛste] bleiben **I 3A**
un **résultat** [ɛ̃rezylta] ein Ergebnis **⟨III M3⟩**
un **résumé** [ɛ̃rezyme] eine Zusammenfassung **⟨I 9A**, 1**⟩**; **II 1**
résumer qc [rezyme] etw. zusammenfassen **III 1**, 1
un **retard** [ɛ̃rətar] eine Verspätung **II 2**
être en retard [ɛtrɑ̃rətar] sich verspäten **II 2**
retourner qc [rəturne] etw. umdrehen, etw. wenden **⟨IV M3⟩**
retrouver qn/qc [rətruve] jdn./etw. wieder finden **II 2**; *(hier)* jdn. treffen **III 1**
réussir à faire qc [reysir] gelingen etw. zu tun, etw. fertigbringen **II 4**
réussir qc [reysir] etw. gelingen, etw. schaffen **⟨IV M2⟩**
un **rêve** [ɛ̃rɛv] ein Traum **I 6B**, 8
se réveiller [sərevεje] aufwachen **IV 4**
revenir [rəvənir] zurückkommen **II 1**
rêver de qc [rɛve] von etw. träumen **I 3A**
réviser qc [revise] etw. wiederholen; etw. überprüfen **IV 4**
revoir qn/qc [rəvwar] jdn./etw. wiedersehen **II 3A**
Au revoir! [ɔrvwar] Auf Wiedersehen! **I 1**
riche/riche [riʃ/riʃ] reich **III 4**
De rien. [dərjɛ̃] Bitte!, Gern geschehen. **⟨I 9A⟩**; **II 7E**
rigoler *(fam.)* [rigɔle] lachen *(ugs.)* **I 8**
une **rime** [ynrim] ein Reim **I 1**, 6
ringard/ringarde *(fam.)* [rɛ̃gar/rɛ̃gard] altmodisch **IV 1**
rire [rir] lachen **II 4**
un **risque** [ɛ̃risk] ein Risiko **⟨IV M2E⟩**
la **rive droite** [larivdrwat] das rechte Flussufer **I 5E**
la rive gauche [larivgoʃ] das linke Flussufer **I 5E**
une **rivière** [ynrivjɛr] ein Fluss **IV 5**
une **robe** [ynrɔb] ein Kleid **I 7**
un **rocher** [ɛ̃rɔʃe] ein Fels **⟨I 9E⟩**
un **roi** [ɛ̃rwa] ein König **II 5**, 11
un **rôle** [ɛ̃rol] eine Rolle **I 6B**, 6
le **roller** [lərɔlœr] das Rollschuhlaufen, das Rollerskaten **I 4E**
un **Romain**/une **Romaine** [ɛ̃rɔmɛ̃/ynrɔmɛn] ein Römer/eine Römerin **⟨II 9**, 8**⟩**; **IV 2**
romain/romaine [rɔmɛ̃/rɔmɛn] römisch **⟨II 9**, 8**⟩**; **III 2**, 10
un **roman** [ɛ̃rɔmɑ̃] ein Roman **II 4**, 13
un roman policier [ɛ̃rɔmɑ̃pɔlisje] ein Kriminalroman **III 5**, 3
le **romanche** [lərɔmɑ̃ʃ] das Rätoromanische **⟨II 9E⟩**
romanche/romanche [rɔmɑ̃ʃ/rɔmɑ̃ʃ] rätoromanisch **⟨II 9E⟩**
rose/rose [roz/roz] rosa **II 2**
rouge/rouge [ruʒ/ruʒ] rot **I 7**, 4
un **rouleau** [ɛ̃rulo] eine (Farb)Rolle **IV 4E**
rouler [rule] fahren **III 5**
une **route** [ynrut] eine (Land)Straße **III 2**, 2
un **royaume** [ɛ̃rwajom] ein Königreich **⟨IV M3**, 10**⟩**
une **rue** [ynry] eine Straße **I 1**
le **rugby** [lərygbi] das Rugby **II 3E**
une **ruine** [ynrɥin] eine Ruine **III 2**, 10

S

le **sable** [ləsabl] der Sand **III 1**, 11
un **sac à dos** [ɛ̃sakado] ein Rucksack **II 1E**
une **saison** [ynsɛzɔ̃] eine Jahreszeit, eine Saison **IV 5**
une saison sèche [ynsɛzɔ̃sɛʃ] eine Trockenzeit **IV 5**
une **salade** [ynsalad] ein Salat **II 5E**
un **saladier** [ɛ̃saladje] eine Salatschüssel **II 5**
sale/sale [sal/sal] schmutzig **I 2**
une **salle** [ynsal] ein Saal **II 2**
une salle à manger [ynsalamɑ̃ʒe] ein Esszimmer **I 3E**
une salle de bains [ynsaldəbɛ̃] ein Badezimmer **I 3E**
une salle de permanence [ynsaldəpɛrmanɑ̃s] Aufenthaltsraum **II 4**
saluer qn [salɥe] jdn. (be)grüßen **II 3E**
Salut! *(fam.)* [saly] Hallo!, Grüß' dich! *(ugs.)* **I 1E**; Tschüss! *(ugs.)* **I 1**
Salutations cordiales. [salytasjɔ̃kɔrdjal] Mit herzlichen Grüßen. **II 4**, 11
Salutations distinguées. [salytasjɔ̃distɛ̃ge] Mit freundlichen Grüßen. **⟨III M2⟩**; **IV 2**
samedi *(m.)* [samdi] Samstag **I 5E**
le **SAMU** [ləsamy] der Notarzt/die Notärztin **⟨IV M2**, 6**⟩**
une **sandale** [ynsɑ̃dal] eine Sandale **IV 1**
un **sandwich** [ɛ̃sɑ̃dwitʃ] ein Sandwich **II 2**, 7
le **sang** [ləsɑ̃] das Blut **IV 4**
sans [sɑ̃] ohne **I 4**
sans rien faire [sɑ̃fɛr] ohne etw. zu tun **II 7B**
la **santé** [la sɑ̃te] die Gesundheit **II 5**
A ta santé! [atasɑ̃te] Auf dein Wohl!, Prost! **II 5**
sauf [sof] außer **II 4**
sauf que [sofkə] abgesehen davon **IV 4**
sauver qn/qc [sove] jdn./etw. retten **⟨III M1⟩**; **⟨IV M2⟩**
savoir [savwar] wissen **I 6B**
savoir faire qc [savwarfɛr] etw. tun können **I 6B**
un **saxophone** [ɛ̃saksɔfɔn] ein Saxofon **III 4E**
un **saxophoniste**/une **saxophoniste** [ɛ̃saksɔfɔnist/ynsaksɔfɔnist] ein Saxofonspieler/eine Saxofonspielerin **III 4**
un **scénario** [ɛ̃senarjo] ein Drehbuch, eine Story **⟨IV M1C**, 3**⟩**
une **scène** [ynsɛn] eine Szene **I 1**, 3; *(hier)* eine Bühne **II 6**

une **science** [ynsiɑ̃s] eine Wissenschaft **II 4**
sec/sèche [sɛk/sɛʃ] trocken **⟨III M1⟩; IV 5**
second/seconde [səgõ/səgõd] zweiter/zweite/zweites **IV 4**
une **seconde** [ynsəgõd] eine Sekunde **⟨II 9⟩; III 5**
la seconde [lasəgõd] die zehnte Klasse *(die erste Klasse auf dem Lycée)* **IV 2**
un **second rôle** [ɛ̃səgõʀol] eine Nebenrolle **⟨IV M1C, 5⟩**
Au **secours!** [oskuʀ] Hilfe! **I 5**
en **secret** [ɑ̃səkʀɛ] im Geheimen **⟨IV M1C⟩**
un **séjour** [ɛ̃seʒuʀ] ein Aufenthalt **⟨II 8B⟩; IV 3**
le **sel** [ləsɛl] das Salz **II 5E**
une **semaine** [ynsəmɛn] eine Woche **I 8**
une **semelle** [yns(ə)mɛl] eine Sohle **IV 4, 9**
un **Sénégalais**/une **Sénégalaise** [ɛ̃senegalɛ/ynsenegalɛz] ein Senegalese/eine Senegalesin **⟨III M3E⟩**
sénégalais/sénégalaise [senegalɛ/senegalɛz] senegalesisch **⟨III M3E⟩**
un **sentiment** [ɛ̃sɑ̃timɑ̃] ein Gefühl **II 3A, 8**
se sentir [səsɑ̃tiʀ] sich fühlen **III 3**
sentir qc [sɑ̃tiʀ] etw. riechen, etw. fühlen **III 5**
septembre *(m.)* [sɛptɑ̃bʀ] September **I 7, 6**
une **séquence** [ynsekɑ̃s] eine Folge, eine Sequenz **⟨IV M1C, 5⟩**
sérieux/sérieuse [seʀjø/seʀjøz] ernst(haft), seriös **III 5**
seul/seule [sœl/sœl] allein **II 6E**
seulement [sœlmɑ̃] nur **III 3E**
un **shopping** [ɛ̃ʃɔpiŋ] ein Einkaufsbummel **IV 1, 7**
un **short** [ɛ̃ʃɔʀt] Shorts *(pl.)* **III 1E**
si [si] doch **I 4**
si [si] ob **I 8;** wenn, falls **II 7B**
si seulement ... [sisœlmɑ̃] wenn doch nur ... **⟨III M1⟩**
un **siècle** [ɛ̃sjɛkl] ein Jahrhundert **⟨II 8A⟩; III 2**
une **sieste** [ynsjɛst] ein Mittagsschlaf **III 2**
une **signature** [ynsiɲatyʀ] eine Unterschrift **⟨I 9A, 7⟩**
signer qc [siɲe] etw. unterschreiben **II 1**

le **silence** [ləsilɑ̃s] die Ruhe, die Stille **I 1**
s'il te plaît [siltəplɛ] bitte **I 6B, 6**
s'il vous plaît [silvuplɛ] bitte **I 5**
simple/simple [sɛ̃pl/sɛ̃pl] einfach **⟨IV M1C⟩**
un **singe** [ɛ̃sɛ̃ʒ] ein Affe **III 3**
un **single** [ɛ̃siŋgœl] eine Single **⟨III M3, 4⟩**
un **site** [ɛ̃sit] eine Website **⟨III M2⟩;** *(hier)* eine (Ausgrabungs)Stätte **IV 2E**
une **situation** [ynsitɥasjõ] eine Situation **I 2, 7**
un **skateur**/une **skateuse** [ɛ̃skɛtœʀ/ynskɛtøz] ein Skater/eine Skaterin **IV 1**
un **sketch** [ɛ̃skɛtʃ] ein Sketch **III 1, 7**
le **ski** [ləski] das Skifahren **II 1**
un **slip** [ɛ̃slip] ein Slip, eine (Herren)-Unterhose **IV 1, 6**
un **slip de bain** [ɛ̃slipdəbɛ̃] eine Badehose **IV 1, 6**
un **slogan** [ɛ̃slɔgɑ̃] ein Slogan, ein Werbespruch **IV 1, 8**
un **SMS** [ɛ̃ɛsɛmɛs] eine SMS **II 5, 2**
une **sœur** [ynsœʀ] eine Schwester **I 3A, 4**
la **soif** [laswaf] der Durst **II 5**
avoir soif [avwaʀswaf] Durst haben **II 5**
soigner qn/qc [swaɲe] jdn./etw. pflegen **III 2**
un **soir** [ɛ̃swaʀ] ein Abend **I 3A**
ce soir [səswaʀ] heute Abend **⟨I 9A, 2⟩**
le soir [ləswaʀ] abends **I 3A**
une **soirée** [ynswaʀe] ein Abend **III 1**
un **sol** [ɛ̃sɔl] ein (Fuß)Boden **⟨IV M1A⟩**
le **soleil** [ləsɔlɛj] die Sonne **⟨I 9A⟩; II 1**
une **solution** [ynsɔlysjõ] eine Lösung **I 3A**
un **sondage** [ɛ̃sõdaʒ] eine Umfrage **III 3, 2**
sonner [sɔne] klingeln **I 3B**
une **sortie** [ynsɔʀti] Ausgang **II 3A**
sortir (de qc) [sɔʀtiʀ] (aus etw.) hinausgehen, hinausfahren; ausgehen **⟨I 9A⟩**
sortir [sɔʀtiʀ] ausgehen **II 1;** *(hier)* herauskommen, erscheinen **⟨IV M1C, 5⟩**
S.O.S. [ɛsoɛs] SOS **⟨IV M2, 6⟩**
souffler [sufle] wehen, blasen **IV 5**
A tes souhaits! [ateswɛ] Gesundheit! **II 5, 6**
souhaiter qc [swete] etw. wünschen **IV 1**

un **souk** [ɛ̃suk] ein Souk *(ein arabischer Markt)* **⟨I 9A⟩**
souligner qc [suliɲe] etw. unterstreichen **III 1, 3**
sourd/sourde [suʀ/suʀd] taub **II 2, 4**
un **sourire** [ɛ̃suʀiʀ] ein Lächeln **III 3**
sourire [suʀiʀ] lächeln **IV 2**
une **souris** [ynsuʀi] eine Maus **II 4**
sous [su] unter **I 2**
un **sous-marin** [ɛ̃sumaʀɛ̃] ein Unterseeboot, ein U-Boot **II 1E**
sous-titrer qc [sutitʀe] etw. untertiteln **⟨IV M1C, 5⟩**
un **souvenir** [ɛ̃suvniʀ] eine Erinnerung, ein Andenken **I 8, 5**
se souvenir de qn/qc [səsuv(ə)niʀ] sich an jdn./etw. erinnern **⟨IV M3E⟩**
souvent [suvɑ̃] oft **I 4**
le **sport** [ləspɔʀ] der Sport **I 4E**
un **sportif**/une **sportive** [ɛ̃spɔʀtif/ynspɔʀtiv] ein Sportler/eine Sportlerin **⟨I 9A⟩; IV 5**
sportif/sportive [spɔʀtif/spɔʀtiv] sportlich **I 7**
un **square** [ɛ̃skwaʀ] eine (kleine) Grünanlage **I 2**
un **squelette** [ɛ̃skəlɛt] ein Skelett, ein Gerippe **IV 2**
un **stade** [ɛ̃stad] ein (Sport)Stadion **II 3E**
un **stage** [ɛ̃staʒ] ein Praktikum **III 1**
un stage de voile [ɛ̃staʒdəvwal] ein Segelkurs **III 1**
un **standard** [ɛ̃stɑ̃daʀ] ein Standard **III 1, 10**
une **star** [ynstaʀ] ein Star **I 6A**
une **station** [ynstasjõ] eine Station, eine Haltestelle **I 5**
une station de ski [ynstasjõdəski] ein Skiort **⟨II 9E⟩**
une **station-service** [ynstasjõsɛʀvis] eine Tankstelle **III 2**
une **statue** [ynstaty] eine Statue **⟨II 9E⟩**
un **story-board** [ɛ̃stɔʀibɔʀd] ein Ablaufplan **⟨IV M1C, 2⟩**
une **stratégie** [ynstʀateʒi] eine Strategie **I 1, 5**
un **studio** [ɛ̃stydjo] ein (Aufnahme)Studio **I 6A**
un **style** [ɛ̃stil] ein Stil **⟨IV M3, 5⟩**
un **succès** [ɛ̃syksɛ] ein Erfolg **III 4**
le **sucre** [ləsykʀ] der Zucker, das Zuckerstück **II 5E**
le **sud** [ləsyd] der Süden **II 7E**
suffire [syfiʀ] ausreichen, genügen **IV 5**

un **Suisse**/une **Suisse** [ɛ̃sɥis/ynsɥis] ein Schweizer/eine Schweizerin ⟨**II 9E**⟩
suisse/suisse [sɥis/sɥis] schweizerisch ⟨**II 9E**⟩
la **suite** [lasɥit] die Fortsetzung **I 5,** 15
suite à [sɥita] mit Bezug auf **IV 2**
suivant/suivante [sɥivɑ̃/sɥivɑ̃t] folgender/folgende/folgendes **II 4,** 8
suivre qn/qc [sɥivʀ] jdm./etw. folgen **III 4**
un **sujet** [ɛ̃syʒɛ] ein Subjekt; *(hier)* ein Thema **III 1,** 5
super *(inv.)* [sypɛʀ] super, toll **I 2**
un **supermarché** [ɛ̃sypɛʀmaʀʃe] ein Supermarkt **II 6**
sûr/sûre [syʀ/syʀ] sicher **II 3A**
sur [syʀ] über, auf **I 2E**
un élève sur deux [ɛ̃nelɛvsyʀdø] jeder zweite Schüler **III 3,** 8
sûrement [syʀmɑ̃] sicher, sicherlich *(Adv.)* **II 4,** 9
le **surf** [ləsœʀf] das Surfen, das Wellenreiten **IV 5**
surfer [sœʀfe] surfen ⟨**IV M2**⟩
un **surfeur**/une **surfeuse** [ɛ̃sœʀfœʀ/ynsœʀføz] ein Surfer/eine Surferin **IV 5**
une **surprise** [ynsyʀpʀiz] eine Überraschung **II 3A**
surtout [syʀtu] vor allem **I 4**
un **surveillant**/une **surveillante** [ɛ̃syʀvɛjɑ̃/ynsyʀvejɑ̃t] eine Aufsicht, ein Aufseher/eine Aufseherin ⟨**IV M1E**⟩
un **survivant**/une **survivante** [ɛ̃syʀvivɑ̃/ynsyʀvivɑ̃t] ein Überlebender/eine Überlebende **IV 5**
SVT [ɛsvete] Biologie, Naturkunde **II 4**
un **symbole** [ɛ̃sɛ̃bɔl] ein Symbol, ein Wahrzeichen **III 2**
sympa/sympa *(fam.)* [sɛ̃pa/sɛ̃pa] nett *(ugs.)* **I 1**
un **synonyme** [ɛ̃sinɔnim] ein Synonym **III 5,** 7
un **système scolaire** [ɛ̃sistɛmskɔlɛʀ] ein Schulsystem **IV 4E**

T

une **table** [yntabl] ein Tisch **I 7**
un **tableau**/des **tableaux** [ɛ̃tablo/detablo] eine Tafel, eine Tabelle, ein Gemälde/Tafeln, Tabellen, Gemälde **I 6A,** 8
un tableau d'affichage [ɛ̃tablodafiʃaʒ] eine Anschlagtafel, ein Schwarzes Brett **IV 2**
une **tablette de chocolat** [yntablɛtdəʃɔkɔla] eine Tafel Schokolade ⟨**IV M3E**⟩
taguer [tage] Graffiti anbringen, sprühen **IV 4E**
la **taille** [lataj] die (Körper)Größe, die Kleidergröße; die Höhe **IV 1,** 7
le **talon** [lətalɔ̃] der Absatz; die Ferse **IV 1,** 6
une **tante** [yntɑ̃t] eine Tante **I 7**
tant mieux [tɑ̃mjø] umso besser **II 3B**
tard [taʀ] spät **II 2,** 6
une **tarte aux pommes** [yntaʀtopɔm] ein Apfelkuchen **II 5,** 7
un **taxi** [ɛ̃taksi] ein Taxi **I 5**
la **techno** [latɛkno] der Techno *(Musikstil)* ⟨**II 8A,** 3⟩
la **technologie** [latɛknɔlɔʒi] die Technologie; *(hier)* der technisch-naturwissenschaftliche Unterricht **III 3,** 6
un **téléphone** [ɛ̃telefɔn] ein Telefon **I 3B**
téléphoner [telefɔne] telefonieren **I 3A**
téléphoner à qn [telefɔne] mit jdm. telefonieren, jdn. anrufen **I 6A**
la **télé-réalité** [lateleʀealite] das Reality-Fernsehen **III 4,** 8
un **téléspectateur**/une **téléspectatrice** [ɛ̃telespɛktatœʀ/yntelespɛktatʀis] ein Fernsehzuschauer/eine Fernsehzuschauerin **IV 3**
la **télévision** [latelevizjɔ̃] das Fernsehen **I 3A**
un **témoin** [ɛ̃temwɛ̃] ein Zeuge/eine Zeugin ⟨**IV M2**⟩
la **température** [latɑ̃peʀatyʀ] die Temperatur **II 1,** 9
une **tempête** [yntɑ̃pɛt] ein Sturm ⟨**I 9B**⟩
le **temps** [lətɑ̃] die Zeit **I 7;** *(hier)* das Wetter ⟨**I 9A,** 7⟩; **II 1**
de temps en temps [dətɑ̃zɑ̃tɑ̃] von Zeit zu Zeit, manchmal ⟨**II 8A,** 5⟩; ⟨**IV M3**⟩
tenir qn/qc [təniʀ] jdn./etw. halten **IV 1**
Tiens. [tjɛ̃] Sieh mal da!, Na sowas! **I 1**
Tenez! [təne] Na sowas! ⟨**II 9,** 9⟩
le **tennis** [lətenis] das Tennis **II 6,** 4
une **tente** [yntɑ̃t] ein Zelt ⟨**IV M3**⟩
terminer qc [tɛʀmine] etw. beenden, etw. fertigstellen ⟨**I 9B**⟩; ⟨**III M2**⟩
se terminer par qc [sətɛʀmine] mit etw. (ab)schließen ⟨**IV M1C,** 5⟩
un **terrain de camping** [ɛ̃tɛʀɛ̃dəkɑ̃piŋ] ein Campingplatz **II 7E**
la **terre** [latɛʀ] die Erde **II 4**
un **test** [ɛ̃tɛst] ein Test **II 6,** 10
une **tête** [yntɛt] ein Kopf **II 2**
faire la tête *(fam.)* [fɛʀlatɛt] schmollen, sauer sein *(ugs.)* **II 2**
un **texte** [ɛ̃tɛkst] ein Text **I 1**
le **TGV** [ləteʒeve] der TGV **I 7**
le **théâtre** [ləteatʀ] das Theater **I 4E**
un **thème** [ɛ̃tɛm] ein Thema **IV 1**
un **thon** [ɛ̃tɔ̃] ein Thunfisch **III 5E**
un **ticket** [ɛ̃tikɛ] ein Fahrschein; *(hier)* ein (Kassen)Beleg **III 2**
un **tiers** [ɛ̃tjɛʀ] ein Drittel **III 3,** 8
timide/timide [timid/timid] schüchtern ⟨**II 8B**⟩; **III 1E**
un **tiroir** [ɛ̃tiʀwaʀ] eine Schublade **III 5E**
un **titre** [ɛ̃titʀ] ein Titel **I 8,** 1
toi [twa] du *(betont)* **I 1E**
un **toit** [ɛ̃twa] ein Dach **III 2**
une **tomate** [yntɔmat] eine Tomate **II 5E**
tomber [tɔ̃be] fallen **II 2**
tomber malade [tɔ̃bemalad] krank werden ⟨**II 8A**⟩
tomber amoureux de qn [tɔ̃beamuʀø] sich in jdn. verlieben **IV 1**
tomber dans les pommes *(fam.)* [tɔ̃bedɑ̃lepɔm] aus den Socken kippen *(ugs.)*; in Ohnmacht fallen **IV 4**
le **tonnerre** [lətɔnɛʀ] der Donner **II 7B**
tôt [to] früh *(Adv.)* ⟨**II 9,** 7⟩
total/totale [tɔtal/tɔtal] vollständig **III 5,** 8
toujours [tuʒuʀ] immer **I 6E;** immer noch **II 4,** 12
une **tour** [yntuʀ] ein Turm **I 5E**
un **tour** [ɛ̃tuʀ] eine Tour, ein Rundgang **II 3A**
C'est mon tour. [sɛmɔ̃tuʀ] Ich bin dran., Ich bin an der Reihe. **I 7**
un **touriste**/une **touriste** [ɛ̃tuʀist/yntuʀist] ein Tourist/eine Touristin **I 5**
tourner [tuʀne] abbiegen, drehen **I 5**
tourner qc [tuʀne] etw. (um)drehen **I 6A**
tourner mal [tuʀnemal] eine schlechte Wende nehmen **IV 1**
tout/toute/tous/toutes [tu/tut] ganz, alle + *Nomen* ⟨**I 9B**⟩; **II 4**

tout [tu] alles **I 8E**
tout à coup [tutaku] plötzlich **I 4**
tout à l'heure [tutalœʀ] vorhin, eben; gleich, nachher **II 3A**
tout de suite [tudsɥit] sofort **I 7**
tout droit [tudʀwa] geradeaus **I 5**
tout le monde [tulmõd] alle, jeder, alle Welt **⟨I 9B⟩; II 4**
tout le temps [tul(ə)tã] die ganze Zeit **⟨I 9A⟩**
le **trac** [lətʀak] das Lampenfieber **III 4**
une **trace** [yntʀas] eine Spur **II 7A**
une **tradition** [yntʀadisjõ] ein Brauch, eine Tradition **IV 5**
une **traduction** [yntʀadyksjõ] eine Übersetzung **I 8, 3**
traduire qc [tʀadɥiʀ] etw. übersetzen **IV 3**
le **trafic** [lətʀafik] der Verkehr; *(hier)* der Schwarzhandel **IV 1**
un **train** [ɛ̃tʀɛ̃] ein Zug **I 7**
tranquille/tranquille [tʀɑ̃kil/tʀɑ̃kil] ruhig, brav **III 3**
un **travail**/des **travaux** [ɛ̃tʀavaj/detʀavo] eine Arbeit/Arbeiten **I 6B, 9**
travailler [tʀavaje] arbeiten **I 4, 12**
travailler sur qc [tʀavaillesyʀ] etw. erarbeiten, an etw. arbeiten **II 5, 13**
traverser qc [tʀavɛʀse] etw. überqueren **I 5**
un **tremblement de terre** [ɛ̃tʀɑ̃mbləmɑ̃dətɛʀ] ein Erdbeben **⟨II 8B⟩**
trembler [tʀɑ̃ble] zittern **⟨IV M2⟩**
très [tʀɛ] sehr **I 6A**
un **trimestre** [ɛ̃tʀimɛstʀ] ein Trimester **II 3B**
triste/triste [tʀist/tʀist] traurig **II 2**
trop [tʀo] zu viel **I 7**
C'est trop! *(fam.)* [sɛtʀo] Das gibt's ja nicht! *(ugs.)* **III 4**
tropical/tropicale [tʀɔpikal/tʀɔpikal] tropisch **IV 5**
un **trou** [ɛ̃tʀu] ein Loch **II 7B**
trouver qc [tʀuve] etw. finden **I 2E**
se trouver [sətʀuve] sich befinden **II 7B**
un **truc** *(fam.)* [ɛ̃tʀyk] ein Ding, eine Sache **IV 1**
un **t-shirt** [ɛ̃tiʃœʀt] ein T-Shirt **⟨I 9A⟩; ⟨II 8B, 9⟩; III 1E**
tuer qn [tɥe] jdn. töten, jdn. umbringen **⟨II 9⟩; IV 5**
un **type** [ɛ̃tip] ein Typ **III 4**

U

un **uniforme** [ɛ̃nynifɔʀm] eine Uniform **IV 1E**
unique/unique [ynik/ynik] einzig; *(hier)* einzeln **⟨II 8B, 5⟩**
utile/utile [ytil/ytil] nützlich **IV 3, 6**

V

les **vacances** *(f., pl.)* [levakɑ̃s] die Ferien, der Urlaub **⟨I 9E⟩; II 1**
une **vache** [ynvaʃ] eine Kuh **I 7E**
La vache! *(fam.)* [lavaʃ] Donnerwetter! *(ugs.)* **⟨II 9, 9⟩**
une **vague** [ynvag] eine Welle **⟨I 9E⟩; ⟨IV M2E⟩**
varier [vaʀje] sich verändern; *(hier)* schwanken **IV 5**
un **vase** [ɛ̃vaz] eine Vase **IV 2**
la **veille** [lavɛj] der Vortag **IV 5**
un **vélo** [ɛ̃velo] ein Fahrrad **⟨I 9A⟩; II 1, 2**
un **vendeur**/une **vendeuse** [ɛ̃vɑ̃dœʀ/ynvɑ̃døz] ein Verkäufer/eine Verkäuferin **⟨III M1, 7⟩**
vendre qc [vɑ̃dʀ] etw. verkaufen **I 8**
vendredi *(m.)* [vɑ̃dʀədi] Freitag **I 7**
venir [vəniʀ] kommen **⟨I 9B⟩; II 1**
venir chercher qn [vəniʀʃɛʀʃe] jdn. abholen (kommen) **⟨I 9B⟩; ⟨III M2⟩**
venir de faire qc [vəniʀdəfɛʀ] gerade etw. getan haben **II 4**
venir voir qn [vəniʀvwaʀ] jdn. besuchen (kommen) **⟨II 9⟩**
le **vent** [ləvɑ̃] der Wind **⟨I 9B⟩; II 7A**
le **ventre** [ləvɑ̃tʀ] der Bauch **⟨I 9A⟩; II 7B, 4**
un **verbe** [ɛ̃vɛʀb] ein Verb **I 2E**
le **verlan** [ləvɛʀlɑ̃] das Verlan **III 3**
un **verre** [ɛ̃vɛʀ] ein Glas **I 7**
vers [vɛʀ] gegen, in Richtung **⟨III M1⟩; IV 5**
une **version** [ynvɛʀsjõ] eine Fassung **IV 4E**
une version originale [ynvɛ̃ʀsjõɔʀiʒinal] eine Originalfassung **⟨IV M1C, 5⟩**
vert/verte [vɛʀ/vɛʀt] grün **I 7, 4**
un **vestiaire** [ɛ̃vɛstjɛʀ] eine Garderobe **II 1E**
un **vêtement** [ɛ̃vɛtmɑ̃] ein Kleidungsstück **⟨I 9A⟩; II 7A**
la **viande** [lavjɑ̃d] das Fleisch **IV 5**
une **victime** [ynviktim] ein Opfer **IV 4**
vide/vide [vid/vid] leer **I 2**
une **vidéo** [ynvideo] ein Video **I 4E**
la **vie** [lavi] das Leben **⟨I 6A, 2⟩; I 7, 10**
vieux/vieil/vieille [vjø/vjɛj/vjɛj] alt **II 3B**
un **village** [ɛ̃vilaʒ] ein Dorf **I 7**
une **ville** [ynvil] eine Stadt **I 8**
une ville jumelée [ynvilʒym(ə)le] eine Partnerstadt **IV 3**
le **vin** [ləvɛ̃] der Wein **II 5**
la **violence** [lavjɔlɑ̃s] die Gewalt **IV 4**
violet/violette [vjɔlɛ/vjɔlɛt] violett **IV 1E**
un **virage** [ɛ̃viʀaʒ] eine Kurve **III 5**
un **visa** [ɛ̃viza] ein Visum **IV 3**
un **visage** [ɛ̃visaʒ] ein Gesicht **III 5**
une **visite** [ynvizit] ein Besuch **II 2**
visiter qc [vizite] etw. besichtigen **I 3A**
vite *(Adv.)* [vit] schnell **I 2**
Vive ...! [viv] Es lebe ...! **⟨I 9A, 6⟩; IV 3E**
vivre [vivʀ] leben **II 3E**
le **vocabulaire** [ləvɔkabylɛʀ] der Wortschatz **I 2, 12**
voici [vwasi] hier ist **I 1**
voilà [vwala] da ist; *(hier)* Na also; Jetzt haben wir's. *(ugs.)* **I 4**
le voilà [ləvwala] da ist er **I 5**
Voilà pour aujourd'hui. [vwalapuʀoʒuʀdɥi] Das ist alles für heute. **I 8E**
la **voile** [lavwal] das Segel; das Segeln **⟨IV M2E⟩**
voir qc [vwaʀ] etw. sehen **⟨I 9B⟩; II 1**
un **voisin**/une **voisine** [ɛ̃vwazɛ̃/ynvwazin] ein Nachbar/eine Nachbarin **I 3A**
une **voiture** [ynvwatyʀ] ein Auto **I 1**
une **voix** [ynvwa] eine Stimme **III 5**
un **vol** [ɛ̃vɔl] ein Flug **II 3A, 3**; *(hier)* ein Diebstahl, ein Raub **IV 4, 5**
un **volcan** [ɛ̃vɔlkɑ̃] ein Vulkan **IV 5**
volcanique/volcanique [vɔlkanik/vɔlkanik] vulkanisch **IV 5**
voler qc [vɔle] etw. stehlen **I 5**
un **voleur** [ɛ̃vɔlœʀ] ein Dieb **I 5**
Au voleur! [ovɔlœʀ] Haltet den Dieb! **I 5**
le **volley** [ləvɔlɛ] der Volleyball **III 1E**
vouloir qc [vulwaʀ] etw. wollen **I 6B**
vouloir faire qc [vulwaʀfɛʀ] etw. tun wollen **I 6B**
un **voyage** [ɛ̃vwajaʒ] eine Reise **⟨II 9E⟩; III 2E**
voyager [vwajaʒe] fahren, reisen **III 3**
vrai [vʀɛ] wahr, richtig **I 2, 1**
vraiment [vʀɛmɑ̃] wirklich **III 3**

W

les **W.-C.** *(m., pl.)* [levese] die Toilette, das WC **I 3E**
un **week-end** [ɛ̃wikɛnd] ein Wochenende **I 7**
le **wolof** [ləvɔlɔf] das Wolof *(westafrikanische Sprache)* **II 4,** 11

Y

y [i] dort, dorthin **II 7B**

Z

zéro [zero] null **I 1,** 8
en zigzag [ɑ̃zigzag] im Zickzack ⟨**II 9E**⟩
Zut! *(fam.)* [zyt] Mist! *(ugs.)* **I 2**

Prénoms masculins

Adrien [adʀijɛ̃] **I 5E**
Alain [alɛ̃] **II 1,** 5
Antonin [ɑ̃tɔnɛ̃] **III 5E**
Arnaud [aʀno] **III 1,** 3
Babaka [babaka] **III 3**
Benjamin [bɛ̃ʒamɛ̃] ⟨**IV M3E**⟩
Bodo [bɔdo] **III 3**
Bruno [bʀyno] **I 7**
Christian [kʀistjɑ̃] **I 1**
Christophe [kʀistɔf] **I 7,** 12
Clément [klemɑ̃] ⟨**IV M1E**⟩
Damien [damjɛ̃] **IV 2,** 8
David [david] **III 1**
Dooley [dulɛj] **IV 2,** 3
Fabien [fabjɛ̃] **II 3E**
Florian [flɔʀjɑ̃] **III 2,** 9
Franck [fʀɑ̃k] **II 3B,** 7
Frédéric [fʀedeʀik] **III 5,** 7
Grégory [gʀegɔʀi] **II 6E**
Jacques [ʒak] **I 8E**
Jamel [djamɛl] ⟨**IV M1A,** 2⟩
Jean [ʒɑ̃] **IV 2**
Jean-Loup [ʒɑ̃lu] **II 6**
Jérémie [ʒeʀemi] **II 4**
Jonathan [ʒɔnatɑ̃] ⟨**III M1E**⟩
Julien [ʒyljɛ̃] **I 1,** 2
Kevin [kevin] ⟨**II 8B,** 7⟩
Laurent [lɔʀɑ̃] ⟨**II 8B**⟩; **III 1E**
Loïc [loik] ⟨**I 9A,** 11⟩; **III 1,** 3
Luc [lyk] **I 7,** 12
Lucas [lyka] **IV 1E**
Marc [maʀk] **I 7**
Marco [maʀko] **II 4E**
Max [maks] **IV 4**
Maxime [maksim] **IV 1E**
Nathan [natɑ̃] **III 3E**
Nicolas [nikɔla] **II 3E**
Olivier [ɔlivje] **II 6,** 4
Pascal [paskal] ⟨**II 8A,** 5⟩
Patrick [patʀik] **I 2,** 10
Pépinot [pepino] ⟨**IV M1E**⟩
Philippe [filip] **I 7,** 12
Pierre [pjɛʀ] **I 4,** 8
Rachid [ʀaʃid] ⟨**II 8B**⟩
Roberto [ʀɔbɛʀto] **II 1,** 2
Samuel [samɥɛl] **IV 4E**
Socrate [sɔkʀat] ⟨**II 8B,** 8⟩
Théo [teo] **I 1E**
Thomas [toma] **I 1E**
Valentin [valɑ̃tɛ̃] **I 3E**
Valérian [valeʀjɑ̃] **III 5E**
Victor [viktɔʀ] **I 1E**
Wahid [waid] ⟨**II 8A,** 3⟩
Yan [jan] ⟨**I 9A**⟩; **III 5,** 3

Prénoms féminins

Adeline [adlin] **II 4**
Amandine [amɑ̃din] **I 1E**
Amélie [ameli] **I 1,** 2
Anne [an] **I 7,** 12
Annie [ani] **II 7E**
Barbara [baʀbaʀa] **III 2E**
Caroline [kaʀɔlin] **I 1,** 2
Cécile [sesil] **II 2**
Céline [selin] **IV 2,** 8
Charlotte [ʃaʀlɔt] **III 1E**
Chloé [kloe] **II 3B,** 7
Christelle [kʀistɛl] **II 3B,** 2
Coco [kɔko] **III 2**
Coralie [kɔʀali] **IV 1E**
Delphine [dɛlfin] ⟨**III M1E**⟩
Edith [edit] **I 6B,** 9
Elodie [elɔdi] **III 1E**
Emilie [emili] **I 7,** 12
Emma [ɛma] **I 1E**
Geneviève [ʒənvjɛv] ⟨**II 9**⟩
Isabelle [izabɛl] **I 7**
Julia [ʒylja] **I 4,** 8
Julie [ʒyli] **IV 3,** 4
Laura [lɔʀa] ⟨**II 9E**⟩; **III 4,** 11
Laure [lɔʀ] **III 2**
Léa [lea] **I 7**
Lili [lili] **I 7**
Lisa [liza] **I 7,** 12
Louise [lwiz] **I 7,** 12
Magalie [magali] **II 5**
Malika [malika] **I 1E**
Manon [manɔ̃] **I 3E**
Marie [maʀi] **II 3B,** 7
Marine [maʀin] **IV 1E**
Marise [maʀiz] **I 7,** 12
Mathilde [matild] **I 7**
Mélanie [melani] **IV 3E**
Morgane [mɔʀgan] **III 5**
Nathalie [natali] **I 8E**
Nouria [nuʀja] **III 3**
Sabrina [sabʀina] **IV 3,** 4
Samira [samiʀa] **II 3A**
Sonia [sɔnja] **II 3B,** 2
Sophie [sɔfi] **III 2,** 7
Stéphanie [stefani] **IV 2E**
Sylvie [silvi] **II 1,** 5
Vanessa [vanɛsa] **IV 4**
Zoé [zoe] **I 7**

Noms de famille

Bajot [baʒo] **I 6B,** 4
Bertaud [bɛʀto] **I 1**
Bonin [bɔnɛ̃] **III 5E**
Boulay [bulɛ] **I 4**
Bourlet [buʀlɛ] **IV 2**
Carbonne [kaʀbɔn] **I 3E**
Carrère [kaʀɛʀ] **III 4**
Cestor [sɛstɔʀ] ⟨**II 8A,** 5⟩
Chapuis [ʃapɥi] **II 4E**
Duchemin [dyʃmɛ̃] ⟨**IV M1A,** 2⟩
Dufour [dyfuʀ] **I 2,** 2
Duvoisin [dyvwazɛ̃] **IV 3**
Franconi [fʀɑ̃kɔni] **III 3E**
Fritz [fʀits] **III 2E**
Gentilli [ʒɑ̃tiji] **II 3A**
Guazzatti [gwadzati] ⟨**II 9**⟩
Kermorgant [kɛʀmɔʀgɑ̃] ⟨**I 9A**⟩
Leclerc [ləklɛʀ] **I 3A**
Lecoq [ləkɔk] **IV 3,** 3
Lopez [lɔpɛz] **IV 1**
Marais [maʀɛ] **IV 1**
Marcou [maʀku] **II 7E**
Martin [maʀtɛ̃] **II 4**
Mathieu [matjø] ⟨**IV M1E**⟩
Maxence [maksɑ̃s] ⟨**IV M1E**⟩
Messadi [mɛsadi] **I 6B,** 4
Morhange [mɔʀɑ̃ʒ] ⟨**IV M1E**⟩
Pajon [paʒɔ̃] **I 4,** 12
Parot [paʀo] **IV 2**
Perot [pɛʀo] **IV 1**

Philibert [filibɛʀ] ⟨II 8E⟩
Rachin [ʀaʃɛ̃] ⟨IV M1E⟩
Rollin [ʀɔlɛ̃] I 2
Salomon [salɔmɔ̃] I 2
Sarré [saʀe] I 6E

Noms de villes

Antibes [ɑ̃tib] III 4
Argelès-Gazost [aʀʒəlɛsgazɔst] II 7E
Arras [aʀas] I 7
Athènes [atɛn] IV 3E
Autun [otɛ̃] III 2, 10
Bâle [bal] ⟨II 9E⟩
Beaune [bon] III 2
Berlin [bɛʀlɛ̃] I 1
Berne [bɛʀn] ⟨II 9E⟩
Biarritz [bjaʀits] ⟨II 9⟩
Blagnac [blaɲak] II 3E
Bordeaux [bɔʀdo] ⟨IV M2E⟩
Brest [bʀɛst] ⟨I 9A, 2⟩
Brignoles [bʀiɲɔl] ⟨III M1E⟩
Bruxelles [bʀy(k)sɛl] I 8E
Cannes [kan] III 4
Carcassonne [kaʀkasɔn] II 3A, 10
Carnac [kaʀnak] III 5E
Chalon-sur-Saône [ʃalɔ̃syʀson] III 2
Chapaize [ʃapɛz] III 2E
Copenhague [kopɛnag] IV 3E
Couvin [kuvɛ̃] IV 2
Dakar [dakaʀ] II 4E
Dijon [diʒɔ̃] III 2E
Dresde [dʀɛzd] IV 3E
Fécamp [fekɑ̃] III 1E
Florence [flɔʀɑ̃s] IV 3E
Fontainebleau [fɔ̃tɛnblo] I 4
Fort-de-France [fɔʀdəfʀɑ̃s] IV 5
Genève [ʒənɛv] I 5E
Hambourg [ɑ̃buʀ] II 3A, 3
Isbergues [isbɛʀg] I 7
Lille [lil] IV 2
Lisbonne [lisbɔn] IV 3E
Locarno [lɔkaʀno] ⟨II 9E⟩
Locmaria [lɔkmaʀja] III 5E
Lorient [lɔʀjɑ̃] III 5E
Louhans [luɑ̃] III 2
Lourdes [luʀd] II 7B
Lucerne [lysɛʀn] ⟨II 9E⟩
Lyon [ljɔ̃] ⟨II 8B⟩; III 3E
Marrakech [maʀakɛʃ] ⟨I 9A⟩
Marsannay [maʀsanɛ] III 2, 2
Mayence [majɑ̃s] III 2E
Montauban [mɔ̃tobɑ̃] II 7E
Montréal [mɔ̃ʀeal] ⟨III M3⟩
Montreux [mɔ̃tʀø] ⟨II 9E⟩
Montrouge [mɔ̃ʀuʒ] I 3A
Nice [nis] III 4E
Paris [paʀi] I 1
Penvénan [pɛnvenan] ⟨I 9A⟩
Port-Blanc [pɔʀblɑ̃] ⟨I 9A⟩
Ratisbonne [ʀatisbɔn] ⟨II 9, 3⟩
Rennes [ʀɛn] III 5, 8
Rombly [ʀɔ̃bli] I 7
Roncevaux [ʀɔ̃svo] ⟨II 9⟩
Saint-Cyprien [sɛ̃sipʀijɛ̃] II 3B, 6
Saint-Moritz [sɛ̃mɔʀits] ⟨II 9E⟩
Strasbourg [stʀasbuʀ] IV 3E
Toulouse [tuluz] ⟨I 9B, 2⟩; II 1
Tréguier [tʀegje] ⟨I 9B⟩
Trestel [tʀɛstɛl] ⟨I 9B⟩
Zurich [zyʀik] ⟨II 9, 2⟩

Noms géographiques

l'**Afrique** *(f.)* [lafʀik] II 4
l'**Algérie** *(f.)* [lalʒeʀi] ⟨II 8B⟩; III 3
l'**Allemagne** *(f.)* [lalmaɲ] I 8
l'**Amérique** *(f.)* [lameʀik] ⟨III M3⟩
l'**Angleterre** *(f.)* [lɑ̃glətɛʀ] ⟨III M3E⟩
les **Antilles** *(f., pl.)* [lezɑ̃tij] IV 5
l'**Atlantique** *(m.)* [latlɑ̃tik] II 3A, 3
la **Belgique** [labɛlʒik] I 8
la **Bourgogne** [labuʀgɔɲ] ⟨II 9, 8⟩; III 2E
la **Bretagne** [labʀətaɲ] ⟨I 9B⟩; III 5
le **Canada** [ləkanada] ⟨III M3E⟩
les **Caraïbes** *(f., pl.)* [lekaʀaib] IV 5
la **Chine** [laʃin] ⟨III M3E⟩
la **Côte-d'Or** [lakot(ə)dɔʀ] III 2E
la **Croatie** [lakʀɔasi] IV 3
Cuba *(m.)* [kyba] IV 5
le **Danemark** [lədanmaʀk] IV 3E
la **Dordogne** [ladɔʀdɔɲ] ⟨IV M2⟩
l'**Espagne** *(f.)* [lɛspaɲ] II 7B, 6
les **Etats-Unis** *(m., pl.)* [lezetazyni] ⟨III M3E⟩
l'**Europe** *(f.)* [løʀɔp] ⟨II 9⟩; III 3E
la **France** [lafʀɑ̃s] I 8E
la **Garonne** [lagaʀɔn] II 2
la **Gaule** [lagol] ⟨II 9, 8⟩
la **Grèce** [lagʀɛs] IV 3E
la **Guadeloupe** [lagwadlup] IV 5
la **Guyane** [lagɥijan] IV 5
l'**île de Groix** [lildəgʀwa] III 5E
l'**Italie** *(f.)* [litali] II 1
la **Lettonie** [lalɛtɔni] IV 3E
la **Louisiane** [lalwizjan] ⟨III M3E⟩
le **Luxembourg** [ləlykzɑ̃buʀ] ⟨II 9⟩
le **Maghreb** [ləmagʀɛb] ⟨IV M3, 10⟩
le **Maroc** [ləmaʀɔk] ⟨III M3E⟩; ⟨IV M1A, 2⟩; ⟨IV M3, 10⟩;
Marseille [maʀsɛj] ⟨III M2E⟩
la **Martinique** [lamaʀtinik] II 4
la **Méditerranée** [lamediteʀane] ⟨III M2⟩
Midi-Pyrénées [midipiʀene] II 7E
la Montagne Pelée [lamɔ̃taɲpəle] IV 5
la **Nièvre** [lanjɛvʀ] III 2E
la **Normandie** [lanɔʀmɑ̃di] III 1E
les **Pays-Bas** *(m., pl.)* [lepeiba] IV 3E
la **Pologne** [lapɔlɔɲ] IV 2
le **Portugal** [ləpɔʀtygal] IV 3E
les **Pyrénées** *(f., pl.)* [lepiʀene] II 3A
le **Québec** [ləkebɛk] ⟨III M3E⟩
la **Saône-et-Loire** [lasonelwaʀ] III 2E
la Seine [lasɛn] I 5E
le **Sénégal** [ləsenegal] II 4E
la **Suisse** [lasɥis] II 7E
la **Tunisie** [latynizi] ⟨IV M3, 10⟩
le **Var** [ləvaʀ] ⟨III M1⟩
le **Viêt-nam** [ləvjɛtnam] ⟨III M3E⟩
l'**Yonne** *(f.)* [ljɔn] III 2E

Noms divers

Aérospatiale [aeʀɔspasjal] II 3A, 2
Airbus [ɛʀbys] II 1
Alésia [alezja] ⟨II 9, 8⟩
l'**Arc de triomphe** *(m.)* [laʀkdətʀijɔ̃f] I 5E
l'**Arche de la Défense** *(f.)* [laʀʃdəladefɑ̃s] I 5E
Archéostage [aʀkeɔstaʒ] IV 2
l'**Argonaute** [laʀgɔnot] II 1E
Arte [aʀte] IV 3
Astérix [asteʀiks] ⟨II 6, 7⟩
Atlantis [atlɑ̃tis] II 1E
le **boulevard St-Michel** [ləbulvaʀsɛ̃miʃɛl] II 1, 2
le **canal du Midi** [ləkanaldymidi] II 2
le **canton des Grisons** [ləkɑ̃tɔ̃degʀizɔ̃] ⟨II 9E⟩
le **Capitole** [ləkapitɔl] II 2
Casino [kazino] II 2, 6
le **Centre Georges Pompidou** [ləsɑ̃tʀʒɔʀʒpɔ̃pidu] I 5, 12
Charles de Gaulle-Etoile [ʃaʀldəgoletwal] I 5
le **chemin du Try Chalons** [ləʃ(ə)mɛ̃dytʀiʃalɔ̃] IV 2
Collège Anne Frank [kɔlɛʒanfʀɑ̃k] I 4
la Défense [ladefɑ̃s] I 5E
La Dépêche du Midi [ladepɛʃdymidi] II 6, 9

Eurogame [øʀɔgem] **IV 3E**
Euroscola [øʀɔskɔla] **IV 3E**
Filou [filu] **I 6A**
le **Forum des Halles** [lefoʀɔmdeal] **I 5E**
France-Inter [fʀɑ̃sɛ̃tɛʀ] ⟨**II 8A**, 5⟩
France Télécom [fʀɑ̃stelekɔm] **II 6**, 9
France 3 [fʀɑ̃s(ə)tʀwa] **III 4**
le **Futuroscope** [ləfytyʀɔskɔp] **III 4**, 2
la **gare du Nord** [lagaʀdynɔʀ] **I 7**
la **Géode** [laʒeɔd] **II 1E**
Grand Thon [gʀɑ̃tõ] **III 5**
Gutenberg [gytɛ̃bɛʀ] **III 2E**
Guyenne [gɥijɛn] **II 3A**, 2
l'**Hôtel-Dieu** [lɔtɛldjø] **III 2**
l'**Institut du Monde Arabe** [lɛ̃stitydymõdaʀab] **II 1**, 7
Inter Rail [ɛ̃tɛʀaj] **IV 3**, 2
le **jardin du Luxembourg** [ləʒaʀdɛ̃dylyksɑ̃buʀ] **II 1**, 2
le **Lac Majeur** [ləlakmaʒœʀ] ⟨**II 9E**⟩
Louis XIV [lwikatɔʀz] ⟨**II 6**, **7**⟩
le **Louvre** [ləluvʀ] **I 5E**
le **lycée Montebello** [ləlisemõtəbɛlo] **IV 2**
Malika Secouss [malikasəkus] ⟨**III M2**, 5⟩
la **Marseillaise** [lamaʀsɛjɛz] ⟨**I 9B**⟩
Matou [matu] **I 6B**
Météo France [meteofʀɑ̃s] **II 6**, 9
Mode Ados [mɔdado] **IV 1E**
Montmartre *(m.)* [mõmaʀtʀ] **II 1**, 7
Morzine [mɔʀzin] ⟨**I 9E**⟩
le **Musée d'Orsay** [ləmyzedɔʀsɛ] **II 1**, 7
nice-matin [nismatɛ̃] **III 4**
Nice-Rugby [nisʀygbi] **III 4E**
Noël *(m.)* [nɔɛl] **II 1**
Notre-Dame [nɔtʀədam] **I 5**, 12
les **Nouvelles Galeries** [lenuvɛlgalʀi] **II 2**, 2
Odyssud *(f.)* [ɔdisyd] **II 3A**
Okapi [ɔkapi] ⟨**II 8B**, 7⟩
le **Palais des Ducs** [ləpalɛdedyk] **III 2**
Pâques *(m., pl. oder f., pl.)* [pak] ⟨**III M2**⟩; **IV 2**, 12
le **Parc de la Villette** [ləpaʀkdəlavilɛt] **II 1E**
la **place Darcy** [laplasdaʀsi] **III 2**
la **place de la Bastille** [laplasdlabastij] **I 2**
la **place Madou** [laplasmadu] **I 8E**
la **place Pigalle** [laplaspigal] **I 5**, 9
la **pyramide du Louvre** [lapiʀamidyluvʀ] **I 5E**
Rex [ʀɛks] **II 3B**
Rivoli [ʀivɔli] **I 5**
la **rue Charles Baudelaire** [laʀyʃaʀlbodlɛʀ] **I 2**
la **rue de Charonne** [laʀydəʃaʀɔn] **I 6B**, 4
la **rue Descartes** [laʀydekaʀt] **I 6B**, 4
la **rue des Corbières** [laʀydekɔʀbjɛʀ] **II 4**
la **rue du Chemin vert** [laʀydyʃəmɛ̃vɛʀ] **I 6B**, 4
la **rue du Faubourg Saint Antoine** [laʀydyfobuʀsɛ̃tɑ̃twan] **I 2**
la **rue Richard Lenoir** [laʀyʀiʃaʀlənwaʀ] **I 3E**
la **rue St-Bernard** [laʀysɛ̃bɛʀnaʀ] **I 3E**
la **rue St-Rome** [laʀysɛ̃ʀɔm] **II 3B**
la **rue Trousseau** [laʀytʀuso] **I 1**
la **Saint-Valentin** [lasɛ̃valɑ̃tɛ̃] ⟨**III M2**, 6⟩
la **salle Nougaro** [lasalnugaʀo] **II 2**
les **Sarrasins** [lesaʀasɛ̃] ⟨**II 9**⟩
le **square Trousseau** [ləskwaʀtʀuso] **I 2**
St-Michel [sɛ̃miʃɛl] **I 5**, 12
Sud-Ouest [sydwɛst] ⟨**IV M2**⟩
le **Tour de France** [ləturdəfʀɑ̃s] ⟨**I 9A**⟩
la **tour Eiffel** [latuʀɛfɛl] **I 5E**
TV5 Monde [tevesɛ̃kmõd] ⟨**III M1**, 11⟩
la Villette [lavilɛt] **II 1E**
Zebda [zɛbda] **II 2**
Zen Zila [zɛnzila] ⟨**II 8A**⟩

Noms de personnes connues

Beethoven [betɔvɛn] **IV 3**
Azouz Begag [azuzbegag] ⟨**II 8B**⟩
Jacques Brel [ʒakbʀɛl] **I 8E**
Carla Bruni *(frz. Sängerin, geb. 1968)* [karlabʀyni] **II 6**, 10
Jules César [ʒylsezaʀ] ⟨**II 9**, 8⟩
Charlemagne [ʃaʀləmaɲ] ⟨**II 9**⟩
Agatha Christie [agatakʀisti] **II 4**, 3
Christophe Colomb [kʀistɔfkɔlõ] **IV 5**
Gérard Depardieu [ʒeʀaʀdəpaʀdjø] **I 5**, 14
Diam's [djams] **IV 2**, 10
Gustave Eiffel [gystavɛfɛl] ⟨**II 6**, **7**⟩
Mylène Farmer [milɛnfaʀmɛʀ] **II 6**, 10
Jean de la Fontaine [ʒɑ̃dəlafõtɛn] ⟨**II 9**, 10⟩
Serge Gainsbourg [sɛʀʒgɛ̃sbuʀ] **II 6**, 10
Henri Guillaumet [gijomɛ] **II 3A**
Johnny Hallyday *(frz. Sänger, geb. 1943)* [dʒɔnialidɛ] **II 6**, 10
Henri IV [ɑ̃ʀikatʀ] **II 5**, 11
Jésus-Christ [ʒezykʀi] ⟨**II 9**, 8⟩
Khaled [kalɛd] ⟨**I 9B**, 2⟩; **II 6**, 10
K-Maro [kamaʀo] ⟨**III M3**, 4⟩
Louis Atangana [lwiatɑ̃gana] ⟨**IV M3**, 7⟩
René Magritte [ʀənemagʀit] **I 8**, 5
Jean Mermoz [ʒɑ̃mɛʀmoz] **II 3E**
Napoléon [napɔleõ] ⟨**II 6**, 7⟩
Nicéphore Niepce [nisefɔʀnjɛps] **III 2**
Edith Piaf *(frz. Sängerin, 1925-1963)* [editpjaf] **II 6**, 10
Renaud [ʀəno] ⟨**II 8E**⟩
Roland [ʀɔlɑ̃] ⟨**II 9**⟩
Antoine de Saint-Exupéry [ɑ̃twandəsɛ̃tɛgzypeʀi] **II 3A**, 3
Léopold Sédar Senghor [leɔpɔlsedaʀsɛ̃gɔʀ] **II 4**, 11
Georges Simenon *(belg. Schriftsteller, 1903-1983)* [ʒɔʀʒsim(ə)nõ] **II 4**, 3
Rachid Taha [ʀaʃidtaa] ⟨**II 8B**⟩
Audrey Tautou [odʀɛtotu] **II 3B**
Titeuf [titœf] **IV 4**, 9
Rodolphe Toepffer [ʀɔdɔlftœpfɛʀ] ⟨**II 9E**⟩
Henri de Toulouse-Lautrec [ɑ̃ʀidətuluzlotʀɛk] **II 7E**
Vercingétorix [vɛʀsɛ̃ʒetɔʀiks] ⟨**II 9**, 8⟩
Roch Voisine [ʀɔkvwazin] ⟨**II 8A**⟩
Zazie *(frz. Sängerin, geb. 1964)* [zazi] **II 6**, 10
Zinedine Zidane [zinedinzidan] ⟨**II 6**, 7⟩

– Die deutsch-französische Wortliste führt die wichtigsten Lernwörter aus *Découvertes* Band 1–4 auf. Der Wortschatz aus den ⟨*Album*⟩- und ⟨*Plateau*⟩-Teilen sowie aus den Lektionen ⟨I,9⟩; ⟨II,8⟩ und ⟨II,9⟩ wird hier nicht aufgeführt.

A

abbiegen tourner **I 5**
abdanken abdiquer **IV 4**, 9
ein Abend un soir **I 3A**
  abends le soir **I 3A**
  ein Abend (im Verlauf) une soirée **III 1**
  heute Abend ce soir **II 3B**
ein Abenteuer une aventure **II 7E**
aber mais **I 1**
abfahren partir **II 1**
die Abfahrt, der Aufbruch le départ **I 8**
abgesehen davon sauf que **IV 4**
ein Abgrund un gouffre **IV 4**
jdn. abholen (kommen) venir chercher qn **⟨III M2⟩**
das Abitur le baccalauréat **III 4E**
eine Abkürzung une abréviation **⟨III M1**, 6⟩
der Ablaufplan un story-board **⟨IV M1C**, 2⟩
etw. abräumen enlever qn/qc **IV 1**, 4
der Absatz; die Ferse le talon **IV 1**, 6
etw. abschließen fermer qc à clé **⟨III M1⟩**; **⟨IV M1A⟩**
etw. kopieren, etw. abschreiben copier qc **II 6**, 6
sich abspielen se dérouler **⟨IV M1C**, 5⟩
abstürzen *(ugs.)* se planter *(fam.)* **⟨III M2⟩**
ein Abwesender/eine Abwesende un absent/une absente **III 5**, 6
etw. achten respecter qc **I 2**
eine Adaption une adaptation **⟨IV M1C**, 5⟩
eine Adresse une adresse **I 3A**
ein Affe un singe **III 3**
ein Afrikaner/eine Afrikanerin un Africain/une Africaine **IV 5**
afrikanisch africain/africaine **IV 5**
ein Akzent, einTonfall un accent **II 2**
jdn./etw. akzeptieren accepter qn/qc **IV 1**
ein Album *(hier)* **eine CD** un album **II 3B**
alle *(+ Nomen)* tous/toutes **II 4**
alle, jeder, alle Welt tout le monde **II 4**
allein seul/seule **II 6E**
alles tout **I 8E**
ein Alphabet un alphabet **IV 3**
als comme **I 6E**
der Erste/die Erste; *(hier)* **als Erster/als Erste** le premier/la première **II 2E**
also donc **III 1**
alt vieux/vieil/vieille **II 3B**
das Alter l'âge *(m.)* **I 4**
ein Alternativler/eine Alternativlerin un baba/une baba **IV 1**
altmodisch ringard/ringarde *(fam.)* **IV 1**
am Ende von etw. au bout de qc **⟨IV M3⟩**
ein Amerikaner/eine Amerikanerin un Américain/une Américaine **⟨III M3E⟩**
amerikanisch américain/américaine **⟨III M3E⟩**
eine Ampel un feu/des feux **II 7A**, 6
eine Amtssprache une langue officielle **IV 5**
jdn. anbaggern, jdn. anmachen *(ugs.)* draguer qn *(fam.)* **III 1**
anbei ci-joint **IV 2**
jdm. etw. anbieten; jdm. etw. schenken offrir qc à qn **III 4**
eine Erinnerung, ein Andenken un souvenir **I 8**, 5
ein anderer/eine andere un autre/un autre **I 6B**
etw. anderes autre chose **II 4**, 6
anders différent/différente **I 7**, 15
anders autrement **⟨III M3⟩**
ein Anfang un début **III 5**
etw. anfangen commencer qc **I 8**
eine Sache, eine Angelegenheit une affaire **I 8**
etw. angeln, etw. fischen pêcher qc **⟨IV M3⟩**
angenehm agréable/agréable **⟨IV M3**, 10⟩
jdn./etw. angreifen attaquer qn/qc **III 5**
die Angst la peur **I 4**
  Angst bekommen prendre peur **IV 1**
ein Angsthase *(ugs.)* une poule mouillée *(fam.)* **⟨IV M2E⟩**
jdn. anhalten, jdn. festnehmen arrêter qn **I 5**
  anhalten s'arrêter **III 2**
(an)kommen arriver **I 4**
etw. ankündigen annoncer qc **II 5**
eine Ankunft une arrivée **⟨III M2**, 1⟩; **IV 5**
als Anlage ci-joint **IV 2**
etw. anmalen, etw. anstreichen peindre qc **III 5**
jdn./etw. annehmen accepter qn/qc **IV 1**
anonym anonyme/anonyme **IV 1**
eine Anpassung une adaptation **⟨IV M1C**, 5⟩
jdn. anrempeln bousculer qn **I 5**
ein (Telefon)Anruf un coup de téléphone **I 8E**
mit jdm. telefonieren, jdn. anrufen téléphoner à qn **I 6A**
eine Anschlagtafel un tableau d'affichage **IV 2**
etw. sehen, etw. ansehen, etw. betrachten regarder qc **I 2E**
ein Anstreicher/eine Anstreicherin un peintre en bâtiment **IV 4E**
antillisch, westindisch antillais/antillaise **IV 5**
eine Antwort une réponse **I 2**, 8
jdm. antworten répondre à qn **I 8**
eine Anzeige, eine Annonce une annonce **I 3E**
jdm. etw. anzeigen, jdm. eine Angabe machen indiquer qc à qn **II 4**, 5
etw. anziehen mettre qc **II 1**
  sich anziehen s'habiller **IV 1**
ein Anzug un costume **IV 1**, 6
ein Apfel une pomme **II 5**
ein Apfelkuchen une tarte aux pommes **II 5**, 7
eine Apotheke, ein Medizinschrank, eine Hausapotheke une pharmacie **III 2**
ein Apparat, ein Gerät un appareil **I 8E**
April avril *(m.)* **I 7**, 6
ein Araber/eine Araberin un Arabe/une Arabe **III 3**
  das Arabische l'arabe *(m.)* **III 3**
eine Arbeit un travail/des travaux **I 6B**, 9
arbeiten travailler **I 4**, 12
eine Arbeitsgruppe un atelier **IV 5**
ein Arbeitszimmer; *(hier)* **ein Schreibtisch** un bureau **III 5E**

cent soixante-deux

ein Archäologe/eine Archäologin un archéologue/une archéologue IV 2
die Archäologie l'archéologie *(f.)* IV 2E
archäologisch archéologique/archéologique IV 2E
ein Argument un argument II 1, 1
arm pauvre/pauvre II 3B
ein Arm un bras II 7B, 4
eine Art un genre ⟨IV M1C, 6⟩
ein Artikel un article II 4, 12
eine Art und Weise une façon IV 1
ein Arzneimittel un médicament IV 4
ein Arzt/eine Ärztin un médecin/une femme médecin I 6E
die Asche la cendre IV 5
ein Ast une branche ⟨IV M2⟩; ⟨IV M3⟩
atlantisch atlantique/atlantique IV 5
auch aussi I 2E
auch nicht ne ... pas non plus II 1
auf/über sur I 2E
auf Deutsch en allemand I 1
auf den ersten Blick verlieben avoir le coup de foudre pour qn/qc II 3A
auf der anderen Seite *(räumlich)* de l'autre côté ⟨IV M3⟩
ein Aufenthalt un séjour IV 3
Aufenthaltsraum une salle de permanence II 4
eine (Haus)Aufgabe un devoir I 7, 15
aufgeben abdiquer IV 4, 9
aufhalten, stoppen arrêter qn/qc ⟨III M1⟩
aufheben ramasser qc I 2
aufhören etw. zu tun arrêter de faire qc II 1, 5
mit. etw. aufhören finir par qc III 5, 5
ein Aufkleber une étiquette IV 1
ein Auflauf un gratin II 4
die Aufmachung le look IV 1E
etw. aufnehmen, etw. aufzeichnen enregistrer qc III 4
aufpassen, Acht geben faire attention I 5
etw. aufräumen ranger qc II 5E
jdn. aufregen énerver qn II 2
ein Aufseher/eine Aufseherin un surveillant/une surveillante ⟨IV M1E⟩
eine Aufsicht un surveillant/une surveillante ⟨IV M1E⟩
aufstehen; *(hier)* **(Wind) aufkommen** se lever II 7B
etw. aufstellen, etw. installieren installer qc II 6
auftauchen apparaître ⟨IV M1A⟩
aufwachen se réveiller IV 4
ein Aufzug un ascenseur ⟨IV M2, 2⟩
ein Auge/Augen un œil/des yeux III 1E
im Augenblick, zur Zeit en ce moment IV 3
August août *(m.)* I 7, 6
ein (Vulkan)Ausbruch une éruption IV 5
ein Ausdruck une expression III 2, 6
eine Auseinandersetzung une bagarre IV 4E
ein Ausflug une excursion III 2
ein Ausgang une sortie II 3A
ausgehen sortir (de qc) II 1
eine Ausgrabungsstätte un chantier IV 2
ein Ausländer/eine Ausländerin un étranger/une étrangère III 3
ausländisch étranger/étrangère IV 3E
etw. ausmachen, etw. ausschalten éteindre qc III 5
ausreichen suffire IV 5
das Aussehen l'air *(m.)* III 1E; le look IV 1E
außer sauf II 4
außerdem, zusätzlich en plus I 4
das Äußere le physique ⟨IV M1E⟩; ⟨IV M3, 5⟩
aussteigen descendre II 2E
eine Ausstellung une exposition ⟨III M2⟩; IV 1
das Aussterben la dispatition ⟨IV M3, 10⟩
auswendig par cœur I 6B
etw. ausziehen enlever qn/qc IV 1, 4
ein Auto une voiture I 1
eine Autobahn une autoroute III 2
ein Autor/eine Autorin un auteur IV 4, 5
eine Autowerkstatt un garage II 3A

B

ein Baby un bébé ⟨IV M2, 6⟩
ein Babysitter/eine Babysitterin un baby-sitter/une baby-sitter ⟨III M1, 6⟩
das Babysitting le baby-sitting IV 2, 11
eine Bäckerei une boulangerie II 5
eine Badehose un slip de bain IV 1, 6
baden se baigner III 1
ein Badezimmer une salle de bains I 3E
ein Bahnhof une gare I 7
ein Ball un ballon II 3B
eine Banane une banane II 5E
eine Bande une bande IV 4
eine (Sitz)Bank un banc I 2
ein Bär un ours II 7E
eine Barriere une barrière IV 3
ein Bart une barbe II 6
der Bauch le ventre II 7B, 4
etw. bauen construire qc II 7B
ein Baum un arbre I 2
eine Baustelle un chantier IV 2
sich bei jdm. für etw. bedanken remercier qn de qc IV 2
etw. bedauern regretter qc IV 3, 6
jdn./etw. bedecken couvrir qn/qc IV 5
eine Bedingung une condition IV 2, 3
eine Bedrohung une menace IV 4
etw. beenden finir qc II 4
etw. beenden, etw. fertigstellen terminer qc ⟨III M2⟩
sich befinden se trouver II 7B
jdn. befragen interroger qn IV 4
eine Befreiung une libération II 4, 11
jdm. begegnen rencontrer qn I 8E
eine Begegnung, ein Treffen une rencontre I 8E
beginnen, anfangen commencer III 5, 5
jdn. begleiten accompagner qn I 8E
begraben sein être enterré(e) IV 2
etw. behalten garder qc IV 1, 3
etw. behaupten prétendre qc IV 4
bei chez I 5E
jdm. Beifall klatschen applaudir qn II 4
ein Bein une jambe II 7B
beinahe presque IV 3
zum Beispiel par exemple II 3B
mit jdm./etw. Bekanntschaft machen faire la connaissance de qn/qc ⟨IV M1B⟩
etw. bemerken s'apercevoir de qc IV 2
jdn./etw. bemerken remarquer qn/qc ⟨IV M2⟩
jdn./etw. beobachten observer qn/qc IV 5
ein Bereich un domaine IV 2
bereit/fertig prêt/prête II 2
ein Berg, ein Gebirge une montagne II 1
ein Beruf un métier I 6E
berühmt célèbre/célèbre ⟨III M3⟩
sich mit jdm./etw. beschäftigen; sich um jdn./etw. kümmern s'occuper de qn/qc III 3

beschließen, etw. zu tun décider de faire qc **IV 1**
etw. beschreiben décrire qc **II 7A,** 5
sich über jdn./etw. beschweren, sich über jdn./etw. beklagen se plaindre de qn/qc **III 5**
etw. besetzen occuper qc **IV 5**
etw. besichtigen visiter qc **I 3A**
besser meilleur/meilleure **III 1**
besser *(Adv.)* mieux **III 3**
jdn. (ein)bestellen convoquer qn **IV 1**
bestimmte certains/certaines *(pl.)* **IV 2**
ein Besuch une visite **II 2**
jdn. besuchen rendre visite à qn **IV 4**
der Beton le béton **IV 4**
etw. sehen, etw. ansehen, etw. betrachten regarder qc **I 2E**
ein Betreuer/eine Betreuerin un animateur/une animatrice **IV 2**
ein Bett un lit **I 3A**
beunruhigt inquiet/inquiète **IV 5**
bevorzugt, Lieblings- préféré/préférée **II 6,** 3
etw. bewachen; *(hier)* **etw. bewahren** garder qc **⟨III M3E⟩; IV 1,** 3
sich bewegen bouger **I 6A**
eine (Hand)Bewegung un geste **⟨IV M1C,** 7⟩
sich auf etw. bewerben poser une candidature à qc **IV 2**
eine Bewerbung une candidature **IV 2E**
ein Bewerbungsgespräch führen passer un entretien **IV 2,** 11
ein Bewerbungsschreiben une lettre de candidature **IV 2E;** une lettre de motivation **IV 2,** 11
etw. bezahlen payer qc **I 8**
eine Beziehung une relation **⟨IV M3,** 1⟩
mit Bezug auf suite à **IV 2**
bezüglich, In Bezug auf à propos de **I 2E**
eine Bibliothek une bibliothèque **I 6B,** 7
ein Bild une image **I 5,** 15
ein Bildschirm un écran **II 6**
etw. (fest)binden attacher qc **I 4**
bis jusque **II 6**
  bis bald à bientôt **I 8E**
Bitte!, Gern geschehen. De rien. **II 7E**
jdn. darum bitten, etwas zu tun demander à qn de faire qc **II 4,** 6
  jdn. bitten, etw. zu tun prier qn de faire qc **IV 2**

blasen souffler **IV 5**
ein Blatt une feuille **II 7B**
blau bleu/bleue **I 7**
bleiben rester **I 3A**
ein Bleistift un crayon **I 2**
ein Blitz un éclair **II 7B**
etw. ist blöd, bringt's nicht *(ugs.)* qc est nul/nulle *(fam.)* **II 2**
eine Blume une fleur **IV 1E**
eine Bluse un chemisier **IV 1,** 6
das Blut le sang **IV 4**
ein (Fuß)Boden un sol **⟨IV M1A⟩**
ein Bonbon un bonbon **III 2**
ein Boot un bateau/des bateaux **II 2**
ein Brand un incendie **⟨IV M2,** 6⟩
ein Brauch une tradition **IV 5**
man braucht etw. il faut qc **II 5**
  etw. brauchen avoir besoin de qc **II 7A**
  vier Stunden brauchen, um etw. zu tun mettre quatre heures pour faire qc **⟨IV M2⟩**
(kastanien)braun marron *(inv.)* **I 7,** 4
braun werden bronzer **IV 5**
Es brennt! Au feu! **⟨III M1⟩**
das Bretonische le breton **III 5,** 8
ein Brett; *(hier)* **ein Surfbrett** une planche **⟨IV M2⟩**
eine Brezel un bretzel **IV 3**
ein Brief une lettre **I 8E**
ein Brieffreund/eine Brieffreundin un correspondant/une correspondante **II 2,** 10
eine Brille des lunettes *(f., pl.)* **III 1E**
jdm. etw. (mit)bringen apporter qc à qn **II 6E**
das Brot le pain **II 5**
eine Brücke un pont **II 7B**
ein Bruder un frère **I 3A,** 4
ein Buch un livre **I 5**
eine Buchhandlung une librairie **I 5**
eine Büchse une boîte **⟨IV M3⟩**
ein Buchstabe une lettre **III 4,** 2
eine Bucht une baie **IV 5**
eine Bühne une scène **II 6**
ein Bus un bus **I 5**
  ein Reisebus un car **III 2E**
die Butter le beurre **II 5E**

C

ein Café un café **II 1,** 2
campen, zelten camper **⟨IV M3⟩**
ein Campingplatz un terrain de camping **II 7E**
eine CD/CDs un CD/des CD **I 4,** 11
ein Champion un champion/une championne **⟨IV M2⟩**
ein Charakter un caractère **⟨IV M3,** 5⟩
ein (Diskussions)Forum *(im Internet)* un forum de discussion **III 4**
ein Chef/eine Chefin un chef/une chef **IV 1**
ein Chorsänger/eine Chorsängerin un choriste/une choriste **⟨IV M1E⟩**
eine Clique une bande **IV 4**
ein Comic(Heft)/Comics une BD/des BD **I 5**
ein Computer un ordinateur **I 3A**
ein Cousin/eine Cousine un cousin/une cousine **I 5E**
ein Crêpe-Restaurant une crêperie **III 5**

D

da, weil comme **II 5**
ein Dach un toit **III 2**
damals, zu der Zeit à l'époque **⟨IV M3⟩**
damit pour que *(+subj.)* **IV 5**
nicht auf dem Damm sein *(ugs.)* ne pas être dans son assiette **⟨IV M1,** 4⟩
danach après **I 5**
ein Däne/eine Dänin un Danois/une Danoise **IV 3E**
dänisch danois/danoise **IV 3E**
Dänisch le danois **IV 3E**
danke merci **I 1**
jdm. für etw. danken remercier qn de qc **IV 2**
dann puis **I 4**
dann, danach ensuite **II 5**
jdn./etw. darstellen représenter qn/qc **IV 4,** 5
das ça **I 2**
Das gibt's ja nicht! *(ugs.)* C'est trop! *(fam.)* **III 4**
Das ist nicht schlecht. Ce n'est pas mal. **I 4**
Das macht … Ça fait … **I 7,** 8
dass *(Konjunktion)* que **I 8**
derselbe/dieselbe/dasselbe le même/la même **II 4,** 2
Das wär's! Ça y est! **IV 2**
ein Datum une date **I 8,** 12
dauern durer **⟨IV M1C,** 5⟩
den Tisch decken mettre la table **II 1**

eine Definition, eine Beschreibung une définition **III 2**, 6
ein Delfin un dauphin **IV 5**
eine Demonstration, eine Demo *(ugs.)* une manifestation **IV 1**
denken imaginer qc **II 1**, 1
an jdn. denken penser à qn **II 3B**
denn car **I 7**, 7
dennoch, trotzdem pourtant **III 1**
ein Departement un département **III 2**, 5
deshalb c'est pourquoi **III 1**
ein Detail un détail **IV 1**
auf Deutsch en allemand **I 1**
deutsch-französisch franco-allemand/franco-allemande ⟨**III M2**, 9⟩; **IV 3**, 8
Dezember décembre *(m.)* **I 7**, 6
ein Dichter/eine Dichterin un poète/une femme poète **II 6**, 2
dick gros/grosse **II 4**
ein Dieb un voleur **I 5**
ein Diebstahl, ein Raub un vol **IV 4**, 5
Dienstag mardi *(m.)* **I 7**, 6
dieser/diese/dieses *(Demonstrativbegleiter)* ce/cet/cette/ces **II 3B**
digital numérique/numérique **III 2**
ein Diktat une dictée ⟨**III M3**⟩
eine Diktatur, eine Gewaltherrschaft une dictature **IV 1**
ein Ding un truc *(fam.)* **IV 1**
ein Dinosaurier un dinosaure **IV 2**
direkt direct/directe ⟨**III M1**⟩; **IV 2**, 10
ein Direktor/eine Direktorin un directeur/une directrice **II 3A**, 3
sich unterhalten, diskutieren discuter **I 3A**
doch si **I 4**; cependant ⟨**IV M2**⟩
ein Doktor, ein Arzt un docteur **II 7B**, 4
ein Dolmetscher/eine Dolmetscherin un interprète/une interprète **IV 3**, 1
eine Domäne un domaine **IV 2**
der Donner le tonnerre **II 7B**
Donnerstag jeudi *(m.)* **I 7**
ein Dorf un village **I 7**
dort/da là **I 2**
dort(hin), da(hin) là-bas **II 1**
dort, dorthin y **II 7B**
eine Dose une boîte ⟨**IV M3**⟩
ein Drahtzaun une grille ⟨**IV M1A**⟩
draußen, im Freien dehors **III 4**
ein Drehbuch, un scénario ⟨**IV M1C**, 3⟩
drehen tourner qc **I 6A**
ein Drittel un tiers **III 3**, 8
eine Droge une drogue **IV 4**
eine Drohung une menace **IV 4**
du *(betont)* toi **I 1E**
dumm bête/bête **I 7**
eine Dummheit une bêtise **II 4**
durch jdn./etw. grâce à qn/qc **III 4**
im Durchschnitt en moyenne **IV 4**
durchschnittlich en moyenne **IV 4**
Durst haben avoir soif **II 5**
eine Dusche une douche **IV 1**, 4

E

ein Effekt un effet ⟨**IV M2**⟩
ein Ehemann un mari **I 3B**
eher plutôt **IV 4E**
eher, vielmehr, ziemlich plutôt ⟨**III M2**⟩
ein Ei/Eier un œuf/des œufs **II 5E**
eifersüchtig auf jdn. jaloux/jalouse de qn **II 7B**
eine Eigenschaft une qualité ⟨**IV M3**, 5⟩
ein Eindruck un effet ⟨**IV M2**⟩
ein Eigentümer/eine Eigentümerin un propriétaire/une propriétaire **I 3A**
einerseits ... andererseits d'une part ... d'autre part ⟨**IV M2**⟩
einfach simple/simple ⟨**IV M1C**⟩
ein Foto von jdm./etw. machen prendre qn/qc en photo **I 8**
eine Einführung une introduction ⟨**IV M2**, 10⟩
ein Eingang une entrée **I 1E**
jdn./etw. (wieder) einholen rattraper qn/qc **III 5**, 7
einige plusieurs *(inv.)* ⟨**III M1**⟩; **IV 2**
einige, wenige quelques *(pl.)* **III 4**
einkaufen faire les courses *(f., pl.)* **II 5E**
der Einkaufsbummel le shopping **IV 1**, 7
jdn. einladen inviter qn **I 6B**, 4
eine Einleitung une introduction ⟨**IV M2**, 10⟩
sich einloggen se connecter ⟨**III M2**⟩
einmal une fois **I 4**, 11
einordnen classer qc **II 1**, 6
einsammeln ramasser qc **I 2**
einschlafen s'endormir **III 3**
sich für etw. einsetzen s'engager pour qc **IV 2**, 8
steigen, einsteigen monter **I 5**
eintreten entrer **I 2**
einverstanden, o.k. d'accord **I 2E**
ein Einwohner/eine Einwohnerin un habitant/une habitante **IV 3E**
eine Einzelheit un détail **IV 1**
ein Eis une glace **II 5**, 1
das Eishockey le hockey sur glace *(m.)* ⟨**III M3**⟩
elegant, fein, geschmackvoll élégant/élégante **IV 1**, 6
elsässisch alsacien/alsacienne **IV 3**
die Eltern les parents *(m., pl.)* **I 3A**
ein Empfang; *(hier)* **eine Auftaktseite** un accueil **III 4**
etw. empfangen recevoir qc **II 2**
das Ende, der Schluss la fin **II 1**, 7
am Ende, schließlich à la fin **II 1**, 7
schließlich, endlich enfin **I 5**
engagiert engagé/engagée **III 4**
ein Engländer/eine Engländerin un Anglais/une Anglaise **IV 5**
englisch anglais/anglaise **I 8; III 3**, 2
etw. entdecken découvrir qc **II 7B**
eine Entdeckung une découverte **II 1E**
eine Ente un canard **II 5**
sich entfernen s'éloigner **II 7B**
jdn. entführen enlever qn/qc **IV 1**, 4
entscheiden, etw. zu tun decider de faire qc **IV 1**
sich entschuldigen s'excuser **III 1**, 9
sich bei jdm. entschuldigen demander pardon à qn **III 1**
Verzeihung., Entschuldigung. Pardon. **I 4**, 12
enttäuscht déçu/déçue **IV 2**
eine Entwicklung un développement ⟨**IV M3**, 10⟩
eine Epoche, ein Zeitalter une époque ⟨**IV M3**⟩
die Erde la terre **II 4**
eine Erfahrung une expérience **IV 2**
etw. erfinden inventer qc **III 2**, 7
ein Erfolg un succès **III 4**
ein Ergebnis un résultat ⟨**III M3**⟩
sich an jdn./etw. erinnern se souvenir de qn/qc ⟨**IV M3E**⟩
eine Erinnerung, ein Andenken un souvenir **I 8**, 5
jdm. etw. erklären expliquer qc à qn **I 8**; déclarer qc à qn **III 5**
eine Erklärung une explication **III 1**, 9
jdm. erlauben, etw. zu tun permettre à qn de faire qc **IV 2**
etw. erneuern, etw. neu machen, etw. noch einmal machen refaire qc **II 3A**
erneut à nouveau **IV 4**
ernst(haft), seriös sérieux/sérieuse **III 5**
jdn. erpressen racketter qn **IV 4**

die (Schutzgeld)Erpressung le racket IV 1
etw. erraten deviner qc **III 4E**
(plötzlich) erscheinen apparaître ⟨IV M1A⟩
  erscheinen sortir ⟨IV M1C, 5⟩
der erste/die erste/das erste le premier/la première **I 7**, 6
sich ertränken se noyer ⟨IV M2⟩
ertrinken se noyer ⟨IV M2⟩
etw. erzählen raconter qc **I 3A**
eine Erzählung un conte ⟨III M3, 6⟩
etw. essen manger qc **I 6A**
ein Essen, eine Mahlzeit un repas **I 7**
ein Esszimmer une salle à manger **I 3E**
ein Etikett une étiquette **IV 1**
etwa environ **IV 4**
etwas quelque chose **I 5**
eine Eule une chouette **III 2**
ein Europäer/eine Europäerin un Européen/une Européenne **IV 2**
europäisch européen/européenne **IV 2**
ein Exil un exil **IV 5**
exotisch exotique/exotique **IV 5**

F

fähig capable/capable **IV 4**
eine Fahne un drapeau **IV 3**
fahren aller **I 5E**
  jdn. fahren; jdn. führen conduire qn/qc **II 7B**
  fahren rouler **III 5**
  jdn./etw. fahren; *(hier)* **jdn. bringen** conduire qn/qc ⟨III M3⟩
fahren, reisen voyager **III 3**
ein Fahrer/eine Fahrerin un conducteur/une conductrice **II 3A**
eine Fahrkarte un billet **I 7**
ein Fahrplan, ein Stundenplan un horaire **I 7**, 8
ein Fahrrad un vélo **II 1**, 2
ein Fahrschein; *(hier)* **ein** *(*Kassen)Beleg un ticket **III 2**
ein Fall un cas ⟨III M2⟩; une chute ⟨IV M2⟩
  in jedem Fall de toute façon **IV 1**
fallen tomber **II 2**
eine Familie une famille **I 3A**
jdn./etw. (ein)fangen, jdn./etw. erwischen attraper qn/qc **I 5**
eine Farbe une couleur **I 7**, 13
  die Malerei, die Farbe *(zum Anmalen)* la peinture **II 3A**

eine Fassung une version **IV 4E**
fast presque **IV 3**
eine Faust un poing ⟨IV M3E⟩
Februar février *(m.)* **I 7**, 6
fehlen, versäumen manquer **II 5**
ein Fehler une faute **I 7**, 17
  ein (Charakter)Fehler un défaut ⟨IV M3, 5⟩
etw. feiern fêter qc ⟨III M2⟩; **IV 5**
fein, elegant, geschmackvoll élégant/élégante **IV 1**, 6
ein Fenster une fenêtre **III 5**
die Ferien, der Urlaub les vacances *(f., pl.)* **II 1**
ein Ferienlager une colonie de vacances **IV 2**, 11
einen Fernsehauftritt haben passer à la télé **III 4**
das Fernsehen la télévision **I 3A**
  ein Fernsehsender une chaîne de télévision **II 6**
  Das ist unser erster Fernsehauftritt. C'est notre première télé. **III 4**
ein Fernsehzuschauer/eine Fernsehzuschauerin un téléspectateur/une téléspectatrice **IV 3**
fertig/bereit prêt/prête **II 2**
etw. (fest)binden attacher qc **I 4**
ein Fest une fête **I 4**, 11
jdn. anhalten, jdn. festnehmen arrêter qn **I 5**
ein Feuer un feu/des feux **II 7A**, 6
die Feuerwehr les pompiers *(m., pl.)* ⟨III M1E⟩; ⟨IV M2⟩
ein Feuerwehrmann/eine Feuerwehrfrau un pompier/une femme pompier ⟨III M1E⟩
eine Figur, eine Persönlichkeit, eine Person un personnage **II 4**, 3
  eine Figur une figure **IV 4**
ein Film (Kino) un film **I 5**, 13
  ein Film (Foto) une pellicule **I 8**
jdn./etw. filmen filmer qn/qc **III 4**
ein Finale une finale ⟨III M3⟩
etw. finden trouver qc **I 2E**
das Finnische, die finnische Sprache le finnois **IV 3**
ein Fisch un poisson **II 1E**
die Fischerei la pêche **III 5E**
eine Flagge un drapeau **IV 3**
das Flämische *(niederländische Sprache)* le flamand ⟨III M3E⟩
eine Flamme une flamme ⟨III M1⟩
eine Flasche une bouteille **I 2**
das Fleisch la viande **IV 5**

fliehen fuir **IV 5**
fließen couler **IV 4**
eine Flöte une flûte **I 3B**
flüchten fuir **IV 5**
ein Flug un vol **II 3A**, 3
ein Flughafen un aéroport ⟨III M2⟩; ⟨III M3⟩
ein Flugzeug un avion **II 1**
ein Flur un couloir ⟨IV M1B⟩
ein Fluss une rivière **IV 5**; un fleuve ⟨IV M2⟩
eine Flutwelle un mascaret ⟨IV M2⟩
eine Folge une séquence ⟨IV M1C, 5⟩
jdm./etw. folgen suivre qn/qc **III 4**
folgender/folgende/folgendes suivant/suivante **II 4**, 8
ein Förderer/eine Förderin un mécène ⟨IV M1C⟩
etw. fordern exiger qc **IV 1**
eine Form une forme **I 3A**, 3
die Fortsetzung la suite **I 5**, 15
ein Forum un forum **III 4**
ein Foto une photo **I 2E**
ein Fotoapparat un appareil photo **I 8**
eine Fotografie une photographie **III 2**
jdn./etw. fotografieren photographier qn/qc ⟨III M2⟩
eine Frage une question **I 1**, 1
jdn. etw. fragen demander qc à qn **I 6A**
fragen, ob demander à qn si **I 8**
ein Franzose/eine Französin un Français/une Française **II 4**, 4
französisch français/française **I 7E**
das Französische le français **II 2**, 7
französischsprachig francophone/francophone ⟨III M3E⟩
eine Frau, eine Ehefrau une femme **I 3B**
frei libre/libre **III 3**
im Freien, draußen dehors **III 4**
die beaufsichtigte Freistunde la permanence **II 4**
Freitag vendredi *(m.)* **I 7**
fremd étranger/étrangère **IV 3E**
eine Freude une joie **IV 3**; un plaisir **IV 5**
ein Freund/eine Freundin *(ugs.)* un copain/une copine *(fam.)* **I 3E**
  ein Freund/eine Freundin un ami/une amie **I 5**
Mit freundlichen Grüßen. *(Grußformel)* Salutations distinguées. ⟨III M2⟩; **IV 2**
ein Friseur/eine Friseurin un coiffeur/une coiffeuse **IV 2**, 2

eine Frucht un fruit **II 5**
früh *(Adv.)* tôt **⟨II 9,** 7⟩
der Frühling le printemps **I 7**
ein Frühstück un petit-déjeuner **II 4**
sich fühlen se sentir **III 3**
jdn./etw. führen mener qn/qc **IV 2,** 11
ein Führer/eine Führerin un guide/une guide **II 7A**
funktionieren/gehen marcher **II 2**
für pour **I 2E**
jdn./etw. fürchten craindre qn/qc **III 5**
ein Fuß un pied **II 7B**
zu Fuß à pied **III 2**
ein Fußgänger/eine Fußgängerin un piéton/une piétonne **IV 3,** 4
eine Fußgängerbrücke une passerelle **IV 3,** 4

G

ein Gang un couloir **⟨IV M1B⟩**
ganz/alle *(+ Nomen)* tout/toute **II 4**
eine Garage un garage **II 3A**
eine Garderobe un vestiaire **II 1E**
ein Garten un jardin **II 1**
ein Gas un gaz **IV 5**
eine Gaststätte un restaurant, une brasserie **II 5,** 7
eine Gattung un genre **⟨IV M1C,** 6⟩
jdm. etw. geben donner qc à qn **I 6A**
ein Gebiet un domaine **IV 2**
geboren werden être né(e) **II 5;** naître **IV 5**
gebrochen cassé/cassée **II 7B**
ein Geburtstag un anniversaire **I 7E;** une date de naissance **⟨IV M3,** 5⟩
ein Gedicht un poème **II 2,** 4
eine Gefahr un danger **IV 5**
gefährlich dangereux/dangereuse **II 4**
jdm. gefallen plaire à qn **II 3A**
ein Gefängnis une prison **⟨III M1⟩; IV 5**
ein Gefühl un sentiment **II 3A,** 8
gegen contre **I 3A,** 3
gegen, in Richtung vers **⟨III M1⟩; IV 5**
ein Gegenstand; ein Betreff un objet **II 4,** 11
das Gegenteil (von) le contraire (de) **I 8,** 14
gegenüber von jdm./etw. en face de qn/qc **III 5**
im Geheimen en secret **⟨IV M1C⟩**
gehen/fahren aller **I 5E**
gehen aller **I 5E**
gehen/laufen *(hier)* **funktionieren** marcher **II 2**
um jdn./etw. gehen s'agir de qn/qc **⟨IV M1C,** 5⟩; **⟨IV M2,** 10⟩
gelb jaune/jaune **I 7,** 4
das Geld l'argent *(m.)* **II 6,** 6
ein Geldbeutel un porte-monnaie/des porte-monnaies **I 5**
gelingen etw. zu tun, etw. fertigbringen réussir à faire qc **II 4**
etw. gelingen réussir qc **⟨IV M2⟩**
gemein, böse méchant/méchante **III 5**
ein Gemüse un légume **II 5**
genau exact/exacte **III 3**
genau justement **IV 3**
genügen suffire **IV 5**
die Geographie, die Erdkunde la géographie **II 4**
gerade etw. getan haben venir de faire qc **II 4**
gerade justement **IV 3**
geradeaus tout droit **I 5**
gerade etw. tun être en train de faire qc **II 4**
geradewegs; *(hier)* **direkt** droit *(Adv.)* **III 5E**
ein Geräusch, ein Lärm un bruit **⟨IV M1B⟩**
gerecht juste/juste **II 4,** 7
ein Gerippe un squelette **IV 2**
etw. gerne tun aimer faire qc **I 6B**
Geschafft! Ça y est! **IV 2**
ein Geschäft/Laden un magasin **I 2**
geschehen, sich ereignen se passer **II 7B**
geschehen, passieren qc arrive à qn **II 7A**
ein Geschenk un cadeau/des cadeaux **I 7**
eine Geschichte une histoire **I 3B**
Geschichte und Erdkunde l'histoire-géographie **III 3**
geschieden divorcé/divorcée **⟨IV M3,** 5⟩
ein Gesicht un visage **III 5**
Gesicht une figure **IV 4**
ein (Vorstellungs)Gespräch un entretien **IV 2,** 11
Gespräche *(pl.)* des pourparlers *(m., pl.)* **IV 4,** 9
eine Geste un geste **⟨IV M1C,** 7⟩
gestern hier **II 1E**
die Gesundheit la santé **II 5**
Gesundheit! A tes/vos souhaits! **II 5,** 6
ein Getränk une boisson **II 5**
die Gewalt la violence **IV 4**
etw. gewinnen gagner qc **II 6**
gewisse certains/certaines *(pl.)* **IV 2**
ein Gewitter un orage **II 7B**
sich an jdn./etw. gewöhnen s'habituer à qn/qc **III 3**
ein Gewürz une épice **III 2**
die Gezeiten *(pl.)* la marée **III 5**
der Gips; der Gipsverband le plâtre **II 7B**
ein Girlie une girly **IV 1**
eine Gitarre une guitare **I 3A**
eine Gittertür une grille **⟨IV M1A⟩**
ein Glas un verre **I 7**
etw. glauben croire qc **II 6**
an etw. glauben croire à qc **⟨IV M2⟩**
gleich; gleichgültig égal/égale **IV 4**
vorhin, eben; gleich, nachher tout à l'heure **II 3A**
das Glück, die Chance la chance **I 5E**
glücklich heureux/heureuse **III 3E**
glücklicherweise *(Adv.)* heureusement **III 3E**
ein Glücksbringer un porte-bonheur/des porte-bonheurs **III 2**
das Gold l'or *(m.)* **IV 2**
„gothic", grufti *(ugs.)* gothique/gothique **⟨IV M3,** 5⟩
etw. (aus)graben creuser qc **IV 2**
ein Grad un degré **II 1**
ein Graf/eine Gräfin un comte/une comtesse **⟨IV M1C⟩**
Graffiti anbringen taguer **IV 4E**
eine Grammatik une grammaire **IV 5**
das Gras; *(hier)* **das Kraut** l'herbe *(f.)* **III 2**
grau gris/grise **I 7,** 4
eine Grenze une frontière **IV 3**
der Greyerzer *(Käsesorte)* le gruyère **⟨IV M3E⟩**
das Griechische, die griechische Sprache le grec **IV 3**
die Grippe la grippe **II 7B,** 4
groß grand/grande **I 7E**
die (Körper)Größe, die Kleidergröße; die Höhe la taille **IV 1,** 7
Großeltern des grands-parents *(m., pl.)* **I 7**
eine Großmutter une grand-mère **I 7**
ein Großvater un grand-père **II 5**
grün vert/verte **I 7,** 4
ein Grund une raison **III 2**
im Grunde genommen en fait **⟨IV M2⟩**
etw. gründen former qc **III 4;** fonder qc **IV 5**

eine Gruppe un groupe **I 4**
jdn. (be)grüßen saluer qn **II 3E**
ein Gugelhupf un kouglof **IV 3**
gut bon/bonne **I 3B; I 7**
gut bien **I 2**, 3
ein Gymnasium un lycée **III 2E**

H

ein Haar/Haare un cheveu/des cheveux **III 1E**
haben avoir **I 4**
Hab keine Angst! N'aie pas peur! **III 5**
ein Hafen un port **III 1**
Hafen conduire qn à bon port ⟨**III M2**⟩
ein Hahn un coq **I 7E**
eine halbe Stunde une demi-heure **III 2**
eine Hälfte une moitié **III 3**
ein Halt, eine Haltestelle un arrêt **II 3A**
Halt une halte **II 7A**
eine Hand une main **III 5**
von jdm./etw. handeln s'agir de qn/qc ⟨**IV M1C**, 5⟩; ⟨**IV M2**, 10⟩
ein Händler/eine Händlerin un marchand/une marchande **II 5**
eine Handlung une action **IV 4**, 11; un acte **IV 4**, 5
hart dur/dure **II 4**, 7
ein Hauptdarsteller un personnage principal ⟨**IV M1E**⟩
ein Hauptgericht un plat principal **II 5**
eine Hauptrolle un premier rôle ⟨**IV M1C**, 5⟩
eine Hauptstadt une capitale **II 1**
ein Haus une maison **I 3E**
auf der faulen Haut liegen *(ugs.)* avoir un poil dans la main *(fam.)* ⟨**IV M1C**⟩
eine Haut une peau **IV 4**, 9
ein Heft un cahier **I 2**, 3
heimgehen, heimkommen rentrer **II 1**, 2
heiß, warm chaud/chaude **II 1**
heißen s'appeler **I 1E**
eine (Helden)Tat un exploit ⟨**IV M2**⟩
jdm. helfen aider qn **I 6A**
sich zu helfen wissen se débrouiller **IV 1**
hell clair/claire **IV 5**
ein Hemd une chemise **I 7**
herauskommen sortir ⟨**IV M1C**, 5⟩
der Herbst l'automne *(m.)* **I 7**, 6
hereinkommen entrer **I 2**
herrlich magnifique/magnifique **IV 5**
etw. hervorheben mettre qc en relief **II 7A**, 4
hervorragen dépasser ⟨**IV M3**⟩
ein Herz un cœur **I 6B**
herzlich cordial/cordiale **II 4**, 11
ein Herzog/eine Herzogin un duc/une duchesse **III 2**
heute aujourd'hui **I 4**
heute Abend ce soir **II 3B**
heute Morgen ce matin **II 3B**
hier ici **I 2**
eine Hilfe une aide **IV 1**, 3
Hilfe! Au secours! **I 5**
etw. (wieder) hinaufsteigen remonter qc ⟨**IV M2**⟩
(aus etw.) hinausgehen, hinausfahren sortir (de qc) **II 1**
hingegen, dagegen par contre **III 2**
sich hinlegen, sich ausstrecken s'allonger **III 1**
hinten in etw. au fond de qc **IV 4**
hinter derrière **I 2**
der Hintergrund l'arrière-plan *(m.)* ⟨**IV M1C**, 5⟩
hinuntergehen/aussteigen descendre **II 2E**
etw. hinzufügen ajouter qc **II 5**
die Hitze la chaleur **II 6**
ein Hobby un hobby ⟨**IV M2**, 5⟩
das Hockey le hockey ⟨**III M3**⟩
ein Hof une cour **I 2**
etw. hoffen espérer qc **III 4**
eine Hoffnung un espoir **IV 2**
höflich poli/polie ⟨**IV M3**, 5⟩
etw. holen aller chercher qc **I 6B**
eine Hölle un enfer ⟨**III M3**⟩; **IV 5**
Höllen-, Riesen- d'enfer ⟨**III M3**⟩
etw. hören entendre qc **I 8**
eine Hose un pantalon **I 7**
ein Hotel un hôtel **I 5**, 12
hübsch joli/jolie **I 7**
ein Huhn, eine Henne une poule **I 7E**
ein Huhn, ein Hühnchen un poulet **III 2**
der Humor l'humour *(m.)* **IV 5**
ein Hund un chien **I 1**
eine Hundekälte *(ugs.)* un froid de canard *(fam.)* ⟨**III M3**⟩
Hunger haben avoir faim *(f.)* **I 8**
eine Hymne un hymne **IV 3**

I

eine Idee une idée **I 3A**
eine Identität une identité ⟨**IV M3**, 5⟩
idiomatisch idiomatique/idiomatique ⟨**IV M1C**, 4⟩
im Augenblick, zur Zeit en ce moment ⟨**III M1E**⟩
immer toujours **I 6E**
in dans **I 2E**
ein Informatiker/eine Informatikerin un informaticien/une informaticienne **IV 2**, 2
ein Ingenieur/eine Ingenieurin un ingénieur/une femme ingénieur **IV 2**, 2
inmitten von etw. au milieu de qc ⟨**IV M3**⟩
das Innere l'intérieur *(m.)* **IV 5**
eine Insel une île **III 5E**
ein Instrument un instrument **III 4E**
interessant intéressant/intéressante **II 4**, 9
jdn. interessieren intéresser qn **II 2**
sich für etw. interessieren s'intéresser à qc ⟨**III M3**, 2⟩
ein Internat un internat ⟨**IV M1E**⟩
international international/internationale **IV 2E**
Internet *(n.)* Internet *(m.)* **I 3B**
ein Interpret/eine Interpretin un interprète/une interprète **IV 3**, 1
ein Interview une interview **I 3A**, 4
ein Italiener/eine Italienerin un Italien/une Italienne **II 3A**
italienisch italien/italienne **II 1**, 8

J

eine Jacke un blouson **IV 1**
die Jagd la chasse **II 4**, 9
ein Jahr un an **I 4**; une année **I 8**
eine Jahreszeit une saison **IV 5**
ein Jahrhundert un siècle **III 2**
Januar janvier *(m.)* **I 7**, 6
eine Jeans, ein Paar Jeans un jean **III 1**
jedenfalls, auf jeden Fall en tout cas ⟨**III M2**⟩; ⟨**IV M2**⟩
jeder/jede/jedes + *Nomen* chaque/chaque **II 4**
jeder zweite Schüler un élève sur deux **III 3**, 8
jeder/jede/jedes chacun/chacune **III 4**, 6

jedoch cependant ⟨IV M2⟩
jemand quelqu'un **II 4,** 6
jener/jene/jenes celui/celle/ceux/celles ⟨III M2⟩
jetzt maintenant **I 2**
ein Job *(ugs.)* un job *(fam.)* **IV 2E;** un boulot *(fam.)* **IV 2**
ein Jogginganzug un jogging **IV 1,** 6
die schwarze Johannisbeere le cassis **III 2E**
ein Journalist/eine Journalistin un journaliste/une journaliste **II 7B,** 6
die Jugend la jeunesse **I 8E**
eine Jugendherberge une auberge de jeunesse **I 8E**
ein Jugendlicher/eine Jugendliche un jeune/une jeune **II 3A,** 9; un adolescent/une adolescente **III 1**
Juli juillet *(m.)* **I 7,** 6
jung jeune/jeune **II 3A,** 9
ein Junge un garçon **I 1**
Juni juin *(m.)* **I 7,** 6

K

der Kaffee le café **II 1,** 2
der Kakao le cacao **IV 5**
ein Kalender un calendrier **I 8**
kalt froid/froide **II 1**
ein Kamerad/eine Kameradin un camarade/une camarade **IV 1**
ein Kameramann un caméraman ⟨IV M1C, 6⟩
kamerunisch camerounais/camerounaise ⟨III M3, 6⟩
mit jdm. kämpfen se battre avec qn ⟨IV M1B⟩
ein Kanadier/eine Kanadierin un Canadien/une Canadienne ⟨III M3E⟩
kanadisch canadien/canadienne ⟨III M3E⟩
ein Kanal un canal **II 2**
ein Kandidat/eine Kandidatin un candidat/une candidate ⟨III M3⟩
eine Kandidatur une candidature **IV 2E**
ein Kaninchen un lapin/une lapine ⟨IV M1C, 4⟩
eine Kantine une cantine **I 5E**
kapitulieren abdiquer **IV 4,** 9
etw. kaputt machen casser qc ⟨III M1⟩; **IV 4**
eine Karte une carte **I 6A,** 2
eine Kartoffel une pomme de terre **II 5**
ein Karton un carton **I 2**
der Käse le fromage **II 5**
eine Kasse une caisse **I 5**
eine Kathedrale une cathédrale **IV 3**
eine Katze un chat **I 1**
etw. kaufen acheter qc **I 8**
kaum à peine ⟨IV M3E⟩
die Kehle la gorge **II 7B,** 4
kein/keine *(bei Mengen)* ne … pas de **I 7**
keiner/keine/keines aucun/aucune **IV 2**
keiner/keine/keines ne … aucun **IV 5**
ein Keller une cave **II 2**
etw. kennen connaître qc **II 3A**
ein Kerl *(ugs.)* un mec *(fam.)* **III 1E**
eine Kerze une bougie **II 5**
ein Kilometer un kilomètre **II 2**
ein Kind un enfant **I 3A,** 3
ein Kino un cinéma **I 5E**
eine Kirche une église **III 2E**
sich an etw. (fest)klammern s'accrocher à qc ⟨IV M2⟩
Klamotten *(ugs.)* des fringues *(f., pl.)* *(fam.)* **IV 1**
klar, offensichtlich évident/évidente **III 5**
klar clair/claire **IV 5**
eine Klasse une classe **I 1,** 3
ein Klassenzimmer une salle de classe **I 2,** 4
ein Klavier, ein Piano un piano **I 4E**
etw. (an)kleben coller qc **I 2**
ein Kleid une robe **I 7**
sich kleiden s'habiller **IV 1**
die (Körper)Größe, die Kleidergröße; die Höhe la taille **IV 1,** 7
ein Kleidungsstück un vêtement **II 7A**
klein petit/petite **I 7E**
klettern grimper **I 4**
das Klettern l'escalade *(f.)* **I 4E**
auf etw. klicken cliquer sur qc ⟨III M2⟩
ein Klima un climat **IV 5**
klingeln sonner **I 3B**
ein Knochen/Knochen un os/des os **IV 2**
ein Koch un cuisinier/une cuisinière **I 5E**
eine Kolonie une colonie **IV 5**
etw. kombinieren combiner qc **IV 5**
komisch, merkwürdig bizarre/bizarre **I 1**
(an)kommen arriver **I 4**
kommen venir **II 1**
jdn. kommen lassen convoquer qn **IV 1**
mit jdm. kommunizieren, Nachrichten austauschen communiquer avec qn **II 6E**
ein König un roi **II 5,** 11
eine Königin une reine ⟨III M2⟩
ein Königreich un royaume ⟨IV M3, 10⟩
können pouvoir **I 6B**
ein Kontrolleur/eine Kontrolleurin un contrôleur/une contrôleuse **III 3**
jdn./etw. kontrollieren contrôler qn/qc **III 3**
ein Konzert un concert **II 2**
ein Kopf une tête **II 2**
etw. kopieren, etw. abschreiben copier qc **II 6,** 6
ein Korridor un couloir ⟨IV M1B⟩
etw. kosten goûter à qc **IV 3;** coûter qc **IV 4**
kostenlos, gratis gratuit/gratuite **II 3A**
köstlich délicieux/délicieuse **II 5**
ein Kostüm un costume **IV 1,** 6
krank malade/malade **II 4E**
ein Krankenhaus un hôpital **II 7B**
ein Krankenwagen une ambulance **II 7B**
etw. kreieren créer qc **IV 5**
kreolisch créole/créole **IV 5**
das Kreolische, die kreolische Sprache le créole **IV 5**
ein Kreuz une croix ⟨IV M3⟩
eine Kreuzung un carrefour **II 7A,** 6
ein Krieg une guerre **III 5**
ein Kriminalfilm un film policier ⟨IV M1C, 5⟩
ein Kriminalroman un roman policier **III 5,** 3
eine Krise une crise **IV 4**
eine Krücke une béquille **II 7B**
eine Küche une cuisine **I 3E**
ein Kuchen/Kuchen un gâteau/des gâteaux **I 7**
kuckuck coucou **IV 1E**
eine Kugel une boule **I 7**
eine Kuh une vache **I 7E**
ein Kühlschrank un frigidaire **IV 2,** 3
eine Kultur une culture ⟨III M3E⟩; **IV 3**
ein Kumpel *(ugs.)* un pote/une pote *(fam.)* **III 4**
die Kunst l'art *(m.)* **IV 4E**
ein Künstler/eine Künstlerin un artiste/une artiste **III 4**
ein Kunstmaler/eine Kunstmalerin un artiste peintre/une artiste peintre **IV 4E**

ein Kunststück un exploit ⟨IV M2⟩
eine Kurve un virage **III 5**
kurz court/courte **III 1E**; bref/brève **III 4**
ein Kurzfilm un court-métrage ⟨**IV M1C**, 5⟩
ein Kuss *(ugs.)* une bise *(fam.)* **I 8**
jdn. küssen, jdn. umarmen embrasser qn **II 1E**
eine Küste une côte **III 5E**

L

das Labor(atorium) un laboratoire **III 3**, 6
lächeln sourire **IV 2**
ein Lächeln un sourire **III 3**
lachen *(ugs.)* rigoler *(fam.)* **I 8**
lachen rire **II 4**
ein Laden un magasin **I 2**
eine Lampe une lampe **III 5**
das Lampenfieber le trac **III 4**
das Land la campagne **I 7E**
ein Land un pays **II 4E**
ein Landwirt/eine Landwirtin un agriculteur/une agricultrice ⟨**III M1**⟩
lang long/longue **I 7**
lange *(Adv.)* longtemps **III 3**
die Langeweile l'ennui *(m.)* **IV 4**
langweilig ennuyeux/ennuyeuse ⟨**IV M2E**⟩
ein Lärm un bruit ⟨**IV M1B**⟩
etw. tun lassen faire faire qc ⟨**IV M1E**⟩
ein Lastwagen un camion **II 2**, 12
lateinisch latin/latine **IV 3**
laufen/rennen courir **II 2**
leben vivre **II 3E**
das Leben la vie **I 7**, 10
ein Lebenslauf un curriculum vitæ **IV 2**
ledig célibataire/célibataire ⟨**IV M3**, 5⟩
leer vide/vide **I 2**
etw. legen mettre qc **II 1**
ein Lehrer/eine Lehrerin un professeur **I 1**
leicht facile/facile **I 4**; léger/légère ⟨**IV M2**⟩
jdm. Leid tun être désolé(e) **II 2**
eine Leinwand un écran **II 6**
eine Leistung un exploit ⟨**IV M2**⟩
jdn./etw. leiten mener qn/qc **IV 2**, 11
eine Lektion une leçon **III 1**
etw. lesen lire qc **I 7**
ein Leser/eine Leserin un lecteur/une lectrice ⟨**IV M2**⟩

letzter/letzte/letztes dernier/dernière **II 2**, 3
die Leute les gens *(m., pl.)* **II 1**, 7
ein Licht une lumière **III 5**
lieb/teuer cher/chère **I 8E**
die Liebe l'amour *(m.)* **II 3B**
Liebe auf den ersten Blick le coup de foudre **II 3A**
etw. lieben/mögen aimer qc **I 2**
etw. lieber mögen aimer mieux qc **III 3**
Liebling chéri/chérie **II 1E**
bevorzugt, Lieblings- préféré/préférée **II 6**, 3
ein Lied une chanson **I 7**
eine (Verkehrs)Linie une ligne **I 5**
(nach) links à gauche **I 5**
eine Liste une liste **I 2**, 12
ein Loch un trou **II 7B**
ein Logo un logo **IV 1E**
der Look le look **IV 1E**
eine Lösung une solution **I 3A**
die Luft l'air *(m.)* **III 1E**
lügen mentir **IV 4**
Lust haben avoir envie **I 4**
lustig drôle/drôle **I 8**
sich über jdn. lustig machen se moquer de qn **III 1**

M

etw. machen faire qc **I 4E**
jdn. etw. machen lassen laisser qn faire qc **IV 1**
ein Mädchen une fille **I 1**
ein Essen, eine Mahlzeit un repas **I 7**
Mai mai *(m.)* **I 7**
ein Mal une fois **I 4**, 11
ein Maler/eine Malerin un peintre/une femme peintre **IV 4E**
ein Mangel un défaut ⟨**IV M3**, 5⟩
ein Mann un homme **I 5**
ein Mann für alles un homme à tout faire ⟨**IV M1E**⟩
eine Mannschaft, ein Team une équipe **II 3E**
eine Marke une marque **IV 1E**
ein Markenzeichen un logo **IV 1E**
etw. markieren, etw. anzeigen; *(hier)* **schreiben** marquer qc **I 2**
ein Markt un marché ⟨**I 9A**⟩; **II 5**
ein Marokkaner/eine Marokkanerin un Marocain/une Marocaine ⟨**III M3E**⟩
marokkanisch marocain/marocaine ⟨**III M3E**⟩

März mars *(m.)* **I 7**, 6
eine Maschine une machine **I 6A**, 5
das Material, die Ausrüstung le matériel **II 4**, 8
Mathe *(ugs.)* les maths *(f., pl.)* *(fam.)* **II 4**
eine Mauer, eine Wand un mur **I 4**
eine Maus une souris **II 4**
ein Mäzen/eine Mäzenin un mécène ⟨**IV M1C**⟩
ein Mechaniker/eine Mechanikerin un mécanicien/une mécanicienne **II 1**
eine Medaille une médaille **IV 5**
die Medien les médias *(m., pl.)* ⟨**IV M3**, 10⟩
ein Medikament un médicament **IV 4**
das Meer la mer **II 7E**
das Mehl la farine **II 5E**
eine Meinung un avis **II 6**
ein Meister/eine Meisterin un champion/une championne ⟨**IV M2**⟩
eine (Menschen)Menge une foule **II 6**
ein Menir, ein Hinkelstein un menhir **III 5E**
merkwürdig curieux/curieuse ⟨**IV M3**, 5⟩
messen faire ⟨**III M1**⟩
ein Meter un mètre **II 6**, 8
eine Methode une méthode ⟨**IV M1E**⟩
eine Metropole une métropole **IV 5**
die Milch le lait **II 5E**
eine Million un million **III 3**
ein Mineralwasser une eau minérale **II 5**
mit avec **I 1**
jdn./etw. mitbringen amener qn/qc ⟨**IV M3**⟩
jdm. etw. (mit)bringen apporter qc à qn **II 6E**
Mittag le midi **I 5E**
ein Mittagsschlaf une sieste **III 2**
eine Mitteilung un message **II 6**
ein Mittel; *(hier)* **ein Geldmittel** un moyen **IV 1**
das Mittelalter le Moyen Age **III 2**
Mitternacht minuit **I 5E**
Mittwoch mercredi *(m.)* **I 4**
ein Mobiltelefon un portable **I 5**
die Mode la mode **II 3A**
ein Moderator/eine Moderatorin un animateur/une animatrice **IV 2**
etw. mögen/lieben aimer qc **I 2**
möglich possible/possible **III 2**, 8
ein Moment un moment ⟨**III M1E**⟩; **IV 2**, 10

ein Monat un mois **I 3A**
der Mond la lune ⟨**IV M2**⟩
Montag lundi *(m.)* **I 7,** 6
morgen demain **I 6A**
ein Morgen un matin **II 1E**
  heute Morgen ce matin **II 3B**
morgens le matin **II 1E**
jdn. motivieren motiver qn **IV 3,** 3
ein Motorrad une moto ⟨**IV M2,** 9⟩
ein MP3-Player un lecteur mp3 **IV 2,** 10
müde fatigué/fatiguée **II 6**
ein Mülleimer une poubelle **I 2**
ein Mund une bouche **IV 4**
eine Muschel un coquillage **III 1,** 11
ein Museum un musée **II 1**
die Musik la musique **I 3A**
ein Musiker/eine Musikerin un musicien/une musicienne **II 6**
etw. tun müssen devoir faire qc **II 2**
der Mut le courage **III 4**
  Mut fassen se donner du courage ⟨**IV M1B**⟩
eine Mutter une mère **I 6A,** 5
eine Muttersprache une langue maternelle **IV 5**

N

nach, danach après **I 5**
  nach, zufolge, gemäß d'après ⟨**IV M3,** 6⟩
etw. nachahmen imiter qc **II 3A**
ein Nachbar/eine Nachbarin un voisin/une voisine **I 3A**
nachdenken, überlegen réfléchir **II 4**
ein Nachmittag un après-midi **I 4**
eine Nachricht, eine Neuigkeit une nouvelle **II 2**
  eine Nachricht/eine Mitteilung un message **II 6**
eine Nachrichtensendung un journal ⟨**III M1**⟩
das Nachsitzen la colle **IV 1**
nächster/nächste/nächstes prochain/prochaine **II 7B,** 2
eine Nacht une nuit **II 4**
ein Nachtisch un dessert **II 4**
nahe bei etw., neben etw. près de **I 8E**
die Nähe la proximité **IV 2,** 3
jdm./etw. näher kommen s'approcher de qn/qc ⟨**IV M3E**⟩
sich jdm./etw. nähern s'approcher de qn/qc ⟨**IV M3E**⟩
ein Name un nom **I 7,** 14
nämlich en effet ⟨**IV M2**⟩
eine Nase un nez **III 2**
eine Nationalität une nationalité ⟨**III M3E**⟩; **IV 3,** 8
die Natur la nature **I 2**
natürlich; Natur- naturel/naturelle **IV 5**
ein Naturschutzgebiet un parc naturel **IV 5**
ein Nebel un brouillard ⟨**IV M1A**⟩
neben, nebenan à côté de **II 3A**
eine Nebenrolle un second rôle ⟨**IV M1C,** 5⟩
etw. nehmen prendre qc **I 7**
nervös nerveux/nerveuse ⟨**III M3**⟩
nett sympa/sympa *(fam.)* **I 1;** gentil/gentille **III 1E**
nett, toll chouette/chouette **III 2**
etw. erneuern, etw. neu machen, etw. noch einmal machen refaire qc **II 3A**
  neu nouveau/nouvel/nouvelle **II 3B;** neuf/neuve **IV 4,** 9
eine Neugier une curiosité ⟨**IV M3,** 10⟩
neugierig curieux/curieuse ⟨**IV M3,** 5⟩
nicht ne … pas **I 4**
  nicht mehr ne … plus **I 6A**
  auch nicht ne … pas non plus **II 1**
  noch nicht ne … pas encore **II 1**
  überhaupt nicht ne … pas du tout **II 1**
nichts ne … rien **I 6A**
nie, niemals ne … jamais **I 6A**
ein Niederländer/eine Niederländerin un Néerlandais/une Néerlandaise **IV 5**
das Niederländische, die niederländische Sprache le néerlandais **IV 3E**
niedlich mignon/mignonne **II 3B**
niemand ne … personne **II 5**
ein Niveau un niveau **III 4**
noch, schon wieder encore **I 4,** 11
nochmals à nouveau **IV 4**
der Norden le nord **III 2E**
normal normal/normale **III 3**
der Notarzt/die Notärztin le SAMU ⟨**IV M2,** 6⟩
eine Note une note **I 8**
Notizen machen prendre des notes **II 2,** 2
notwendig nécessaire/nécessaire **IV 1, 2; IV 1, 2**
notwendig, erforderlich nécessaire/nécessaire ⟨**III M2**⟩
November novembre *(m.)* **I 7,** 6
eine Nudel une nouille **II 4**
Nudeln des pâtes *(f.) (pl.)* ⟨**IV M3E**⟩
eine Nummer un numéro **I 6B,** 4
nur seulement **III 3E**
nur ne … que **II 2**
jdn./etw. (aus)nutzen profiter de qn/qc ⟨**III M3**⟩; ⟨**IV M3**⟩
nützlich utile/utile **IV 3,** 6

O

ob si **I 8**
(weiter) oben ci-dessus **II 2,** 9
  oben, nach oben en haut **I 4**
eine Ode une ode **IV 3**
oder ou **I 4**
offiziell officiel/officielle **IV 2,** 13
etw. öffnen ouvrir qc **I 7**
oft souvent **I 4**
ohne sans **I 4**
  ohne etw. zu tun sans rien faire **II 7B**
in Ohnmacht fallen tomber dans les pommes *(fam.)* **IV 4**
ein Ohr une oreille **III 1,** 11
Oktober octobre *(m.)* **I 7,** 6
ein Öl une huile **IV 5**
Oma *(ugs.)* mamie *(f.) (fam.)* **I 7**
ein Onkel un oncle **I 7**
Opa *(ugs.)* papi *(m.) (fam.)* **I 7**
ein Opfer une victime **IV 4**
orange orange *(inv.)* **I 7,** 4
eine Orange une orange **II 5E**
ein Orden une médaille **IV 5**
etw. organisieren organiser qc **I 8E**
eine Originalfassung une version originale ⟨**IV M1C,** 5⟩
ein Ort un lieu/des lieux ⟨**III M1,** 1⟩
  ein Ort, eine Stelle un endroit ⟨**IV M1A**⟩
der Osten l'est *(m.)* **III 2E**

P

ein Paket un paquet **II 2**
ein Palast un palais **III 2**
eine Panik une panique **II 7B**
ein Papier un papier **I 2**
eine Parade un défilé **IV 5**
ein Paradies un paradis **I 2**
ein Park un parc **II 1E**
ein Parlament un parlement **IV 3E**
ein Partner/eine Partnerin un partenaire/une partenaire **IV 3**

eine (Städte)Partnerschaft un jumelage **IV 3, 4**
eine Partnerstadt une ville jumelée **IV 3**
die Pause la récréation **II 4**
perfekt, tadellos parfait/parfaite **III 5, 8**
eine Person une personne **II 3E**
ein Personalausweis une carte d'identité ⟨**IV M3, 11**⟩
eine Perspektive, ein Blickwinkel une perspective ⟨**IV M1B**⟩
ein Pfannkuchen une crêpe **II 2E**
der Pfeffer le poivre **II 5E**
ein Pferd/Pferde un cheval/des chevaux **III 5**
etw. pflanzen; *(hier)* **etw. errichten** planter qc ⟨**IV M3**⟩
jdn./etw. pflegen soigner qn/qc **III 2**
ein Pilot/eine Pilotin un pilote/une pilote **II 3A, 3**
ein Pinsel un pinceau **IV 4E**
eine Pistole un pistolet **III 5E**
ein Plakat, ein Poster une affiche **I 2**
ein Plan un plan **I 5**
eine Plantage une plantation **IV 5**
ein Platz une place **I 2**
plötzlich tout à coup **I 4**
ein Pole/eine Polin un Polonais/une Polonaise **IV 2**
die Polizei la police **I 4, 12**
eine Polizeiwache une gendarmerie ⟨**III M1**⟩
polnisch polonais/polonaise **IV 2**
Pommes frites des frites *(f., pl.)* **I 8**
ein Porträt, ein Abbild un portrait **I 7, 15**
ein Portugiese/eine Portugiesin un Portugais/une Portugaise **IV 5**
positiv positif/positive **IV 2**
die Post la poste **II 2;** le courrier **IV 3, 7**
postalisch, Post- postal/postale **III 2**
eine Postkarte une carte postale **III 2**
prähistorisch préhistorique/préhistorique **IV 2**
ein Praktikum un stage **III 1**
praktisch pratique/pratique **II 3B, 2**
ein Preis un prix **II 6**
um jeden Preis à tout prix **IV 3, 9**
eine Probe une répétition **III 4**
etw. probieren goûter à qc **IV 3**
ein Problem un problème **I 3A**
kein Problem pas de problème **I 6B**
ein Programm un programme **II 3B**
ein Projekt, ein Vorhaben un projet **I 8E**
eine Provinz une province ⟨**III M3, 3**⟩; **IV 4**
ein Prozent un pour cent *(inv.)* **III 3**
sich mit jdm. prügeln se battre avec qn ⟨**IV M1B**⟩
ein Pullover un pull-over **IV 1**
ein Punkt un point **II 7A, 6**

Q

ein Quadratkilometer un kilomètre carré **IV 5**
eine Qualität une qualité ⟨**IV M3, 5**⟩
So ein Quatsch! N'importe quoi! **IV 2**
aus Quebec québécois/québécoise ⟨**III M3**⟩
ein Quebecer/eine Quebecerin un Québécois/une Québécoise ⟨**III M3E**⟩
ein Quiz un quiz ⟨**III M3, 3**⟩

R

ein Radiergummi une gomme **I 2**
am Rande von etw., am Ufer von etw. au bord de qc **II 2**
ein Rat, ein Ratschlag un conseil **III 1, 8**
ein Rathaus un hôtel de ville **I 5, 12**
ein Rätsel une devinette **II 3A, 5**
rauchen fumer **III 1, 12**
eine Reaktion une réaction **II 4, 10**
ein Rebell/eine Rebellin un rebelle/une rebelle **III 3**
(nach) rechts à droite **I 5**
ein Referat un exposé **II 4**
ein Regal une étagère **I 2**
eine Regel une règle ⟨**III M2, 2**⟩
der Regen la pluie **II 7A**
ein Regenschirm un parapluie **II 1, 10**
ein Regenwald une forêt tropicale **IV 5**
eine Region une région **II 1**
regional régional/régionale **IV 5**
ein (Film)Regisseur un réalisateur/une réalisatrice **I 6E**
regnen pleuvoir **II 1**
reich riche/riche **III 4**
eine Reihenfolge un ordre **I 3A, 4**
ein Reim une rime **I 1, 6**
etw. reinigen nettoyer qc **IV 2**
eine Reise un voyage **III 2E**
reiten faire du cheval **IV 5**
rennen/laufen courir **II 2**
eine Reparatur une réparation **II 3A**
eine Reportage un reportage **II 2, 5**
etw. respektieren respecter qc **I 2**
ein Rest un reste **II 2**
ein Restaurant un restaurant **I 5E**
jdn./etw. retten sauver qn/qc ⟨**III M1**⟩; ⟨**IV M2**⟩
eine Rettungsstation un poste de secours ⟨**IV M2**⟩
ein Rezept *(Küche)* une recette **II 5E**
ein Rezept *(vom Arzt)* une ordonnance **II 7B, 4**
richtig, korrekt correct/correcte **I 8**
in Richtung vers **IV 5**
etw. riechen, etw. fühlen sentir qc **III 5**
riesengroß géant/géante **IV 2, 3**
riesig géant/géante **IV 2, 3**
rinnen couler **IV 4**
ein Risiko un risque ⟨**IV M2E**⟩
ein Rock une jupe **IV 1E**
eine Rolle un rôle **I 6B, 6**
eine (Farb)Rolle un rouleau **IV 4E**
das Rollschuhlaufen, das Rollerskaten le roller **I 4E**
ein Roman un roman **II 4, 13**
ein Römer/eine Römerin un Romain/une Romaine **IV 2**
römisch romain/romaine **III 2, 10**
rosa rose/rose **II 2**
rot rouge/rouge **I 7, 4**
etw. rüberwachsen lassen *(ugs.)* filer qc *(fam.)* **IV 4**
der Rücken le dos **II 1E**
ein Rucksack un sac à dos **II 1E**
jdn. (an)rufen appeler qn **II 5**
die Ruhe, die Stille le silence **I 1**
die Ruhe, die Gelassenheit le calme **III 5E**
ruhig, still calme/calme **III 3**
ruhig, brav tranquille/tranquille **III 3**
ein Rundgang/eine Tour un tour **II 3A**

S

ein Saal une salle **II 2**
eine Sache une chose **I 7;** un truc *(fam.)* **IV 1**
ein Saft un jus **II 5**
Sag bloß! *(ugs.)* Dis donc! *(fam.)* ⟨**III M3**⟩
jdm. etw. sagen dire qc à qn **I 8**
eine Saison une saison **IV 5**

ein Salat une salade **II 5E**
das Salz le sel **II 5E**
Samstag samedi *(m.)* **I 5E**
der Sand le sable **III 1,** 11
eine Sandale une sandale **IV 1**
ein Sandwich un sandwich **II 2,** 7
ein Sänger/eine Sängerin un chanteur/une chanteuse **II 2**
ein Satz une phrase **I 2,** 10
etw. reinigen,etw. säubern nettoyer qc **IV 2**
das Sauerkraut la choucroute **IV 3**
ein Saxofonspieler/eine Saxofonspielerin un saxophoniste/une saxophoniste **III 4**
eine Schachtel une boîte **⟨IV M3⟩**
Schade! Dommage! **III 1**
etw. schaffen créer qc **IV 5** ; réussir qc **⟨IV M2⟩**
eine Schande une honte **IV 4,** 9
ein Schatten une ombre **IV 5**
ein Schauspieler/eine Schauspielerin un acteur/une actrice **I 5,** 14
ein Scherz, ein Streich une blague **⟨III M2⟩**
schick chic/chic *(inv.)* **IV 1**
jdm. etw. schicken envoyer qc à qn **II 2**
ein Schiff un bateau/des bateaux **II 2**
ein Schinken un jambon **III 2**
schlafen dormir **II 1**
sich schlafen legen, sich hinlegen se coucher **III 5**
schlagen, besiegen battre qn **III 5**
eine Schlägerei une bagarre **IV 4E**
die Schlagsahne la crème chantilly **II 5E**
schlecht mauvais/mauvaise **I 7**
etw. schließen fermer qc **III 5E**
mit etw. (ab)schließen se terminer par qc **⟨IV M1C,** 5**⟩**
schließlich, endlich enfin **I 5**
schließlich, zum Schluss finalement **III 5**
Das ist nicht schlimm. Ce n'est pas grave. **I 4**
ein Schloss un château **⟨IV M1C,** 4**⟩**; **⟨IV M3,** 2**⟩**
der Schluss la fin **II 1,** 7
ein Schlüssel une clé **⟨III M1⟩**; **⟨IV M1A⟩**
ein Schlüsselwort un mot-clé **I 7,** 10
ein Schmerz une douleur **II 7B**
Schmerzen haben avoir mal **II 3B**
jdn. schminken maquiller qn **IV 1**
schmollen, sauer sein *(ugs.)* faire la tête *(fam.)* **II 2**
schmutzig sale/sale **I 2**
eine Schnecke un escargot **III 2E**
der Schnee la neige **⟨III M3⟩**; **⟨IV M1A⟩**
etw. schneiden couper qc **I 6B**
schneiden couper qc **II 6**
schnell *(Adj.)* rapide/rapide **III 3**
schnell *(Adv.)* vite **I 2**
eine Schnur un fil **II 7B**
die Schokolade le chocolat **II 5E**
schön beau/bel/belle **II 3B**
es ist schönes Wetter il fait beau **II 1**
schon déjà **I 3B**
etw. schreiben écrire qc **I 7**
ein Schreibwarengeschäft une papeterie **I 2**
schreien crier **I 4**
ein Schriftsteller/eine Schriftstellerin un écrivain/une femme écrivain **⟨III M3⟩**
eine Schublade un tiroir **III 5E**
schüchtern timide/timide **III 1E**
schuften *(ugs.)* bosser *(fam.)* **IV 2,** 3
ein Schuh une chaussure **IV 1**
die Schuhgröße la pointure **IV 1,** 7
der Schul(jahres)beginn la rentrée **III 3**
Das ist seine/ihre Schuld. C'est (de) sa faute. **II 7B**
eine Schule une école **I 4E**
Schule machen faire école **⟨IV M1E⟩**
ein Schüler/eine Schülerin un élève/une élève **I 4**
ein Schulleiter/eine Schulleiterin un proviseur/une femme proviseur **IV 1**
ein Schulsystem un système scolaire **IV 4E**
eine Schultasche un cartable **⟨IV M1B⟩**
das Schulwesen l'enseignement *(m.)* **⟨IV M3,** 10**⟩**
eine Schulter une épaule **⟨IV M3E⟩**
schwarz noir/noire **I 7**
ein Schwarzes Brett un tableau d'affichage **IV 2**
der Schwarzhandel le trafic **IV 1**
schwer; *(hier)* **umfangreich** lourd/lourde **III 2**
eine Schwester une sœur **I 3A,** 4
schwierig difficile/difficile **II 5**
ein Schwimmbad, ein Schwimmbecken une piscine **II 2**
das Schwimmen la natation **I 4E**
schwupp hop **IV 4**
das Segel; das Segeln la voile **⟨IV M2E⟩**
etw. sehen, etw. ansehen, etw. betrachten regarder qc **I 2E**
etw. sehen voir qc **II 1**
eine Sehenswürdigkeit une curiosité **⟨IV M3,** 10**⟩**
sehr très **I 6A**
etw. sehr gerne mögen adorer qc **II 1**
etw. sehr gern tun adorer faire qc **II 4,** 12
sehr; unheimlich viel énormément **III 5**
ein Seil une corde **I 4**
sein être **I 3A**
seit depuis **I 8,** 2
eine Seite une page **I 2,** 12
eine Sekunde une seconde **III 5**
eine (Fernseh)Sendung une émission **⟨III M1,** 5**⟩**; **⟨III M3⟩**; **⟨IV M3,** 6**⟩**
ein Senegalese/eine Senegalesin un Sénégalais/une Sénégalaise **⟨III M3E⟩**
senegalesisch sénégalais/sénégalaise **⟨III M3E⟩**
der Senf la moutarde **III 2E**
September septembre *(m.)* **I 7,** 6
eine Sequenz une séquence **⟨IV M1C,** 5**⟩**
sich setzen s'asseoir **III 4**
etw. setzen/stellen/legen poser qc **I 2**
sicher sûr/sûre **II 3A**
sicherlich, na klar! bien sûr **II 3B**
sicher, sicherlich *(Adv.)* sûrement **II 4,** 9
ein Siedler/eine Siedlerin; ein Kolonist/eine Kolonistin *(Bewohnerin einer Kolonie)* un colon **IV 5**
das Silber l'argent *(m.)* **IV 2**
singen chanter **I 7**
eine Single un single **⟨III M3,** 4**⟩**
eine Situation une situation **I 2,** 7
ein Skater/eine Skaterin un skateur/une skateuse **IV 1**
ein Skelett un squelette **IV 2**
ein Sketch un sketch **III 1,** 7
das Skifahren le ski **II 1**
ein Sklave/eine Sklavin un esclave/une esclave **IV 5**
die Sklaverei l'esclavage *(m.)* **IV 5**
ein Slip, eine (Herren)Unterhose un slip **IV 1,** 6
ein Slogan, ein Werbespruch un slogan **IV 1,** 9
so, auf diese Weise comme ça **II 1E**
eine Socke une chaussette **IV 1,** 6
aus den Socken kippen *(ugs.)* tomber dans les pommes *(fam.)* **IV 4**
sofort tout de suite **I 7**
eine Software, ein (Computer)Programm un logiciel **⟨III M2⟩**

sogar même **II 1E**
eine Sohle une semelle **IV 4,** 9
ein Sohn un fils **II 6,** 11
der Sommer l'été *(m.)* **I 7,** 6
die Sonne le soleil **II 1**
eine Sonnenbrille des lunettes de soleil *(f., pl.)* **III 1E**
Sonntag dimanche *(m.)* **I 6E**
Mach dir keine Sorgen! Ne t'en fais pas! **IV 4**
SOS S.O.S. ⟨**IV M2,** 6⟩
ein Spanier/eine Spanierin un Espagnol/une Espagnole **IV 5**
spanisch espagnol/espagnole **I 7E**
spät tard **II 2,** 6
spazieren gehen se promener **II 7B;** se balader *(fam.)* **III 1**
ein Spiel un jeu **I 1,** 4
ein Spiel/ein Wettkampf un match **II 3E**
spielen jouer **I 3A;** se dérouler ⟨**IV M1C,** 5⟩
ein Spieler/eine Spielerin un joueur/une joueuse ⟨**IV M3,** 4⟩
eine Spinne une araignée **II 4**
der Sport le sport **I 4E**
Sport treiben faire du sport **I 4E**
ein Sportler/eine Sportlerin un sportif/une sportive **IV 5**
sportlich sportif/sportive **I 7**
Sprach- linguistique/linguistique **IV 3,** 8
eine Sprache une langue **I 8**
sprechen parler à qn **I 6A**
über etw. sprechen parler de qc **II 3B**
ein Sprichwort un proverbe **II 4,** 9
eine (Farb)Sprühdose une bombe de peinture **IV 4E**
sprühen taguer **IV 4E**
eine Sprungwelle un mascaret ⟨**IV M2**⟩
eine Spur une trace **II 7A**
ein (Sport)Stadion un stade **II 3E**
eine Stadt une ville **I 8**
ein Stadtplan un plan **I 5**
ein Stadtviertel un quartier **I 2E**
ein Stadtzentrum un centre-ville **III 2**
eine Staffel un relais **IV 5**
ein Staffellauf un relais **IV 5**
ein Star une star **I 6A**
stark fort/forte **III 1E**
stattfinden se dérouler ⟨**IV M1C,** 5⟩
eine Statue une statue ⟨**II 9E**⟩
etw. stehlen voler qc **I 5**
steigen, einsteigen monter **I 5**

an deiner Stelle à ta place **IV 2E**
etw. stellen mettre qc **II 1**
die Stellung une position **III 3,** 7
zu jdm./etw. Stellung beziehen prendre position sur qn/qc **III 3,** 7
gestorben sein, tot sein être mort(e) **III 2,** 7
sterben mourir **III 4**
ein Stern une étoile **II 1E**
ein Stil un style ⟨**IV M3,** 5⟩
die Ruhe, die Stille le silence **I 1**
eine Stimme une voix **III 5**
die Stimmung, die innere Verfassung le moral **II 2**
eine Stimmung, eine Atmosphäre une ambiance **II 6,** 3
ein Stockwerk, eine Etage un étage **I 3E**
ein Strand une plage **III 1E**
eine Straße une rue **I 1**
eine (Land)Straße une route **III 2,** 2
eine Strecke; ein Durchgang un parcours **II 7B**
jdn./etw. streicheln caresser qn/qc **III 2**
ein Streit une dispute **III 1,** 1
sich mit jdm. streiten se disputer avec qn **II 7B**
strömen couler **IV 4**
ein Strom, eine Strömung un courant ⟨**IV M2**⟩
ein Strumpf une chaussette **IV 1,** 6
ein Stück une pièce **IV 2**
etw. studieren étudier qc **IV 3E**
ein Studio un studio **I 6A**
das Studium les études *(f., pl.)* **IV 2**
ein Stuhl une chaise **III 3**
eine Stunde une heure **I 5**
eine halbe Stunde une demi-heure **III 2**
ein Stundenplan, ein Fahrplan un horaire **I 7,** 8
ein Stundenplan un emploi du temps **III 3,** 1
ein Sturz une chute ⟨**IV M2**⟩
ein Sturzhelm, ein Schutzhelm un casque **I 4**
ein Subjekt un sujet **III 1,** 5
etw. suchen chercher qc **I 2E**
der Süden le sud **II 7E**
der Süden *(Frankreichs)* ⟨**III M1E**⟩; **IV 4**
südlich von au sud de **II 7E**
ein Supermarkt un supermarché **II 6**
ein Surfbrett une planche ⟨**IV M2**⟩

surfen surfer ⟨**IV M2**⟩
das Surfen le surf **IV 5**
ein Surfer/eine Surferin un surfeur/une surfeuse **IV 5**
süß/niedlich mignon/mignonne **II 3B**
ein Symbol, ein Wahrzeichen un symbole **III 2**
ein Synonym un synonyme **III 5,** 7
eine Szene une scène **I 1,** 3

T

eine Tafel, eine Tabelle, ein Gemälde/Tafeln, Tabellen, Gemälde un tableau/des tableaux **I 6A,** 8
eine Tafel Schokolade une tablette de chocolat ⟨**IV M3E**⟩
ein Tag un jour **I 3A**
ein Tag, ein Tagesablauf une journée **I 5,** 4
am darauf folgenden Tag le lendemain **I 8**
ein Tagebuch un journal/des journaux **I 7**
eine Tankstelle une station-service **III 2**
eine Tante une tante **I 7**
tanzen danser **II 2E**
das Tanzen; der Tanz la danse **I 4**
eine Tasche, eine Hosentasche une poche **III 1,** 7
das Taschengeld l'argent de poche *(m.)* **III 1,** 7
eine Tat un acte **IV 4,** 5; une action **IV 4,** 11
eine Tätigkeit; *(hier)* **eine Freizeitbeschäftigung** une activité **I 4E**
tatsächlich en effet ⟨**IV M2**⟩
taub sourd/sourde **II 2,** 4
tauchen plonger **IV 5**
ein (Aus)Tausch un échange **IV 3,** 4
tausend mille **II 2**
die Technologie; *(hier)* **der technisch-naturwissenschaftliche Unterricht** la technologie **III 3,** 6
ein Teich un étang ⟨**IV M3**⟩
ein Teil une partie **I 2,** 7
an etw. teilnehmen participer à qc ⟨**III M3**⟩; **IV 2**
ein Telefon un téléphone **I 3B**
mit jdm. telefonieren, jdn. anrufen téléphoner à qn **I 6A**
eine Telefonnummer un numéro de téléphone **I 6B,** 4

ein Teller une assiette **I 3B**
die Temperatur la température **II 1**, 9
teuer/lieb cher/chère **I 8E**
teuer zu stehen kommen coûter cher **IV 4**
das Theater le théâtre **I 4E**
ein Thema un sujet **III 1**, 5; un thème **IV 1**
ein Thunfisch un thon **III 5E**
ein Tier un animal/des animaux **I 4**, 8
ein Tisch une table **I 7**
ein Titel un titre **I 8**, 1
der Tod la mort **III 5**
die Toilette les W.-C. *(m., pl.)* **I 3E**
jdn. töten tuer qn **IV 5**
ein Toter/eine Tote un mort/une morte **IV 5**
eine Tour/ein Rundgang un tour **II 3A**
ein Tourist/eine Touristin un touriste/une touriste **I 5**
eine Tracht un costume **IV 1**, 6
eine Tradition une tradition **IV 5**
etw. tragen porter qc **I 7**
trainieren, üben s'entraîner **III 3**
ein Traum un rêve **I 6B**, 8
ein Traumberuf un métier de rêve **III 4E**
von etw. träumen rêver de qc **I 3A**
traurig triste/triste **II 2**
jdn. treffen/jdm. begegnen rencontrer qn **I 8E**
eine Treppe un escalier **II 2**
etw. trinken boire qc **I 7**
trocken sec/sèche **⟨III M1⟩**; **IV 5**
eine Trockenzeit une saison sèche **IV 5**
tropfen couler **IV 4**
tropisch tropical/tropicale **IV 5**
jdn. trösten consoler qn **III 5E**
trotz malgré **IV 4**
trotzdem; doch quand même **IV 1**
ein T-Shirt un t-shirt **III 1E**
etw. tun müssen avoir besoin de faire qc **III 3**
tun können savoir faire qc **I 6B**
etw. tun werden aller faire qc **I 6E**
eine Tür une porte **I 2**
ein Turm une tour **I 5E**
eine Turnhalle un gymnase **I 4**
ein Turnschuh une basket **IV 1**
ein Typ un type **III 4**

U

eine U-Bahnstation une station de métro **I 5**
überall partout **II 3A**
ein Überlebender/eine Überlebende un survivant/une survivante **IV 5**
etw. überprüfen réviser qc **IV 4**
etw. überqueren traverser qc **I 5**
eine Überraschung une surprise **II 3A**
überrragen dépasser **⟨IV M3⟩**
etw. übersetzen traduire qc **IV 3**
eine Übersetzung une traduction **I 8**, 3
ein Unterseeboot, ein U-Boot un sous-marin **II 1E**
übrigens à propos **I 2E**
eine Übung; *(hier)* **eine (Haus)Aufgabe** *(ugs.)* un exo *(fam.)* **IV 4**, 8
Uff! ouf **II 4**
jdn. umarmen, jdn. küssen embrasser qn **II 1E**
jdn. umbringen tuer qn **IV 5**
etw. umdrehen retourner qc **⟨IV M3⟩**
eine Umfrage un sondage **III 3**, 2
eine Umgebung un environnement **IV 3**
umkippen *(ugs.)* tomber dans les pommes *(fam.)* **IV 4**
umso besser tant mieux **II 3B**
den Zug wechseln, umsteigen changer de train **I 7**
eine Umwelt un environnement **IV 3**
umziehen déménager **II 1**
ein Umzug, ein Wohnungswechsel un déménagement **II 2**
ein Umzug un défilé **IV 5**
eine Unabhängigkeit une indépendance **⟨IV M3**, 10**⟩**
ein Unfall un accident **II 7B**
ungeduldig impatient/impatiente **⟨IV M3**, 5**⟩**
ungefähr environ **IV 4**
unglaublich incroyable/incroyable **⟨IV M2⟩**
unglücklich malheureux/malheureuse **III 3**
unglücklicherweise, leider *(Adv.)* malheureusement **III 2**, 3
eine Uniform un uniforme **IV 1E**
unruhig inquiet/inquiète **IV 5**
unten, nach unten en bas **I 4**
unter sous **I 2**; parmi **IV 5**
unterbrechen couper qc **II 6**
jdn./etw. unterbrechen interrompre qn/qc **IV 5**
unterhaltsam amusant/amusante **IV 3**
eine Unterhaltung, ein Gespräch une discussion **IV 1E**
der Unterricht l'enseignement *(m.)* **⟨IV M3**, 10**⟩**
ein Unterrichtsfach une matière **III 3**
eine Unterrichtsstunde un cours **II 4**
ein Unterschied une différence **II 6**, 10
etw. unterschreiben signer qc **II 1**
etw. unterstreichen souligner qc **III 1**, 3
eine Unterstützung une aide **IV 1**, 3
etw. untertiteln sous-titrer qc **⟨IV M1C**, 5**⟩**
unverheiratet célibataire/célibataire **⟨IV M3**, 5**⟩**
der Urlaub les vacances *(f., pl.)* **II 1**
ein Ursprung; eine Herkunft une origine **III 5**, 5

V

eine Vase un vase **IV 2**
ein Vater un père **I 4**
sich mit jdm. verabreden donner rendez-vous à qn **IV 2**, 4
eine Verabredung haben, einen Termin haben avoir rendez-vous **I 4**, 3
etw. verabscheuen, etw. überhaupt nicht mögen détester qc **II 4**
etw. verabscheuen, etw. nicht ausstehen können avoir horreur de qc **II 4**
jdm. verbieten etw. zu tun interdire à qn de faire qc **III 1**, 9
etw. verbinden combiner qc **IV 5**
mit jdm. in Verbindung treten contacter qn **II 7E**
ein Verbot une interdiction **⟨IV M1A⟩**
etw. verbrennen brûler qc **⟨III M1⟩**; **IV 5**
etw. verbringen passer qc **II 1**
mit jdm./etw. partnerschaftlich verbunden sein être jemelé(e) avec qn/qc **⟨IV M3**, 4**⟩**
etw. verdienen gagner qc **II 6**, 6
ein Verein une association **IV 3**, 8
etw. vergessen oublier qc **I 6B**
vergnügen s'amuser **II 7B**
ein Vergnügen, eine Freude un plaisir **IV 5**
ein Verhältnis une relation **⟨IV M3**, 1**⟩**
Verhandlungen *(pl.)* des pourparlers *(m., pl.)* **IV 4**, 9

jdn. mit jdm. verheiraten marier qn à qn ⟨**IV M3, 7**⟩
verheiratet marié/mariée ⟨**IV M3, 5**⟩
etw. verkaufen vendre qc **I 8**
ein Verkäufer/eine Verkäuferin un vendeur/une vendeuse ⟨**III M1, 7**⟩
der Verkehr le trafic **IV 1**
ein Verkehrsstau un bouchon **I 5**
jdn./etw. verkörpern représenter qn/qc **IV 4, 5**
etw. verlangen exiger qc **IV 1**
ein Verlangen un désir ⟨**IV M3, 5**⟩
etw. verlassen quitter qc **I 2**
jdn. verletzen blesser qn ⟨**III M1**⟩
verletzt blessé/blessée ⟨**IV M2**⟩
ein Verletzter/eine Verletzte un blessé/une blessée ⟨**IV M2, 6**⟩
sich in jdn. verlieben tomber amoureux de qn **IV 1**
verliebt amoureux/amoureuse **II 3A**
ein Verliebter/eine Verliebte un amoureux/une amoureuse ⟨**III M2, 6**⟩
etw. verlieren perdre qc **II 2**
etw. vermeiden éviter qc **I 7, 17**
etw. vernichten détruire qc ⟨**III M1**⟩; **IV 5**
die Vernunft la raison **III 2**
etw. verpassen rater qc **II 4**
verpasst, fehlgeschlagen manqué/manquée **II 6**
verrückt fou/fol/folle **I 6B**
das Verschwinden la disparition ⟨**IV M3, 10**⟩
verschwinden disparaître **IV 4**
versifft *(ugs.)* crade/crade *(fam.)* **IV 2, 3**
sich verspäten être en retard **II 2**
eine Verspätung un retard **II 2**
jdm. versprechen, etw. zu tun promettre à qn de faire qc **IV 4**
verständnisvoll compréhensif/compréhensive ⟨**IV M1C**⟩
sich verstecken se cacher **II 7B**
mit jdm. Versteck(en) spielen jouer à cache-cache avec qn ⟨**IV M1A**⟩
etw. verstehen comprendre qc **I 8**
versuchen, etw. zu tun essayer de faire qc **IV 4**
etw. versuchen, etw. ausprobieren, etw. anprobieren essayer qc ⟨**III M2**⟩
sich verteidigen se défendre **IV 4**
ein Vertrag un contrat **III 4**
in jdn./etw. Vertrauen haben avoir confiance en qn/qc **IV 4**
jdn./etw. vertreten, jdn./etw.darstellen, jdn./etw.verkörpern représenter qn/qc ⟨**III M3**⟩
jdn./etw. vertreten représenter qn/qc **IV 4, 5**
ein Verursacher/eine Verursacherin un auteur **IV 4, 5**
etw. vervollständigen compléter qc **IV 3E**
jdn. von etw. verweisen renvoyer qn de qc **IV 1**
jdn. in etw. verwickeln mêler qn à qc **IV 4**
etw. verwirklichen réaliser qc **IV 2, 12**
verwundet blessé/blessée ⟨**IV M2**⟩
viel, sehr beaucoup **I 7**
viel(e) *(bei Mengen)* beaucoup de **I 7**
vielleicht peut-être **I 8**
vielmehr plutôt **IV 4E**
violett violet/violette **IV 1E**
jdm. die Visage polieren *(ugs.)* casser la figure à qn *(fam.)* **IV 4**
ein Visum un visa **IV 3**
ein Vogel un oiseau/des oiseaux **I 7E**
ein Vokabelnetz un filet à mots **III 1, 5**
vollständig total/totale **III 5, 8**
vollständig complet/complète **III 3**
von, aus de **I 1**
von ... bis de ... à **I 5E**
vor *(zeitlich)*, **vorher** avant **II 2**
vor *(örtlich)* devant **I 2**
vor allem surtout **I 4**
vorankommen avancer ⟨**III M1**⟩
vorbeigehen, -fahren, -kommen passer **II 3A**
vorbereiten préparer qc **I 4**
der Vordergrund le premier plan ⟨**IV M1C, 5**⟩
vorgeschichtlich préhistorique/préhistorique **IV 2**
vorhin, eben; gleich, nachher tout à l'heure **II 3A**
ein Vorname un prénom **I 1**
ein Vorort, ein Vorstadtbereich une banlieue **I 3A**
jdm. vorschlagen, etw. zu tun proposer à qn de faire qc **III 1**
Achtung!, Vorsicht! Attention! **I 4**
eine Vorspeise une entrée **II 5**
jdm. etw. vorstellen présenter qc à qn **II 4**
sich vorstellen se présenter ⟨**IV M1E**⟩
eine Vorstellung une présentation **IV 3**
der Vortag la veille **IV 5**
ein Vorurteil un préjugé **IV 5**
etw. vorziehen, lieber mögen préférer qc **II 5**
ein Vulkan un volcan **IV 5**
vulkanisch volcanique/volcanique **IV 5**

W

wachsen grandir **IV 5**
etw. wählen, etw. aussuchen choisir qc **II 4**
während *(Präp.)* pendant **I 6B**
währenddessen *(Adv.)* pendant ce temps **II 5**
ein Wald une forêt **II 7A**
eine Mauer, eine Wand un mur **I 4**
wann quand **I 5**
warm, heiß chaud/chaude **II 1**
auf jdn. warten, jdn. erwarten attendre qn **I 8**
warum pourquoi **I 5E**
Was? Quoi? **I 3E**
Was ... ? Qu'est-ce que **I 5**
Was ist das? Qu'est-ce que c'est? **I 2E**
jdn./etw. waschen laver qn/qc ⟨**IV M1A**⟩
Was gibt es? Qu'est-ce qu'il y a? **I 3A, 6**
das Wasser l'eau *(f.)* **I 7**
eine Website un site ⟨**III M2**⟩; **IV 2E**
etw. wechseln changer de qc **II 1**
jdm. auf den Wecker fallen *(ugs.)* casser les pieds à qn *(fam.)* ⟨**IV M1C**⟩
weder ... noch ne ... ni ... ni **IV 5**
ein Weg un chemin **I 5, 12**
wegen pour **I 3A**
(einer Person/einer Sache) wegen à cause de qn/qc **IV 4**
weggehen partir **II 1**
(wieder) weggehen; *(hier)* **wegfahren** repartir **III 5**
wehen souffler **IV 5**
weil parce que **I 5E**
der Wein le vin **II 5**
weinen pleurer **II 7A**
weiß blanc/blanche **I 7**
weit *(Adv.)* loin **II 1**
weitermachen, fortfahren continuer **I 8**
welcher/welche/welches *(Relativpronomen)* lequel/laquelle/lesquels/lesquelles **III 2**
welcher/welche/welches *(Fragebegleiter)* quel/quels/quelle/quelles **II 3B**
eine Welle une vague ⟨**IV M2E**⟩
das Wellenreiten le surf **IV 5**

eine Welt un monde **III 2**
etw. wenden retourner qc **⟨IV M3⟩**
wenden, umdrehen faire demi-tour **II 7A**, 6
schlechte Wendung nehmen tourner mal **IV 1**
wenig peu **I 7**
ein wenig un peu de **I 7**
weniger moins **III 1E**
wenigstens au moins **⟨IV M3E⟩**
wenn, als *(zeitlich)* quand **II 1**
wenn doch nur … si seulement … **⟨III M1⟩**
Wer ist das? Qui est-ce? **I 1**
eine Werbung, ein Werbespot une publicité **I 6A**
jd./etw. werden devenir qn/qc **III 4**
etw. werfen jeter qc **⟨III M1⟩**
eine Werkstatt un atelier **IV 5**
ein Werkzeug un outil **IV 2**
der Westen l'ouest *(m.)* **III 2E**
ein Wettbewerb un concours **⟨III M3⟩**
das Wetter le temps **II 1**
die Wettervorhersage une météorologie **II 1**, 9
ein Wettkampf/ein Spiel un match **II 3E**
wichtig important/importante **II 3B**
wichtigster/wichtigste/wichtigstes principal/principale **⟨IV M1E⟩**; **⟨IV M2**, 10**⟩**
wie comment **I 1**
wie *(beim Vergleich)* comme **I 8E**
noch, schon wieder encore **I 4**, 11
etw. wieder erkennen reconnaître qc **II 3A**
jdn./etw. wieder finden retrouver qn/qc **II 2**
jdn./etw. wieder finden; *(hier)* **jdn. treffen** retrouver qn/qc **III 1**
etw. wiederholen répéter qc **II 5**, 2; réviser qc **IV 4**
eine Wiederholung une répétition **III 4**
jdn./etw. wiedersehen revoir qn/qc **II 3A**
wie viel combien (de) **I 8**
der Wind le vent **II 7A**
der Winter l'hiver *(m.)* **I 7**, 6
ein Wirbelsturm un cyclone **IV 5**
wirklich vraiment **III 3**
eine Wirkung un effet **⟨IV M2⟩**
wissen savoir **I 6B**
eine Wissenschaft une science **II 4**
witzig marrant/marrante **⟨IV M3⟩**
wo où **I 2**
Wo … ? Où est-ce que … ? **I 5**
eine Woche une semaine **I 8**
ein Wochenende un week-end **I 7**; une fin de semaine **⟨III M3⟩**
wohnen habiter **I 3E**
ein Wohnmobil un camping-car **II 1**
eine Wohnung un appartement **I 3E**
eine Wolke un nuage **II 1**, 9
ein Wort un mot **I 1**, 4
ein Wörterbuch un dictionnaire **II 7E**
wunderbar magnifique/magnifique **IV 5**
ein Wunsch un désir **⟨IV M3**, 5**⟩**
etw. wünschen désirer qc **I 8**; souhaiter qc **IV 1**
etw. (einer Sache) würdig digne/digne de qc **IV 2**, 3

Z

eine Zahl un nombre **II 2**, 11
etw. zählen compter qc **I 4**, 2
ein Zaun une barrière **IV 3**
ein Zeichentrickfilm un dessin animé **⟨IV M1C**, 5**⟩**
etw. zeichnen dessiner qc **I 2**
ein Zeichner/eine Zeichnerin un dessinateur/une dessinatrice **I 6E**
eine Zeichnung un dessin **I 2**
jdm. etw. zeigen montrer qc à qn **II 4E**
die Zeit le temps **I 7**
zur Zeit en ce moment **IV 3**
von Zeit zu Zeit, manchmal de temps en temps **⟨IV M3⟩**
eine Zeitung/Zeitungen un journal/des journaux **I 7**
ein Zelt une tente **⟨IV M3⟩**
zerbrochen cassé/cassée **II 7B**
etw. zerreißen déchirer qc **⟨IV M3⟩**
etw. zerstören détruire qc **⟨III M1⟩**; **IV 5**
ein Zeuge/eine Zeugin un témoin **⟨IV M2⟩**
eine Ziehharmonika un accordéon **IV 4**, 9
ziemlich plutôt **IV 4E**
eine Ziffer, eine Zahl un chiffre **IV 4**, 5
eine Zigarette une cigarette **III 1**, 12
ein Zimmer une pièce **I 3E**
ein (Schlaf)zimmer une chambre **I 3E**
ein Zirkus un cirque **III 3E**
zittern trembler **⟨IV M2⟩**
Zorn, Wut une colère **I 3B**
der Zucker, das Zuckerstück le sucre **II 5E**
zuerst d'abord **I 3E**
zufrieden, glücklich content/contente **I 7**
ein Zug un train **I 7**
ein Zugang, ein Zutritt un accès **⟨IV M3**, 10**⟩**
etw. zugeben, etw. gestehen avouer qc **III 1**
jdm. zuhören écouter qn **I 3B**
die Zukunft l'avenir *(m.)* **II 3B**
zurecht kommen se débrouiller **IV 1**
zurückkommen revenir **II 1**
etw. (zurück)lassen laisser qc **III 5**
zusammen ensemble **I 1**
etw. zusammenfassen résumer qc **III 1**, 1
eine Zusammenfassung un résumé **II 1**
außerdem, zusätzlich en plus **I 4**
zu viel trop **I 7**
ein Zweig une branche **⟨IV M2⟩**; **⟨IV M3⟩**
zweiter/zweite/zweites second/seconde **IV 4**
jdn. zwingen, etw. zu tun obliger qn à faire qc **IV 5**
zwischen entre **II 3A**, 9

Pour faire les exercices du livre

	Lektion	Übung	
A votre avis, …	II/1	1	Eurer Meinung nach …
à haute voix	III/4	9a	laut
Accordez …	I/7	2	Gleicht … an.
Ajoutez …	I/1	4	Fügt … hinzu.
un antonyme	III/5	4b	ein Gegenteil
Après la première écoute, …	II/1	10	Nach dem ersten Hören …
à tour de rôle	III/5	4a	abwechselnd
Avant la lecture, …	I/4	Texte	Vor dem Lesen …
Avant la première écoute, …	II/5	8	Vor dem ersten Hören …
une bulle	III/1	Album	eine Sprechblase
un centre d'intérêt	I/3B	7	ein Sachfeld
Changez de rôle.	I/5	12	Tauscht die Rollen.
Cherchez l'intrus.	I/1	6	Sucht den Eindringling.
Choisissez …	I/1	3	Wählt … aus.
Au choix	IV/M1B	3	zur (Aus-)Wahl
une citation	III/5	Entrée	ein Zitat
Classez … d'après …	II/1	6	Ordnet … nach …
Comparez …	I/5	5	Vergleicht …
Complétez.	I/1	8	Ergänzt.
Conjuguez les verbes.	I/6A	3	Konjugiert die Verben.
Continuez.	I/3	Entrée	Macht weiter.
Contrôlez votre prononciation.	I/8	7	Überprüft eure Aussprache.
Copiez le tableau dans votre cahier.	I/3B	6	Übertragt die Tabelle in euer Heft.
Corrigez.	I/6B	2	Verbessert.
d'après le modèle	II/2	4	nach dem Muster
d'après vous	III/5	Texte	eurer Meinung nach
Décris …	I/5	12	Beschreibe …
Décrivez …	I/3A	5	Beschreibt …
Définissez …	IV/M1C	6	Legt … fest./Definiert …
un dépliant	III/2	Album	ein Faltblatt
Discutez en classe.	II/1	6	Diskutiert in der Klasse.
Dites si …	II/1	10	Sagt, ob …
Dites le pour et le contre.	III/M1	3	Nennt das Für und Wider.
Donnez votre avis sur …	III/1	8	Gebt eure Meinung ab zu …

	Lektion	Übung	
Ecoutez et répétez.	I/4	2	Hört zu und sprecht nach.
Ecoutez le texte.	I/4	11	Hört den Text.
Ecoutez les scènes.	II/1	6	Hört die Szenen.
Ecrivez … dans votre cahier.	I/2	12	Schreibt … in euer Heft.
Employez …	IV/1	3a	Verwendet …
entre parenthèses (f.)	I/4	12	in Klammern
Epelez …	III/M2	5	Buchstabiert …
Essayez …	III/5	9d	Versucht …
Expliquez …	II/1	Entrée	Erklärt …
un extrait	IV/P1	A vous	ein Auszug, ein Ausschnitt
Faites l'accord du participe passé.	IV/M3	Entrée	Macht die Angleichung beim Partizip Perfekt.
Faites attention aux temps.	II/3	3	Passt auf die Verben auf.
Faites des dialogues.	I/2	9	Erstellt Dialoge.
Faites des phrases qui riment.	I/2	10	Bildet Sätze, die sich reimen.
Faites des phrases.	I/4	1	Bildet Sätze.
Faites l'interprète.	II/7B	4	Spielt den Dolmetscher.
Faites un dessin.	II/7A	5	Macht eine Zeichnung.
Faites un sondage.	II/4	Album	Führt eine Umfrage durch.
Faites un tableau.	II/1	6	Erstellt eine Tabelle.
un filet à mots	I/3B	7	ein Vokabelnetz
une fonction	I/9	Entrée	eine Funktion
Formez des groupes.	II/7	Album	Bildet Gruppen.
Formez des impératifs.	I/5	10	Bildet Imperative.
Formulez la règle.	IV/2	Entrée	Formuliert die Regel.
Imaginez …	II/2	Entrée	Stellt euch vor …
Indiquez …	II/4	5	Gebt … an.
Inventez …	I/1	3	Erfindet …
en italique	IV/M3	7	kursiv gedruckt
Jouez à …	II/4	Album	Spielt …
Jouez la scène en classe.	I/3A	3	Spielt die Szene in der Klasse.
Justifiez votre décision.	IV/1	9	Begründet eure Entscheidung.
un lecteur/une lectrice	III/4	Album	ein Leser/eine Leserin
Lisez encore une fois le texte.	II/1	Album	Lest den Text noch einmal.
Lisez le texte à haute voix.	I/3B	6	Lest den Text laut vor.
Lisez les annotations.	II/5	11	Lest die Annotationen.
Lisez les phrases.	I/5	13	Lest die Sätze.

	Lektion	Übung	
Marquez …	IV/1	3b	Markiert …
un memory	III/2	4b	ein Memory-Spiel
Mettez … à la bonne forme.	I/3A	3	Setzt … in die richtige Form.
Mettez … dans le bon ordre.	II/2	8	Bringt … in die richtige Reihenfolge.
Mettez en relief …	II/7A	4	Hebt … hervor.
les mots suivants	I/9B	4	die folgenden Wörter
Notez …	II/1	Album	Schreibt … auf.
On dit …	I/1	3	Man sagt …
Pensez à …	II/4	8	Denkt an …
Pliez le papier.	IV/M3	5	Faltet das Papier.
plusieurs fois	III/M3	5 a	mehrmals
Posez des questions et répondez.	I/1	1	Stellt Fragen und antwortet.
Prenez des notes.	I/9B	5	Macht Notizen.
Présentez …	II/1	Album	Präsentiert …
Que signifie … en allemand?	III/P1	4	Was bedeutet … auf Deutsch?
Quelle image va avec quelle scène?	III/2	Entrée	Welches Bild passt zu welcher Szene?
Quel style de musique attendez-vous?	IV/5	Station 5/2	Welche Art von Musik erwartet ihr?
Racontez …	I/3	1	Erzählt …
Refaites les phrases.	IV/4	4	Stellt die Sätze neu zusammen.
Regardez l'illustration.	IV/P1	A vous	Betrachtet die Abbildung.
Regardez les images.	II/1	7	Schaut euch die Bilder an.
Reliez les phrases.	II/3	6	Verbindet die Sätze.
Relisez …	IV/3	1a	Lest noch einmal …
Remplacez … par …	I/4	2	Ersetzt … durch …
Répétez.	I/1	6	Wiederholt./Sprecht nach.
Répondez aux questions.	I/4	1	Beantwortet die Fragen.
Répondez par …	I/5	6	Antwortet mit …
Reprenez …	IV/4	3	Greift … wieder auf.
Résumez …	II/2	1	Fasst … zusammen.
d'après les rubriques	IV/1	9	gemäß den Rubriken
un sens	III/5	7 b	ein Sinn
une séquence	III/M1	11	eine Sequenz
un site Internet	III/2	Album	eine Internetseite
Soulignez …	II/2	Entrée	Unterstreicht …
Structurez …	II/4	8	Strukturiert …

	Lektion	Übung	
un thème	III/M1	1a	ein Thema
Tirez un papier.	IV/M3	5	Zieht ein Papier.
Tournez la page, s'il vous plaît.	II/9	Entrée	Bitte dreht die Seite um.
Traduisez …	I/5	5	Übersetzt …
Transformez les phrases.	II/6	5	Wandelt die Sätze um.
Travaillez à deux.	I/4	6	Arbeitet zu zweit.
Travaillez en groupes.	I/9	Album	Arbeitet in Gruppen.
Trouvez les phrases correctes.	I/4	11	Findet die richtigen / passenden Sätze.
Trouvez des mots qui vont ensemble.	I/2	7	Findet Wörter, die zusammenpassen.
Trouvez des titres …	I/8	1	Findet Titel …
Trouvez les mots qui riment.	I/1	6	Findet die Wörter, die sich reimen.
Utilisez …	I/3B	3	Benutzt …
Utilisez le maximum de …	II/1	4	Benutzt so viel wie möglich …
Vous connaissez déjà …	I/9	Entrée	Ihr kennt schon …
Vrai ou faux?	I/2	1	Richtig oder falsch?

LE TOUR D'EUROPE DES LYCÉENS – RÈGLES DU JEU

Material: Für das Spiel braucht ihr einen Würfel und zwei Spielsteine.

Planung: Spielt zu zweit. Es wird eine Spielleiterin/ein Spielleiter gewählt, die/der die Antworten der beiden Spielerinnen/Spieler überprüft. Es kann auch eine 3. Person ausschließlich die Rolle des neutralen Spielleiters übernehmen. Die Spielleiterin/der Spielleiter bereitet einen Spielplan (siehe unten) vor, in den sie/er für jede Spielerin/jeden Spieler die erreichte Punktzahl, nach Farben geordnet, einträgt.

Spielplan:

joueur A			**joueur B**		
Questions bleues	Questions rouges	Questions vertes	Questions bleues	Questions rouges	Questions vertes
… **Total: /26**	… **Total: /26**	… **Total: /26**	… **Total: /26**	… **Total: /26**	… **Total: /26**
Total A: /78 points			**Total B: /78 points**		

Spielregeln:

1. Zuerst müssen die 6 Länder besucht werden. Man würfelt im Uhrzeigersinn und rückt je nach gewürfelter Zahl von Feld zu Feld vor. Die Nummer des jeweiligen Feldes gibt das Land an, zu dem die Aufgaben gestellt werden: *Allemagne* (1)/*Belgique* (2)/*Pologne* (3)/*Suisse* (4)/ *Italie* (5)/*Espagne* (6). Die Spielerin/der Spieler muss nun die drei Fragen aus dem erwürfelten Land beantworten (blau = Wortschatz, rot = Grammatik, grün = Landeskunde).

2. Kommt eine Spielerin/ein Spieler auf ein Feld, auf dem ein Transportmittel abgebildet ist, muss sie/er zunächst versuchen, die Frage zu beantworten und dann die Hinweise zu den entsprechenden Verkehrsmitteln berücksichtigen.

3. Wenn alle 6 Länder besucht wurden, sind die mittleren Felder mit den Fahnen an der Reihe. Man zieht von links nach rechts von Feld zu Feld, angefangen bei der deutschen Flagge. Hier muss nur jeweils eine Frage beantwortet werden. Ist die Antwort richtig, darf die Spielerin/der Spieler weiterspielen, ist sie falsch, ist die andere Spielerin/der andere Spieler an der Reihe. Sobald der andere Spieler zwei Felder vorgerückt ist, bekommt Spieler A die Chance einer Joker-Frage aus demselben Feld und rückt selbst auf „sein" nächstes Feld vor. Für die richtige Antwort gibt es pro Frage einen Punkt.

4. Sind auch die Fahnenfelder bearbeitet, müssen am Ende bei *Arrivée en France* abwechselnd die Fragen zu Frankreich beantwortet werden. Unabhängig davon, wie der Spielverlauf bei den Fahnenfeldern war, spielen bei *Arrivée en France* beide Spieler mit. Am Schluss errechnet die Spielleiterin/der Spielleiter die Gesamtzahl der Punkte, die von den Spielerinnen/Spielern erreicht wurden. Wer die meisten Punkte hat, hat gewonnen.

5. Mit der *Auto-évaluation* könnt ihr feststellen, in welchen Bereichen ihr noch unsicher seid.

Auto-évaluation

Total des points par couleur:	
26–20 points	Génial!
19–13 points	Bien!
18– 0 points	Regarde encore le cahier de grammaire/le vocabulaire de *Découvertes 3.* Demande à ton professeur.

Total des points pour le jeu:	
78–60 points	Génial!
59–36 points	Bien!
35– 0 points	Regarde encore *Découvertes 3.* Demande à ton professeur pour avoir le livre.

Solutions: Plateau Rentrée, p. 8–9

Questions bleues (vocabulaire)

1. Allemagne 2. Italie 3. Espagne 4. Belgique 5. Suisse 6. Pologne 7. France	1. est / sud / ouest 1. Il était une fois … 1. long, longue 1. cocorico 1. la marée haute / basse 1. C'est nul! / J'en ai marre! / Je m'en fous! 1a. une nana 1b. les vêtements	1 point 1 point 1 point 1 point 1 point 1 point 1 point 1 point
	1. Il est interdit de … /Attention! Ne pas … / Il ne faut pas … 2. J'en ai assez ! / un garçon / Tu as un problème. 3. Je ne suis pas sûr(e). / Je ne sais pas quoi faire./ Je ne sais pas si … 4. impossible / expliquer /la tarte aux pommes 5. travailler / chacun(e) / avoir peur 6. C'est super! / C'est dingue! / Génial! / Cool!	3 points 3 points 3 points 3 points 3 points 3 points
Total:		**26 points**

Questions rouges (grammaire)

1. Allemagne 2. Italie 3. Espagne 4. Belgique 5. Suisse 6. Pologne 7. France	2. La Bourgogne est aussi intéressante que la Normandie. 2. nous voyions / nous verrons 2. Max est le garçon le plus cool de la classe. 2. … Il parle mieux le français que l'allemand. 2. vous comprendrez / vous aviez compris 2. nous nous asseyons 2a. s'endormir 2b. … la moins bonne élève … mais … la copine la plus sympa.	1 point 1 point 1 point 1 point 1 point 1 point 1 point 1 point
	1. je verrai / nous finirons / ils seront 2. Léa est moins grande que Julia. / Zoé est aussi grande que Julia / Sophie est plus grande que Zoé. 3. Un jour, je faisais du vélo comme tous les jours. Il faisait très beau. Tout à coup, il a plu et comme je n'avais pas de parapluie, je suis rentré(e) et j'ai bu un chocolat chaud. 4. Hier, les filles n'étaient pas contentes. Elles ne riaient pas. Nous n'avions pas de soleil. 5. faussement – heureusement – officiellement 6. je me plains / tu te plains / il se plaint / nous nous plaignons / vous vous plaignez / ils se plaignent	3 points 3 points 3 points 3 points 3 points 3 points
Total:		**26 points**

Questions vertes (civilisation)

1. Allemagne 2. Italie 3. Espagne 4. Belgique 5. Suisse 6. Pologne 7. France	3. Mayence 3. Ile de Groix 3. mercredi 3. En Bourgogne 3. Le bac(calauréat) 3. Radio Ados 3a. des escargots 3b. Fécamp (Le Havre / Cherbourg / Étretat …)	1 point 1 point 1 point 1 point 1 point 1 point 1 point 1 point
	1. Les escargots / la moutarde / le poulet / le kir / le cassis … 2. La Bourgogne / la Normandie / la Provence / la Bretagne … 3. Il a fait la première photo. / Il est né à Chalon-sur-Saône. / Il est mort en 1833. / Il a inventé un moteur pour les vélos. Son prénom veut dire «porteur de victoire». 4. L'infirmerie / la permanence / le CDI 5. Autun / Dijon / Beaune / Chalon-sur-Saône / Louhans … 6. La France / la Belgique / la Suisse	3 points 3 points 3 points 3 points 3 points 3 points
Total:		**26 points**

Solutions

Leçon 1, p. 16, ex. 6 a:
1. Anne / Elle / elle / elle
2. Jamel / Il / Il / il
3. Johnny et Vanessa / Ils / Il / Elle
4. Gigi et Coco / Il / Elle

Leçon 1, p. 18, ex. 9:
2. *Tu Parles, Charles!* de Vincent Cuvellier © Editions du Rouergue, 2004
3. Revue de la Presse, Février 2005, p. 4
4. *La paix? Jamais!* de Fanny Joly Catel © Bayard Editions Jeunesse
5. Le soir, 25.11.2004

Leçon 2, p. 26, ex. 8 b:
1. Céline travaille aux restos du cœur.
2. Elle y travaille depuis un an.
3. Damien aide une école au Sénégal.
4. Il a organisé un concert au lycée.

Leçon 3, p. 37, ex. 5:
La classe anglaise a deux partenaires en Europe: une classe en Finlande et une classe aux Pays-Bas. Quand les élèves anglais, finnois et néerlandais travaillent ensemble, ils parlent souvent (en) anglais.
La classe espagnole a deux partenaires en Europe: une classe au Danmark et une classe au Portugal. Quand les élèves espagnols, danois et portugais travaillent ensemble, ils parlent souvent (en) espagnol.
La classe néerlandaise a deux partenaires en Europe: une classe en Grèce et une classe en Allemagne. Quand les élèves néerlandais, grecs et allemands travaillent ensemble, ils parlent souvent (en) allemand.
La classe italienne a deux partenaires en Europe: une classe au Portugal et une classe aux Pays-Bas. Quand les élèves italiens, portugais et néerlandais travaillent ensemble, ils parlent souvent (en) portugais.

Leçon 4, p. 49, ex. 6:
1. Samuel prétend ne pas avoir le temps parce qu'il doit faire les courses.
2. Sa mère lui dit d'écrire ce qui s'est passé.
3. Samuel est prêt à tout raconter à Vanessa.
4. La mère promet à Samuel de travailler ... / Sa mère lui promet de travailler moins pour avoir plus de temps.
5. La police demande à Max de lui / leur raconter cette histoire avec Samuel dans la cour.

Module 2, p. 80, ex. 9 a:
1./c. Si je n'avais pas roulé aussi vite, je n'aurais pas eu cet accident.
2./d. La prochaine fois, je ferai plus attention, quand je ferai de la moto.
3./a. A ton avis, est-ce que j'aurais dû porter mon nouveau casque?
4./b. Tu avais raison de dire que j'aime le danger.
5./e. J'aurais été triste, si tu n'étais pas venu à l'hôpital.
6./g. Si je t'avais écouté, j'aurais pris mon vélo.
7./f. Est-ce que ton oncle n'aurait pas pu nous proposer son bateau avant?

Module 3, p. 88, ex. 12 b:
un château – des châteaux /
un oiseau – des oiseaux /
un canal – des canaux

Le zouk est le seul médicament que nous avons

On y va ...

Comment est-ce que vous êtes faits?
Je ne comprends pas
Vous vivez comme s'il n'y avait pas de problèmes.

Pourtant, vous savez que la vie est dure
Comment est-ce que vous êtes faits
Pour pouvoir tenir?

Le zouk est le seul médicament que nous avons (c'est comme ça)
Le zouk est le seul médicament que nous avons (c'est comme ça)

Je ne connaissais pas ce secret-là
Donnez-moi le plan pour que je puisse comprendre.

Donnez-moi le plan,
J'n'ai pas encore capté
Si par hasard un jour je tombe malade.

Le zouk est le seul médicament que nous avons (c'est comme ça)
Le zouk est le seul médicament que nous avons (c'est comme ça)
Le zouk est le seul médicament que nous avons (c'est comme ça)
Le zouk est le seul médicament que nous avons (c'est comme ça)

Si c'est comme ça, allons zouker.

On y va...
Allez, comme ça! Allez comme ça!
Allez, comme ça! Allez comme ça!

Comme ça, comme ça, comme ça, comme ça, comme ça, comme ça.

Le zouk est le seul médicament que nous avons (c'est comme ça)
Le zouk est le seul médicament que nous avons (c'est comme ça)
Le zouk est le seul médicament que nous avons (c'est comme ça)
Le zouk est le seul médicament que nous avons (c'est comme ça)

Je suis malade, je suis malade,
Je suis malade, je suis malade.

Le zouk est le seul médicament que nous avons (c'est comme ça)
Le zouk est le seul médicament que nous avons (c'est comme ça)
Le zouk est le seul médicament que nous avons (c'est comme ça)
Le zouk est le seul médicament que nous avons (c'est comme ça)

(Attention. Encore)

Bis voir début

Traduction de Willy Rollé

Zouk la sé sèl médikaman nou ni

Annou ai,

Kijan zot fé
M'pa ka konpran'n
Zot ka viv' kon si
Pa ni pwoblém'

Poutan zot sav'
Lavi la réd
Kijan zot fé
Pou pé sa kenbé

Zouk la sé sel médikaman nou ni (sa kon sa)
Zouk la sé sel médikaman nou ni (sa kon sa)

M'pa té konnet
Sécré lasa
Ban mwen plan la
P'mwen pé sa konpran'n

Ban mwen plan la
M'poko sézi'i
Si janmé on jou
Mwen tonbé malad

Zouk la sé sel médikaman nou ni (sa kon sa)
Zouk la sé sel médikaman nou ni (sa kon sa)
Zouk la sé sel médikaman nou ni (sa kon sa)
Zouk la sé sel médikaman nou ni (sa kon sa)

Si sé sa mwen an nou zouké

Annou ai

Mi'i kon sa … Mi'i kon sa …
Mi'i kon sa … Mi'i kon sa …

Kon sa, kon sa, kon sa, kon sa,kon sa, kon sa

Zouk la sé sel médikaman nou ni (sa kon sa)
Zouk la sé sel médikaman nou ni (sa kon sa)
Zouk la sé sel médikaman nou ni (sa kon sa)
Zouk la sé sel médikaman nou ni (sa kon sa)

An malad An malad An malad
An malad An malad An malad

Zouk la sé sel médikaman nou ni (sa kon sa)
Zouk la sé sel médikaman nou ni (sa kon sa)
Zouk la sé sel médikaman nou ni (sa kon sa)
Zouk la sé sel médikaman nou ni (sa kon sa)

(Attention. Encore)

Bis, voir début

Histoire aux cheveux rouges

Séquence 26

Entrée de l'Homme bleu à la cloche. Il sonne. Les Gens bleus du Pays bleu sortent des alvéoles. Le travail bleu recommence.
Amer se réveille. Il prend sa valise, bien décidé à trouver du travail.

Séquence 27

Amer s'approche du Comptable bleu aux lunettes bleues.

Comptable bleu: *(Il compte à voix haute.)* Six moins quatre bleu … Bleu et six huit … Huit et quatre? Huit et quatre?

Amer: *(Timidement.)* Blouze!

Comptable bleu: *(Tout à coup très enthousiaste)* Blouze? Blouze? Vous avez dit blouze? Mais c'est vrai, blouze! Vous avez trouvé. Je savais bien que douze ça ne pouvait pas durer au Pays bleu! Blouze! Formidable-bleu! Huit et quatre blouze. C'est merveilleux, vous comptez formidable-bleu-ment bleu!

Amer: Je compte assez vite en effet …

Comptable bleu: On voit bleu tout de suite que vous êtes intelligent … Génial mon ami, génial bleu!

Amer: Je commence bleu, en effet, à comprendre les choses bleues …

Comptable bleu: Blouze! Il fallait y penser … Jusqu'à présent, je disais douze, comme tout le monde bleu, faute de mieux. Mais blouze, c'est tellement plus bleu! *(Il reprend ses calculs.)* Huit et quatre blouze! Neuf et trois blouze! Sept et cinq blouze! C'est vraiment facile! C'est parfait!

Amer: Je cherche du travail, du travail bleu.

Comptable bleu: Du travail bleu? Mais aucun problème bleu … Un homme bleu qui compte aussi bleu que vous trouve tout de suite du travail bleu … Suivez-moi, jeune homme … Je vais vous aider et vous recommander personnellement auprès de notre Premier ministre.

Séquence 28

Comptable bleu: *(Toujours très enthousiaste.)* Monsieur, pouvez-vous m'accorder quelques instants? Je voudrais vous présenter un jeune homme qui sera très certainement dans les années à venir un de nos meilleurs spécialistes bleus de la mathématique bleue et arithmétique!

L'Homme bleu à la cloche: *(Il regarde les cheveux de Amer avec ironie.)* Un spécialiste bleu, vraiment?

Comptable bleu: Quel est votre nom, jeune homme?

Amer: Amer.

Comptable bleu: Amer? Mais … Mais ce n'est pas un nom bleu …

Amer: Je suis en règle … J'ai un certificat …

Comptable bleu: *(Il enlève ses lunettes.)* Mais … Cheveux rouges! Cheveux rouges! Vous avez osé! *(Puis à l'Homme bleu à la cloche.)* Mes lunettes … J'avais gardé bleu mes lunettes bleues … Quel scandale … Excusez-moi Monsieur le premier ministre … Excusez-moi … *(Puis à Amer.)* Allez! Ça suffit bleu maintenant … Va-t-en! Va-t-en!

Séquence 29

L'Homme bleu à la cloche: Un instant! Un instant! Cet homme est en règle bleue … *(Il prend le certificat que lui tend Amer.)* Il a un certificat. Il peut nous demander bleu du travail … Que savez-vous bleu faire, cheveux rouges?

Amer: Beaucoup de choses, monsieur …

L'Homme bleu à la cloche: Ils savent tous faire bleu beaucoup de choses quand ils passent la ligne …

Les Gens bleus arrêtent de travailler et s'approchent pour regarder.

Amer: Je sais lire, écrire, compter et je peux travailler dur quand il le faut …

L'Homme bleu à la cloche: Tu sais lire? Tu sais lire bleu? Allons donc …

Amer: Je sais lire, comme tout le monde, couramment.

L'Homme bleu à la cloche: *(Il éclate de rire.)* Il sait lire! Couramment! Incroyable bleu! Ils sont tous incroyables bleus; comme si lire bleu c'était lire couramment!

Séquence 30

Sur un geste de l'Homme bleu à la cloche, les Gens bleus du Pays bleu présentent à Amer des pancartes bleues où sont écrites des lettres de l'alphabet.

L'Homme bleu à la cloche: Allez! Lis! Lis bleu!

Les Gens bleus montrent une pancarte avec la lettre A.

Amer: A! Evidemment!

L'Homme bleu à la cloche: A? Très bleu, c'est très bleu … Mais après? Continue, continue bleu …

Les Gens bleus montrent maintenant à Amer une pancarte avec la lettre B. Ils sourient méchamment.

Amer: *(Il hésite, devine qu'il y a un piège, puis tout à coup.)* Bleu!

Les Gens bleus: *(Stupéfaits.)* Il a lu bleu! Très bleu! Cheveux rouges il a lu bleu!

L'Homme bleu à cloche: Incroyable bleu!

Comptable bleu: Impossible bleu! Impossible bleu! Il a des cheveux rouges!

Les Gens bleus: On peut lire bleu? Avec des cheveux rouges?

Surpris, les Gens bleus du Pays bleu reculent et se postent devant les tunnels et alvéoles prêts à en défendre les entrées.

Séquence 31

L'Homme bleu à la cloche: Du calme mes amis bleus, du calme … Ce n'est rien … Il n'a pas vraiment lu bleu … Il a hésité longtemps … Disons qu'il a lu presque bleu …

Comptable bleu: Il n'est peut-être pas bleu utile, Monsieur le premier ministre, de poursuivre cet examen …

L'Homme bleu à la cloche: Mais au contraire mon cher comptable bleu … Cet homme aux cheveux rouges, est en règle bleue puisqu'il a un certificat bleu. Il faut donc continuer ce petit examen bleu … *(Puis à Amer.)* Sais-tu compter bleu?

Amer: Compter? Oui parfaitement. Tout à l'heure …

Comptable bleu: Compter? Compter bleu? Comment voulez-vous qu'il sache compter bleu avec des cheveux rouges?

Amer: *(Au comptable bleu.)* Mais vous m'avez dit …

Comptable bleu: Je n'ai rien dit du tout et j'avais mes lunettes!

L'Homme bleu à la cloche: Ainsi, d'après notre comptable bleu, vous ne savez pas compter bleu.

Amer: Mais je vous assure …

L'Homme bleu à la cloche: C'est vraiment regrettable bleu … Nous ne pouvons rien pour vous. Et vous ne savez pas bleu écrire bien entendu.

Quelle vie

un poème de Séverine
mai 2002

On se lève tôt le matin,
on doit se dépêcher de déjeuner
pour aller travailler.

Puis toute la journée
assis ou debout peu importe
on attend midi pour aller manger
puis 17 heures pour enfin rentrer.

Ensuite il faut encore faire
le ménage, le repassage
même pas le temps pour un petit massage.

Arrive très vite le soir,
dîner
télé
et puis très vite coucher.

Ça c'est la vie des grands.
Alors profitons d'être enfant
pour s'amuser, sortir
et surtout rigoler!

Malchance

un poème de Coralie
mai 2002

Malchance, malchance, partout autour
de moi,
Arrête de me suivre, je ne te supporte pas,
Le bonheur s'en va,
Chaque fois que tu es là,
Heureusement il revient,
Au moment où tu vas au loin.
Non, arrête ça!
Cela ne durera pas!
Et ... Adieu!

Passe le temps

Des lettres qu'on ne poste pas
Des paroles qui s'envolent
Des amis qui n'existent pas
Et des adresses fantômes
Au fond de moi des images
Disparus les visages
Dans mon cœur une vieille histoire
Prisonnière de ma mémoire

Passe le temps, passe le temps

Je me souviens de mon enfance
Des fées, des ogres, des mages
Tous ces rêves et ces croyances éphémères
Comme les nuages

Fermer la porte de l'innocence
Se poser de vraies questions
Se donner de nouvelles chances
Regarder vers l'horizon.

Passe le temps, Bendjael, Souad Massi, «deb», 2003

Lueur d'été

Lueur d'été
Rêve animé
Mon cœur s'enflamme
Et soudain s'envole
Si loin du sol
Et les larmes s'effacent
Loin des murs
Je m'abandonne
Et tout rayonne

Voiles au vent
Rivages au loin
C'est le temps de l'été
Et souvent de liberté
Les nuages effacés
Premiers émois
Frissons de joie
Tout s'anime
Tout devient si léger
Vivre apaisé
J'oublie la honte et les pleurs
Loin des tourments

Terreurs d'enfants
Les tristes murmures
Si loin des murs
Lueur d'été
Mon cœur s'enflamme
Et soudain s'envole
Si loin du sol
Et les larmes s'effacent
Loin des murs
Je m'abandonne
Et tout rayonne

Barratier, Christophe Alexandre Paul/Coulais, Bruno Serge Marie Galatee Films S.A./Logline Studios/Passerelle

1 En utilisant le gérondif (§ 29)

Reliez les deux rimes en utilisant le gérondif.

Exemple: 1. **En voyant** ma petite sœur, j'ai toujours peur.
2. Je prends ma douche tous les matins **en chantant** «sur mon chemin».

3. gagner un million → e. acheter un avion
4. camper avec mon père
5. marcher
6. rêver souvent sur la plage
7. acheter un bon hameçon

a. écouter la mer dans les coquillages
b. attraper tous les poissons
c. apprendre à connaître son caractère
d. réfléchir souvent
e. acheter un avion

2 C'est en forgeant qu'on devient forgeron![1] (§ 29)

Transformez les phrases en utilisant le gérondif. Indiquez la fonction du gérondif: ***T*** *le temps,* ***M*** *la manière et* ***C*** *la condition.*

1. Le père de Benjamin a proposé son idée quand il a préparé le repas.
2. Benjamin a appris la nouvelle pendant qu'il mangeait dans la cuisine.
3. Ben et son père ont dormi en pleine nature et comme ça, ils pouvaient entendre les animaux.
4. Le père de Ben a fabriqué une ligne avec une branche pour pêcher le repas de midi.
5. Quand on marche, on trouve le temps de réfléchir.
6. Les jeunes feraient le tour du monde, s'ils avaient le courage.

3 Trois cents kilomètres à pied! Ah la vache! (§ 30)

Comme Ben et son père, vous préparez un voyage. Faites des dialogues.

Exemple:

Ton/Ta partenaire: Quelles chaussures est-ce que tu prends? Celles-ci? / Tu prends ces chaussures?
Toi: Non, je prends plutôt celles-là / celles que je peux porter à la montagne.

un sac à dos un guide un bonnet un billet de train un t-shirt une tente une chemise un slip / un maillot de bain une carte d'identité une montre des lunettes de soleil des chaussures un pantalon / un jean un blouson un vêtement de pluie un pull-over	celui celle ? ceux celles	qui que -ci -là dont de avec en avec lequel / laquelle / lesquel(le)s

1 **C'est en forgeant qu'on devient forgeron!** Übung macht den Meister! – **forger** schmieden – **un forgeron** ein Schmied

L'Allemagne et ses ‚Länder'

Les départements

01 l'Ain
02 l'Aisne
03 l'Allier
04 les Alpes-de-Haute-Provence
05 les Hautes-Alpes
06 les Alpes-Maritimes
07 l'Ardèche
08 les Ardennes
09 l'Ariège
10 l'Aube
11 l'Aude
12 l'Aveyron
13 les Bouches-du-Rhône
14 le Calvados
15 le Cantal
16 la Charente
17 la Charente-Maritime
18 le Cher
19 la Corrèze
2 A la Corse-du-Sud
2 B la Haute-Corse
21 la Côte-d'Or
22 les Côtes-d'Armor
23 la Creuse
24 la Dordogne
25 le Doubs
26 la Drôme
27 l'Eure
28 l'Eure-et-Loir
29 le Finistère
30 le Gard
31 la Haute-Garonne
32 le Gers
33 la Gironde
34 l'Hérault
35 l'Ille-et-Vilaine
36 l'Indre
37 l'Indre-et-Loire
38 l'Isère
39 le Jura
40 les Landes
41 le Loir-et-Cher
42 la Loire
43 la Haute-Loire
44 la Loire-Atlantique
45 le Loiret
46 le Lot
47 le Lot-et-Garonne
48 la Lozère
49 le Maine-et-Loire
50 la Manche
51 la Marne
52 la Haute-Marne
53 la Mayenne
54 la Meurthe-et-Moselle
55 la Meuse
56 le Morbihan
57 la Moselle
58 la Nièvre
59 le Nord
60 l'Oise
61 l'Orne
62 le Pas-de-Calais
63 le Puy-de-Dôme
64 les Pyrénées-Atlantiques
65 les Hautes-Pyrénées
66 les Pyrénées-Orientales
67 le Bas-Rhin
68 le Haut-Rhin
69 le Rhône
70 la Haute-Saône
71 la Saône-et-Loire
72 la Sarthe
73 la Savoie
74 la Haute-Savoie
75 Paris
76 la Seine-Maritime
77 la Seine-et-Marne
78 les Yvelines
79 les Deux-Sèvres
80 la Somme
81 le Tarn
82 le Tarn-et-Garonne
83 le Var
84 le Vaucluse
85 la Vendée
86 la Vienne
87 la Haute-Vienne
88 les Vosges
89 l'Yonne
90 le Territoire-de-Belfort
91 l'Essonne
92 les Hauts-de-Seine
93 la Seine-Saint-Denis
94 le Val-de-Marne
95 le Val-d'Oise

La Francophonie